I0156047

POLACO
VOCABULÁRIO

PALAVRAS MAIS ÚTEIS

PORTUGUÊS
POLACO

Para alargar o seu léxico e apurar
as suas competências linguísticas

9000 palavras

Vocabulário Português-Polaco - 9000 palavras

Por Andrey Taranov

Os vocabulários da T&P Books destinam-se a ajudar a aprender, a memorizar, e a rever palavras estrangeiras. O dicionário é dividido em temas, cobrindo todas as principais esferas de atividades quotidianas, negócios, ciência, cultura, etc.

O processo de aprendizagem, utilizando os dicionários baseados em temáticas da T&P Books dá-lhe as seguintes vantagens:

• Informação de origem corretamente agrupada predetermina o sucesso em fases subsequentes da memorização de palavras
• Disponibilização de palavras derivadas da mesma raiz, o que permite a memorização de unidades de texto (em vez de palavras separadas)
• Pequenas unidades de palavras facilitam o processo de estabelecimento de vínculos associativos necessários para a consolidação do vocabulário
• O nível de conhecimento da língua pode ser estimado pelo número de palavras aprendidas

T&P Books Publishing
www.tpbooks.com

ISBN: 978-1-78400-860-4

Este livro também está disponível em formato E-book.
Por favor visite www.tpbooks.com ou as principais livrarias on-line.

VOCABULÁRIO POLACO
palavras mais úteis

Os vocabulários da T&P Books destinam-se a ajudar a aprender, a memorizar, e a rever palavras estrangeiras. O vocabulário contém mais de 9000 palavras de uso comum organizadas tematicamente.

O vocabulário contém as palavras mais comummente usadas

Recomendado como adicional para qualquer curso de línguas

Satisfaz as necessidades dos iniciados e dos alunos avançados de línguas estrangeiras

Conveniente para o uso diário, sessões de revisão e atividades de auto-teste

Permite avaliar o seu vocabulário

Características especias do vocabulário

* As palavras estão organizadas de acordo com o seu significado, e não por ordem alfabética
* As palavras são apresentadas em três colunas para facilitar os processos de revisão e auto-teste
* As palavras compostas são divididas em pequenos blocos para facilitar o processo de aprendizagem
* O vocabulário oferece uma transcrição simples e adequada de cada palavra estrangeira

O vocabulário contém 256 tópicos incluindo:

Conceitos básicos, Números, Cores, Meses, Estações do ano, Unidades de medida, Roupas & Acessórios, Alimentos & Nutrição, Restaurante, Membros da Família, Parentes, Caráter, Sentimentos, Emoções, Doenças, Cidade, Passeios, Compras, Dinheiro, Casa, Lar, Escritório, Trabalho no Escritório, Importação & Exportação, Marketing, Pesquisa de Emprego, Desportos, Educação, Computador, Internet, Ferramentas, Natureza, Países, Nacionalidades e muito mais ...

TABELA DE CONTEÚDOS

Guia de pronunciação 11
Abreviaturas 13

CONCEITOS BÁSICOS 14
Conceitos básicos. Parte 1 14

1. Pronomes 14
2. Cumprimentos. Saudações. Despedidas 14
3. Como se dirigir a alguém 15
4. Números cardinais. Parte 1 15
5. Números cardinais. Parte 2 16
6. Números ordinais 17
7. Números. Frações 17
8. Números. Operações básicas 17
9. Números. Diversos 17
10. Os verbos mais importantes. Parte 1 18
11. Os verbos mais importantes. Parte 2 19
12. Os verbos mais importantes. Parte 3 20
13. Os verbos mais importantes. Parte 4 21
14. Cores 21
15. Questões 22
16. Preposições 23
17. Palavras funcionais. Advérbios. Parte 1 23
18. Palavras funcionais. Advérbios. Parte 2 25

Conceitos básicos. Parte 2 26

19. Opostos 26
20. Dias da semana 28
21. Horas. Dia e noite 28
22. Meses. Estações 29
23. Tempo. Diversos 30
24. Linhas e formas 31
25. Unidades de medida 32
26. Recipientes 33
27. Materiais 34
28. Metais 35

O SER HUMANO 36
O ser humano. O corpo 36

29. Humanos. Conceitos básicos 36
30. Anatomia humana 36

31. Cabeça   37
32. Corpo humano   38

Vestuário & Acessórios   39

33. Roupa exterior. Casacos   39
34. Vestuário de homem & mulher   39
35. Vestuário. Roupa interior   40
36. Adereços de cabeça   40
37. Calçado   40
38. Têxtil. Tecidos   41
39. Acessórios pessoais   41
40. Vestuário. Diversos   42
41. Cuidados pessoais. Cosméticos   42
42. Joalheria   43
43. Relógios de pulso. Relógios   44

Alimentação. Nutrição   45

44. Comida   45
45. Bebidas   46
46. Vegetais   47
47. Frutos. Nozes   48
48. Pão. Bolaria   49
49. Pratos cozinhados   49
50. Especiarias   50
51. Refeições   51
52. Por a mesa   52
53. Restaurante   52

Família, parentes e amigos   53

54. Informação pessoal. Formulários   53
55. Membros da família. Parentes   53
56. Amigos. Colegas de trabalho   54
57. Homem. Mulher   55
58. Idade   55
59. Crianças   56
60. Casais. Vida de família   56

Caráter. Sentimentos. Emoções   58

61. Sentimentos. Emoções   58
62. Caráter. Personalidade   59
63. O sono. Sonhos   60
64. Humor. Riso. Alegria   61
65. Discussão, conversação. Parte 1   61
66. Discussão, conversação. Parte 2   62
67. Discussão, conversação. Parte 3   64
68. Acordo. Recusa   64
69. Sucesso. Boa sorte. Insucesso   65
70. Conflitos. Emoções negativas   65

Medicina 68

71. Doenças 68
72. Sintomas. Tratamentos. Parte 1 69
73. Sintomas. Tratamentos. Parte 2 70
74. Sintomas. Tratamentos. Parte 3 71
75. Médicos 72
76. Medicina. Drogas. Acessórios 72
77. Fumar. Produtos tabágicos 73

HABITAT HUMANO 74
Cidade 74

78. Cidade. Vida na cidade 74
79. Instituições urbanas 75
80. Sinais 76
81. Transportes urbanos 77
82. Turismo 78
83. Compras 79
84. Dinheiro 80
85. Correios. Serviço postal 81

Moradia. Casa. Lar 82

86. Casa. Habitação 82
87. Casa. Entrada. Elevador 83
88. Casa. Eletricidade 83
89. Casa. Portas. Fechaduras 83
90. Casa de campo 84
91. Moradia. Mansão 84
92. Castelo. Palácio 85
93. Apartamento 85
94. Apartamento. Limpeza 86
95. Mobiliário. Interior 86
96. Quarto de dormir 87
97. Cozinha 87
98. Casa de banho 88
99. Eletrodomésticos 89
100. Reparações. Renovação 89
101. Canalizações 90
102. Fogo. Deflagração 90

ATIVIDADES HUMANAS 92
Emprego. Negócios. Parte 1 92

103. Escritório. O trabalho no escritório 92
104. Processos negociais. Parte 1 93
105. Processos negociais. Parte 2 94
106. Produção. Trabalhos 95
107. Contrato. Acordo 96
108. Importação & Exportação 97

109. Finanças 97
110. Marketing 98
111. Publicidade 98
112. Banca 99
113. Telefone. Conversação telefónica 100
114. Telefone móvel 100
115. Estacionário 101
116. Vários tipos de documentos 101
117. Tipos de negócios 102

Emprego. Negócios. Parte 2 105

118. Espetáculo. Feira 105
119. Media 106
120. Agricultura 107
121. Construção. Processo de construção 108
122. Ciência. Investigação. Cientistas 109

Profissões e ocupações 110

123. Procura de emprego. Demissão 110
124. Gente de negócios 110
125. Profissões de serviços 111
126. Profissões militares e postos 112
127. Oficiais. Padres 113
128. Profissões agrícolas 113
129. Profissões artísticas 114
130. Várias profissões 114
131. Ocupações. Estatuto social 116

Desportos 117

132. Tipos de desportos. Desportistas 117
133. Tipos de desportos. Diversos 118
134. Ginásio 118
135. Hóquei 119
136. Futebol 119
137. Esqui alpino 121
138. Ténis. Golfe 121
139. Xadrez 121
140. Boxe 122
141. Desportos. Diversos 122

Educação 125

142. Escola 125
143. Colégio. Universidade 126
144. Ciências. Disciplinas 127
145. Sistema de escrita. Ortografia 127
146. Línguas estrangeiras 128

147. Personagens de contos de fadas 129
148. Signos do Zodíaco 130

Artes 131

149. Teatro 131
150. Cinema 132
151. Pintura 133
152. Literatura & Poesia 134
153. Circo 134
154. Música. Música popular 135

Descanso. Entretenimento. Viagens 137

155. Viagens 137
156. Hotel 137
157. Livros. Leitura 138
158. Caça. Pesca 140
159. Jogos. Bilhar 140
160. Jogos. Jogar cartas 141
161. Casino. Roleta 141
162. Descanso. Jogos. Diversos 142
163. Fotografia 142
164. Praia. Natação 143

EQUIPAMENTO TÉCNICO. TRANSPORTES 145
Equipamento técnico. Transportes 145

165. Computador 145
166. Internet. E-mail 146
167. Eletricidade 147
168. Ferramentas 147

Transportes 150

169. Avião 150
170. Comboio 151
171. Barco 152
172. Aeroporto 153
173. Bicicleta. Motocicleta 154

Carros 155

174. Tipos de carros 155
175. Carros. Carroçaria 155
176. Carros. Habitáculo 156
177. Carros. Motor 157
178. Carros. Batidas. Reparação 158
179. Carros. Estrada 159
180. Sinais de trânsito 160

PESSOAS. EVENTOS   161
Eventos   161

181. Férias. Evento   161
182. Funerais. Enterro   162
183. Guerra. Soldados   162
184. Guerra. Ações militares. Parte 1   164
185. Guerra. Ações militares. Parte 2   165
186. Armas   166
187. Povos da antiguidade   168
188. Idade média   168
189. Líder. Chefe. Autoridades   170
190. Estrada. Caminho. Direções   171
191. Viloação da lei. Criminosos. Parte 1   172
192. Viloação da lei. Criminosos. Parte 2   173
193. Polícia. Lei. Parte 1   174
194. Polícia. Lei. Parte 2   175

NATUREZA   177
A Terra. Parte 1   177

195. Espaço sideral   177
196. A Terra   178
197. Pontos cardeais   179
198. Mar. Oceano   179
199. Nomes de Mares e Oceanos   180
200. Montanhas   181
201. Nomes de montanhas   182
202. Rios   182
203. Nomes de rios   183
204. Floresta   183
205. Recursos naturais   184

A Terra. Parte 2   186

206. Tempo   186
207. Tempo extremo. Catástrofes naturais   187
208. Ruídos. Sons   187
209. Inverno   188

Fauna   190

210. Mamíferos. Predadores   190
211. Animais selvagens   190
212. Animais domésticos   191
213. Cães. Raças de cães   192
214. Sons produzidos pelos animais   193
215. Animais jovens   193
216. Pássaros   194
217. Pássaros. Canto e sons   195
218. Peixes. Animais marinhos   195
219. Amfíbios. Répteis   196

220.	Insetos	197
221.	Animais. Partes do corpo	197
222.	Ações dos animais	198
223.	Animais. Habitats	198
224.	Cuidados com os animais	199
225.	Animais. Diversos	200
226.	Cavalos	200

Flora 202

227.	Árvores	202
228.	Arbustos	202
229.	Cogumelos	203
230.	Frutos. Bagas	203
231.	Flores. Plantas	204
232.	Cereais, grãos	205
233.	Vegetais. Verduras	206

GEOGRAFIA REGIONAL 207
Países. Nacionalidades 207

234.	Europa Ocidental	207
235.	Europa Central e de Leste	209
236.	Países da ex-URSS	210
237.	Asia	211
238.	América do Norte	213
239.	América Central do Sul	213
240.	Africa	214
241.	Austrália. Oceania	215
242.	Cidades	215
243.	Política. Governo. Parte 1	216
244.	Política. Governo. Parte 2	218
245.	Países. Diversos	219
246.	Grupos religiosos mais importantes. Confissões	219
247.	Religiões. Padres	221
248.	Fé. Cristianismo. Islão	221

TEMAS DIVERSOS 224

249.	Várias palavras úteis	224
250.	Modificadores. Adjetivos. Parte 1	225
251.	Modificadores. Adjetivos. Parte 2	227

500 VERBOS PRINCIPAIS 230

252.	Verbos A-B	230
253.	Verbos C-D	231
254.	Verbos E-J	234
255.	Verbos L-P	236
256.	Verbos Q-Z	238

GUIA DE PRONUNCIAÇÃO

Letra	Exemplo Polaco	Alfabeto fonético T&P	Exemplo Português

Vogais

A a	fala	[a]	chamar
Ą ą	są	[ɔ̃]	anaconda
E e	tekst	[ɛ]	mesquita
Ę ę	pięć	[ɛ̃]	centro
I i	niski	[i]	sinónimo
O o	strona	[ɔ]	emboço
Ó ó	ołów	[u]	bonita
U u	ulica	[u]	bonita
Y y	stalowy	[ɪ]	sinónimo

Consoantes

B b	brew	[b]	barril
C c	palec	[ts]	tsé-tsé
Ć ć	haftować	[tɕ]	Tchau!
D d	modny	[d]	dentista
F f	perfumy	[f]	safári
G g	zegarek	[g]	gosto
H h	handel	[h]	[h] aspirada
J j	jajko	[j]	géiser
K k	krab	[k]	kiwi
L l	mleko	[l]	libra
Ł ł	głodny	[w]	página web
M m	guma	[m]	magnólia
N n	Indie	[n]	natureza
Ń ń	jesień	[ɲ]	ninhada
P p	poczta	[p]	presente
R r	portret	[r]	riscar
S s	studnia	[s]	sanita
Ś ś	świat	[ɕ]	shiatsu
T t	taniec	[t]	sitiar
W w	wieczór	[v]	fava
Z z	zachód	[z]	sésamo
Ź ź	żaba	[ʑ]	tajique
Ż ż	żagiel	[ʒ]	talvez

Letra	Exemplo Polaco	Alfabeto fonético T&P	Exemplo Português

Combinações de letras

ch	ich, zachód	[h]	[h] suave
ci	kwiecień	[ʨ]	Tchim-tchim!
cz	czasami	[ʧ]	Tchau!
dz	dzbanek	[dz]	pizza
dzi	dziecko	[dʑ]	tajique
dź	dźwig	[dʑ]	tajique
dż	dżinsy	[j]	géiser
ni	niedziela	[n]	ninhada
rz	orzech	[ʒ]	talvez
si	osiem	[ɕ]	shiatsu
sz	paszport	[ʃ]	mês
zi	zima	[ʑ]	tajique

Comentários

As letras **Qq**, **Ww**, **Xx** são usadas apenas em estrangeirismos

ABREVIATURAS
usadas no vocabulário

Abreviaturas do Português

adj	-	adjetivo
adv	-	advérbio
anim.	-	animado
conj.	-	conjunção
desp.	-	desporto
etc.	-	etecetra
ex.	-	por exemplo
f	-	nome feminino
f pl	-	feminino plural
fem.	-	feminino
inanim.	-	inanimado
m	-	nome masculino
m pl	-	masculino plural
m, f	-	masculino, feminino
masc.	-	masculino
mat.	-	matemática
mil.	-	militar
pl	-	plural
prep.	-	preposição
pron.	-	pronome
sb.	-	sobre
sing.	-	singular
v aux	-	verbo auxiliar
vi	-	verbo intransitivo
vi, vt	-	verbo intransitivo, transitivo
vr	-	verbo reflexivo
vt	-	verbo transitivo

Abreviaturas do Polaco

ż	-	nome feminino
ż, l.mn.	-	feminino plural
l.mn.	-	plural
m	-	nome masculino
m, ż	-	masculino, feminino
m, l.mn.	-	masculino plural
n	-	neutro

CONCEITOS BÁSICOS

Conceitos básicos. Parte 1

1. Pronomes

eu	ja	[ja]
tu	ty	[ti]
ele	on	[ɔn]
ela	ona	['ɔna]
ele, ela (neutro)	ono	['ɔnɔ]
nós	my	[mi]
vocês	wy	[vi]
eles, elas	one	['ɔnɛ]

2. Cumprimentos. Saudações. Despedidas

Olá!	Dzień dobry!	[dʒeɲ 'dɔbri]
Bom dia! (formal)	Dzień dobry!	[dʒeɲ 'dɔbri]
Bom dia! (de manhã)	Dzień dobry!	[dʒeɲ 'dɔbri]
Boa tarde!	Dzień dobry!	[dʒeɲ 'dɔbri]
Boa noite!	Dobry wieczór!	[dɔbri 'vetʃur]
cumprimentar (vt)	witać się	['vitatʃ ɕɛ̃]
Olá!	Cześć!	[tʃɛɕtʃ]
saudação (f)	pozdrowienia (l.mn.)	[pɔzdrɔ'veɲa]
saudar (vt)	witać	['vitatʃ]
Como vai?	Jak się masz?	[jak ɕɛ̃ maʃ]
O que há de novo?	Co nowego?	[tsɔ nɔ'vɛgɔ]
Até à vista!	Do widzenia!	[dɔ vi'dzɛɲa]
Até breve!	Do zobaczenia!	[dɔ zɔbat'ʃɛɲa]
Adeus! (sing.)	Żegnaj!	['ʒɛgnaj]
Adeus! (pl)	Żegnam!	['ʒɛgnam]
despedir-se (vr)	żegnać się	['ʒɛgnatʃ ɕɛ̃]
Até logo!	Na razie!	[na 'raʒe]
Obrigado! -a!	Dziękuję!	[dʒɛ̃'kue]
Muito obrigado! -a!	Bardzo dziękuję!	[bardzɔ dʒɛ̃'kuɛ̃]
De nada	Proszę	['prɔʃɛ̃]
Não tem de quê	To drobiazg	[tɔ 'drɔbiazk]
De nada	Nie ma za co	['ne ma 'za tsɔ]
Desculpa! -pe!	Przepraszam!	[pʃɛp'raʃam]
desculpar (vt)	wybaczać	[vi'batʃatʃ]

desculpar-se (vr)	przepraszać	[pʃɛp'raʃatʃ]
As minhas desculpas	Przepraszam!	[pʃɛp'raʃam]
Desculpe!	Przepraszam!	[pʃɛp'raʃam]
perdoar (vt)	wybaczać	[vi'batʃatʃ]
por favor	proszę	['prɔʃɛ̃]

Não se esqueça!	Nie zapomnijcie!	[ne zapɔm'nijtʃe]
Certamente! Claro!	Oczywiście!	[ɔtʃi'viɕtʃe]
Claro que não!	Oczywiście, że nie!	[ɔtʃiviɕtʃe ʒɛ 'ne]
Está bem! De acordo!	Zgoda!	['zgɔda]
Basta!	Dosyć!	['dɔsitʃ]

3. Como se dirigir a alguém

senhor	Proszę pana	['prɔʃɛ̃ 'pana]
senhora	Proszę pani	['prɔʃɛ̃ 'pani]
rapariga	Proszę pani	['prɔʃɛ̃ 'pani]
rapaz	Proszę pana	['prɔʃɛ̃ 'pana]
menino	Chłopczyku	[hwɔpt'ʃiku]
menina	Dziewczynko	[dʒevt'ʃiŋkɔ]

4. Números cardinais. Parte 1

zero	zero	['zɛrɔ]
um	jeden	['edɛn]
dois	dwa	[dva]
três	trzy	[tʃi]
quatro	cztery	['tʃtɛri]

cinco	pięć	[pɛ̃tʃ]
seis	sześć	[ʃɛɕtʃ]
sete	siedem	['ɕedɛm]
oito	osiem	['ɔɕem]
nove	dziewięć	['dʒevɛ̃tʃ]

dez	dziesięć	['dʒeɕɛ̃tʃ]
onze	jedenaście	[edɛ'naɕtʃe]
doze	dwanaście	[dva'naɕtʃe]
treze	trzynaście	[tʃi'naɕtʃe]
catorze	czternaście	[tʃtɛr'naɕtʃe]

quinze	piętnaście	[pɛ̃t'naɕtʃe]
dezasseis	szesnaście	[ʃɛs'naɕtʃe]
dezassete	siedemnaście	[ɕedɛm'naɕtʃe]
dezoito	osiemnaście	[ɔɕem'naɕtʃe]
dezanove	dziewiętnaście	[dʒevɛ̃t'naɕtʃe]

vinte	dwadzieścia	[dva'dʒeɕtʃ'a]
vinte e um	dwadzieścia jeden	[dva'dʒeɕtʃ'a 'edɛn]
vinte e dois	dwadzieścia dwa	[dva'dʒeɕtʃ'a dva]
vinte e três	dwadzieścia trzy	[dva'dʒeɕtʃ'a tʃi]
trinta	trzydzieści	[tʃi'dʒeɕtʃi]

trinta e um	trzydzieści jeden	[tʃi'dʒeɕtʃi 'edɛn]
trinta e dois	trzydzieści dwa	[tʃi'dʒeɕtʃi dva]
trinta e três	trzydzieści trzy	[tʃi'dʒeɕtʃi tʃi]

quarenta	czterdzieści	[tʃtɛr'dʒeɕtʃi]
quarenta e um	czterdzieści jeden	[tʃtɛr'dʒeɕtʃi 'edɛn]
quarenta e dois	czterdzieści dwa	[tʃtɛr'dʒeɕtʃi dva]
quarenta e três	czterdzieści trzy	[tʃtɛr'dʒeɕtʃi tʃi]

cinquenta	pięćdziesiąt	[pɛ̃'dʒeɕɔ̃t]
cinquenta e um	pięćdziesiąt jeden	[pɛ̃'dʒeɕɔ̃t 'edɛn]
cinquenta e dois	pięćdziesiąt dwa	[pɛ̃'dʒeɕɔ̃t dva]
cinquenta e três	pięćdziesiąt trzy	[pɛ̃'dʒeɕɔ̃t tʃi]

sessenta	sześćdziesiąt	[ʃɛɕ'dʒeɕɔ̃t]
sessenta e um	sześćdziesiąt jeden	[ʃɛɕ'dʒeɕɔ̃t 'edɛn]
sessenta e dois	sześćdziesiąt dwa	[ʃɛɕ'dʒeɕɔ̃t dva]
sessenta e três	sześćdziesiąt trzy	[ʃɛɕ'dʒeɕɔ̃t tʃi]

setenta	siedemdziesiąt	[ɕedɛm'dʒeɕɔ̃t]
setenta e um	siedemdziesiąt jeden	[ɕedɛm'dʒeɕɔ̃t 'edɛn]
setenta e dois	siedemdziesiąt dwa	[ɕedɛm'dʒeɕɔ̃t dva]
setenta e três	siedemdziesiąt trzy	[ɕedɛm'dʒeɕɔ̃t tʃi]

oitenta	osiemdziesiąt	[ɔɕem'dʒeɕɔ̃t]
oitenta e um	osiemdziesiąt jeden	[ɔɕem'dʒeɕɔ̃t 'edɛn]
oitenta e dois	osiemdziesiąt dwa	[ɔɕem'dʒeɕɔ̃t dva]
oitenta e três	osiemdziesiąt trzy	[ɔɕem'dʒeɕɔ̃t tʃi]

noventa	dziewięćdziesiąt	[dʒevɛ̃'dʒeɕɔ̃t]
noventa e um	dziewięćdziesiąt jeden	[dʒevɛ̃'dʒeɕɔ̃t edɛn]
noventa e dois	dziewięćdziesiąt dwa	[dʒevɛ̃'dʒeɕɔ̃t dva]
noventa e três	dziewięćdziesiąt trzy	[dʒevɛ̃'dʒeɕɔ̃t tʃi]

5. Números cardinais. Parte 2

cem	sto	[stɔ]
duzentos	dwieście	['dveɕtʃe]
trezentos	trzysta	['tʃista]
quatrocentos	czterysta	['tʃtɛrista]
quinhentos	pięćset	['pɛ̃tʃsɛt]

seiscentos	sześćset	['ʃɛɕtʃsɛt]
setecentos	siedemset	['ɕedɛmsɛt]
oitocentos	osiemset	['ɔɕemsɛt]
novecentos	dziewięćset	['dʒevɛ̃tʃsɛt]

mil	tysiąc	['tiɕɔ̃ts]
dois mil	dwa tysiące	[dva tiɕɔ̃tsɛ]
De quem são ...?	trzy tysiące	[tʃi tiɕɔ̃tsɛ]
dez mil	dziesięć tysięcy	['dʒeɕɛ̃tʃ ti'ɕentsi]
cem mil	sto tysięcy	[stɔ ti'ɕentsi]
um milhão	milion	['miʎjɔn]
mil milhões	miliard	['miʎjart]

6. Números ordinais

primeiro	pierwszy	['perfʃi]
segundo	drugi	['drugi]
terceiro	trzeci	['ʧɛʧi]
quarto	czwarty	['ʧfarti]
quinto	piąty	[põti]

sexto	szósty	['ʃusti]
sétimo	siódmy	['ɕudmi]
oitavo	ósmy	['usmi]
nono	dziewiąty	[dʑevõti]
décimo	dziesiąty	[dʑeɕõti]

7. Números. Frações

fração (f)	ułamek (m)	[u'wamɛk]
um meio	jedna druga	['edna 'druga]
um terço	jedna trzecia	['edna 'ʧɛʧʲa]
um quarto	jedna czwarta	['edna 'ʧfarta]

um oitavo	jedna ósma	['edna 'usma]
um décimo	jedna dziesiąta	['edna dʑeɕõta]
dois terços	dwie trzecie	[dve 'ʧɛʧe]
três quartos	trzy czwarte	[ʧi 'ʧfarte]

8. Números. Operações básicas

subtração (f)	odejmowanie (n)	[ɔdɛjmɔ'vane]
subtrair (vi, vt)	odejmować	[ɔdɛj'mɔvaʧ]
divisão (f)	dzielenie (n)	[dʑe'lene]
dividir (vt)	dzielić	['dʑeliʧ]

adição (f)	dodawanie (n)	[dɔda'vane]
somar (vt)	dodać	['dɔdaʧ]
adicionar (vt)	dodawać	[dɔ'davaʧ]
multiplicação (f)	mnożenie (n)	[mnɔ'ʒɛne]
multiplicar (vt)	mnożyć	['mnɔʒiʧ]

9. Números. Diversos

algarismo, dígito (m)	cyfra (ż)	['ʦifra]
número (m)	liczba (ż)	['liʧba]
numeral (m)	liczebnik (m)	[lit'ʃɛbnik]
menos (m)	minus (m)	['minus]
mais (m)	plus	[plys]
fórmula (f)	wzór (m)	[vzur]
cálculo (m)	obliczenie (n)	[ɔbli'ʧane]
contar (vt)	liczyć	['liʧiʧ]

| calcular (vt) | podliczać | [pɔd'litʃatʃ] |
| comparar (vt) | porównywać | [pɔruv'nivatʃ] |

Quanto, -os, -as?	Ile?	['ile]
soma (f)	suma (ż)	['suma]
resultado (m)	wynik (m)	['vinik]
resto (m)	reszta (ż)	['rɛʃta]

alguns, algumas ...	kilka	['kiʎka]
um pouco de ...	niedużo ...	[ne'duʒɔ]
resto (m)	reszta (ż)	['rɛʃta]
um e meio	półtora	[puw'tɔra]
dúzia (f)	tuzin (m)	['tuʒin]

ao meio	na pół	[na puw]
em partes iguais	po równo	[pɔ 'ruvnɔ]
metade (f)	połowa (ż)	[pɔ'wɔva]
vez (f)	raz (m)	[raz]

10. Os verbos mais importantes. Parte 1

abrir (vt)	otwierać	[ɔt'feratʃ]
acabar, terminar (vt)	kończyć	['kɔɲtʃitʃ]
aconselhar (vt)	radzić	['radʒitʃ]
adivinhar (vt)	odgadnąć	[ɔd'gadnɔ̃tʃ]
advertir (vt)	ostrzegać	[ɔst'ʃɛgatʃ]

ajudar (vt)	pomagać	[pɔ'magatʃ]
almoçar (vi)	jeść obiad	[ectʃ 'ɔbʲat]
alugar (~ um apartamento)	wynajmować	[vinaj'mɔvatʃ]
amar (vt)	kochać	['kɔhatʃ]
ameaçar (vt)	grozić	['grɔʒitʃ]

anotar (escrever)	zapisywać	[zapi'sivatʃ]
apanhar (vt)	łowić	['wɔvitʃ]
apressar-se (vr)	śpieszyć się	['cpeʃitʃ cɛ̃]
arrepender-se (vr)	żałować	[ʒa'wɔvatʃ]
assinar (vt)	podpisywać	[pɔtpi'sivatʃ]

atirar, disparar (vi)	strzelać	['stʃɛʎatʃ]
brincar (vi)	żartować	[ʒar'tɔvatʃ]
brincar, jogar (crianças)	grać	[gratʃ]
buscar (vt)	szukać	['ʃukatʃ]
caçar (vi)	polować	[pɔ'lɔvatʃ]

cair (vi)	spadać	['spadatʃ]
cavar (vt)	kopać	['kɔpatʃ]
cessar (vt)	przestawać	[pʃɛs'tavatʃ]
chamar (~ por socorro)	wołać	['vɔwatʃ]
chegar (vi)	przyjeżdżać	[pʃi'eʒdʒatʃ]
chorar (vi)	płakać	['pwakatʃ]

| começar (vt) | rozpoczynać | [rɔspɔt'ʃinatʃ] |
| comparar (vt) | porównywać | [pɔruv'nivatʃ] |

compreender (vt)	rozumieć	[rɔ'zumetʃ]
concordar (vi)	zgadzać się	['zgadzatʃ ɕɛ̃]
confiar (vt)	ufać	['ufatʃ]

confundir (equivocar-se)	mylić	['militʃ]
conhecer (vt)	znać	[znatʃ]
contar (fazer contas)	liczyć	['litʃitʃ]
contar com (esperar)	liczyć na ...	['litʃitʃ na]
continuar (vt)	kontynuować	[kɔntinu'ɔvatʃ]

controlar (vt)	kontrolować	[kɔntrɔ'lɜvatʃ]
convidar (vt)	zapraszać	[zap'raʃatʃ]
correr (vi)	biec	[bets]
criar (vt)	stworzyć	['stfɔʒitʃ]
custar (vt)	kosztować	[kɔʃ'tɔvatʃ]

11. Os verbos mais importantes. Parte 2

dar (vt)	dawać	['davatʃ]
dar uma dica	czynić aluzje	['tʃinitʃ a'lyzʰe]
decorar (enfeitar)	ozdabiać	[ɔz'dabʲatʃ]
defender (vt)	bronić	['brɔnitʃ]
deixar cair (vt)	upuszczać	[u'puʃtʃatʃ]

descer (para baixo)	schodzić	['sxɔdʒitʃ]
desculpar-se (vr)	przepraszać	[pʃɛp'raʃatʃ]
dirigir (~ uma empresa)	kierować	[ke'rɔvatʃ]
discutir (notícias, etc.)	omawiać	[ɔ'mavʲatʃ]
dizer (vt)	powiedzieć	[pɔ'vedʒetʃ]

duvidar (vt)	wątpić	['võtpitʃ]
encontrar (achar)	znajdować	[znaj'dɔvatʃ]
enganar (vt)	oszukiwać	[ɔʃu'kivatʃ]
entrar (na sala, etc.)	wchodzić	['fxɔdʒitʃ]
enviar (uma carta)	wysyłać	[vi'siwatʃ]

errar (equivocar-se)	mylić się	['militʃ ɕɛ̃]
escolher (vt)	wybierać	[vi'beratʃ]
esconder (vt)	chować	['xɔvatʃ]
escrever (vt)	pisać	['pisatʃ]
esperar (o autocarro, etc.)	czekać	['tʃɛkatʃ]

esperar (ter esperança)	mieć nadzieję	[metʃ na'dʒeɛ̃]
esquecer (vt)	zapominać	[zapɔ'minatʃ]
estudar (vt)	studiować	[studʰɜvatʃ]
exigir (vt)	zażądać	[za'ʒõdatʃ]
existir (vi)	istnieć	['istnetʃ]

explicar (vt)	objaśniać	[ɔbʰʲjaɕɲatʃ]
falar (vi)	rozmawiać	[rɔz'mavʲatʃ]
faltar (clases, etc.)	opuszczać	[ɔ'puʃʧatʃ]
fazer (vt)	robić	['rɔbitʃ]
gabar-se, jactar-se (vr)	chwalić się	['hfalitʃ ɕɛ̃]
gostar (apreciar)	podobać się	[pɔ'dɔbatʃ ɕɛ̃]

gritar (vi)	krzyczeć	['kʃitʃɛtʃ]
guardar (cartas, etc.)	zachowywać	[zaho'vivatʃ]
informar (vt)	informować	[infor'movatʃ]
insistir (vi)	nalegać	[na'legatʃ]

insultar (vt)	znieważać	[zne'vaʒatʃ]
interessar-se (vr)	interesować się	[intɛrɛ'sɔvatʃ ɕɛ̃]
ir (a pé)	iść	[iɕtʃ]
ir nadar	kąpać się	['kɔ̃patʃ ɕɛ̃]
jantar (vi)	jeść kolację	[eɕtʃ kɔ'ʎatsʰɛ̃]

12. Os verbos mais importantes. Parte 3

ler (vt)	czytać	['tʃitatʃ]
libertar (cidade, etc.)	wyzwalać	[viz'vaʎatʃ]
matar (vt)	zabijać	[za'bijatʃ]
mencionar (vt)	wspominać	[fspɔ'minatʃ]
mostrar (vt)	pokazywać	[pɔka'zivatʃ]

mudar (modificar)	zmienić	['zmenitʃ]
nadar (vi)	pływać	['pwivatʃ]
negar-se a ...	odmawiać	[ɔd'maviatʃ]
objetar (vt)	sprzeciwiać się	[spʃɛ'tʃiviatʃ ɕɛ̃]

observar (vt)	obserwować	[ɔbsɛr'vɔvatʃ]
ordenar (mil.)	rozkazywać	[rɔska'zivatʃ]
ouvir (vt)	słyszeć	['swiʃɛtʃ]
pagar (vt)	płacić	['pwatʃitʃ]
parar (vi)	zatrzymywać się	[zatʃi'mivatʃ ɕɛ̃]

participar (vi)	uczestniczyć	[utʃɛst'nitʃitʃ]
pedir (comida)	zamawiać	[za'maviatʃ]
pedir (um favor, etc.)	prosić	['prɔɕitʃ]
pegar (tomar)	brać	[bratʃ]
pensar (vt)	myśleć	['miɕletʃ]

perceber (ver)	zauważać	[zau'vaʒatʃ]
perdoar (vt)	przebaczać	[pʃɛ'batʃatʃ]
perguntar (vt)	pytać	['pitatʃ]

| permitir (vt) | zezwalać | [zɛz'vaʎatʃ] |
| pertencer a ... | należeć | [na'leʒɛtʃ] |

| planear (vt) | planować | [pʎa'nɔvatʃ] |
| possuir (vt) | posiadać | [pɔ'ɕadatʃ] |

| preferir (vt) | woleć | ['vɔletʃ] |
| preparar (vt) | gotować | [gɔ'tɔvatʃ] |

prever (vt)	przewidzieć	[pʃɛ'vidʒetʃ]
prometer (vt)	obiecać	[ɔ'betsatʃ]
pronunciar (vt)	wymawiać	[vi'maviatʃ]
propor (vt)	proponować	[prɔpɔ'nɔvatʃ]
punir (castigar)	karać	['karatʃ]

13. Os verbos mais importantes. Parte 4

quebrar (vt)	psuć	['psutʃ]
queixar-se (vr)	skarżyć się	['skarʒitʃ ɕɛ̃]
querer (desejar)	chcieć	[htʃetʃ]
recomendar (vt)	polecać	[pɔ'letsatʃ]
repetir (dizer outra vez)	powtarzać	[pɔf'taʒatʃ]

repreender (vt)	besztać	['bɛʃtatʃ]
reservar (~ um quarto)	rezerwować	[rɛzɛr'vɔvatʃ]
responder (vt)	odpowiadać	[ɔtpɔ'vʲadatʃ]
rezar, orar (vi)	modlić się	['mɔdlitʃ ɕɛ̃]
rir (vi)	śmiać się	['ɕmʲatʃ ɕɛ̃]

roubar (vt)	kraść	[kraɕtʃ]
saber (vt)	wiedzieć	['vedʒetʃ]
sair (~ de casa)	wychodzić	[vi'hɔdʒitʃ]
salvar (vt)	ratować	[ra'tɔvatʃ]
seguir ...	podążać	[pɔ'dɔ̃ʒatʃ]

sentar-se (vr)	siadać	['ɕadatʃ]
ser necessário	być potrzebnym	[bitʃ pɔt'ʃɛbnim]
ser, estar	być	[bitʃ]
significar (vt)	znaczyć	['znatʃitʃ]

sorrir (vi)	uśmiechać się	[uɕ'mehatʃ ɕɛ̃]
subestimar (vt)	nie doceniać	[nedɔ'tsɛɲatʃ]
surpreender-se (vr)	dziwić się	['dʒivitʃ ɕɛ̃]
tentar (vt)	próbować	[pru'bɔvatʃ]

ter (vt)	mieć	[metʃ]
ter fome	chcieć jeść	[htʃetʃ eɕtʃ]
ter medo	bać się	[batʃ ɕɛ̃]
ter sede	chcieć pić	[htʃetʃ pitʃ]

tocar (com as mãos)	dotykać	[dɔ'tikatʃ]
tomar o pequeno-almoço	jeść śniadanie	[eɕtʃ ɕɲa'dane]
trabalhar (vi)	pracować	[pra'tsɔvatʃ]
traduzir (vt)	tłumaczyć	[twu'matʃitʃ]
unir (vt)	łączyć	['wɔ̃tʃitʃ]

vender (vt)	sprzedawać	[spʃɛ'davatʃ]
ver (vt)	widzieć	['vidʒetʃ]
virar (ex. ~ à direita)	skręcać	['skrɛntsatʃ]
voar (vi)	lecieć	['letʃetʃ]

14. Cores

cor (f)	kolor (m)	['kɔlɔr]
matiz (m)	odcień (m)	['ɔtʃeɲ]
tom (m)	ton (m)	[tɔn]
arco-íris (m)	tęcza (ż)	['tɛntʃa]
branco	biały	['bʲawi]

| preto | czarny | ['ʧarnʲi] |
| cinzento | szary | ['ʃarʲi] |

verde	zielony	[ʒe'lɜnʲi]
amarelo	żółty	['ʒuwtʲi]
vermelho	czerwony	[ʧɛr'vɔnʲi]

azul	ciemny niebieski	['ʧɛmnʲi ne'beski]
azul claro	niebieski	[ne'beski]
rosa	różowy	[ru'ʒɔvʲi]
laranja	pomarańczowy	[pɔmaraɲt'ʃɔvʲi]
violeta	fioletowy	[fʲɔle'tɔvʲi]
castanho	brązowy	[brɔ̃'zɔvʲi]

| dourado | złoty | ['zwɔtʲi] |
| prateado | srebrzysty | [srɛb'ʒisti] |

bege	beżowy	[bɛ'ʒɔvʲi]
creme	kremowy	[krɛ'mɔvʲi]
turquesa	turkusowy	[turku'sɔvʲi]
vermelho cereja	wiśniowy	[viɕ'nɜvʲi]
lilás	liliowy	[li'ʎjɔvʲi]
carmesim	malinowy	[mali'nɔvʲi]

claro	jasny	['jasnʲi]
escuro	ciemny	['ʧemnʲi]
vivo	jasny	['jasnʲi]

de cor	kolorowy	[kɔlɜ'rɔvʲi]
a cores	kolorowy	[kɔlɜ'rɔvʲi]
preto e branco	czarno-biały	['ʧarnɔ 'bʲawʲi]
unicolor	jednokolorowy	['ednɔkɔlɜ'rɔvʲi]
multicor	różnokolorowy	['ruʒnɔkɔlɜ'rɔvʲi]

15. Questões

Quem?	Kto?	[ktɔ]
Que?	Co?	[ʦɔ]
Onde?	Gdzie?	[gʤe]
Para onde?	Dokąd?	['dɔkɔ̃t]
De onde?	Skąd?	[skɔ̃t]
Quando?	Kiedy?	['kedi]
Para quê?	Dlaczego?	[dʎat'ʃɛgɔ]
Porquê?	Czemu?	['ʧɛmu]
Para quê?	Do czego?	[dɔ 'ʧɛgɔ]
Como?	Jak?	[jak]
Qual?	Jaki?	['jaki]
Qual? (entre dois ou mais)	Który?	['kturi]

Sobre quem?	O kim?	['ɔ kim]
Do quê?	O czym?	['ɔ ʧim]
Com quem?	Z kim?	[s kim]
Quanto, -os, -as?	Ile?	['ile]
De quem? (masc.)	Czyj?	[ʧij]

16. Preposições

com (prep.)	z	[z]
sem (prep.)	bez	[bɛz]
a, para (exprime lugar)	do	[do]
sobre (ex. falar ~)	o	[ɔ]
antes de ...	przed	[pʃɛt]
diante de ...	przed	[pʃɛt]

sob (debaixo de)	pod	[pɔt]
sobre (em cima de)	nad	[nat]
sobre (~ a mesa)	na	[na]
de (vir ~ Lisboa)	z ..., ze ...	[z], [zɛ]
de (feito ~ pedra)	z ..., ze ...	[z], [zɛ]

dentro de (~ dez minutos)	za	[za]
por cima de ...	przez	[pʃɛs]

17. Palavras funcionais. Advérbios. Parte 1

Onde?	Gdzie?	[gdʒe]
aqui	tu	[tu]
lá, ali	tam	[tam]

em algum lugar	gdzieś	[gdʒeɕ]
em lugar nenhum	nigdzie	['nigdʒe]

ao pé de ...	koło, przy	['kɔwɔ], [pʃi]
ao pé da janela	przy oknie	[pʃi 'ɔkne]

Para onde?	Dokąd?	['dɔkɔ̃t]
para cá	tutaj	['tutaj]
para lá	tam	[tam]
daqui	stąd	[stɔ̃t]
de lá, dali	stamtąd	['stamtɔ̃t]

perto	blisko	['bliskɔ]
longe	daleko	[da'lɛkɔ]

perto de ...	koło	['kɔwɔ]
ao lado de	obok	['ɔbɔk]
perto, não fica longe	niedaleko	[neda'lekɔ]

esquerdo	lewy	['levi]
à esquerda	z lewej	[z 'levɛj]
para esquerda	w lewo	[v 'levɔ]

direito	prawy	['pravi]
à direita	z prawej	[s 'pravɛj]
para direita	w prawo	[f 'pravɔ]

à frente	z przodu	[s 'pʃɔdu]
da frente	przedni	['pʃɛdni]

em frente (para a frente)	naprzód	['napʃut]
atrás de …	z tyłu	[s 'tiwu]
por detrás (vir ~)	od tyłu	[ɔt 'tiwu]
para trás	do tyłu	[dɔ 'tiwu]
meio (m), metade (f)	środek (m)	['ɕrɔdɛk]
no meio	w środku	[f 'ɕrɔdku]
de lado	z boku	[z 'bɔku]
em todo lugar	wszędzie	['fʃɛ̃dʑe]
ao redor (olhar ~)	dookoła	[dɔ:'kɔwa]
de dentro	z wewnątrz	[z 'vɛvnɔ̃tʃ]
para algum lugar	dokądś	['dɔkɔ̃tɕ]
diretamente	na wprost	['na fprɔst]
de volta	z powrotem	[s pɔv'rɔtɛm]
de algum lugar	skądkolwiek	[skɔ̃t'kɔʎvek]
de um lugar	skądś	[skɔ̃tɕ]
em primeiro lugar	po pierwsze	[pɔ 'perfʃɛ]
em segundo lugar	po drugie	[pɔ 'druge]
em terceiro lugar	po trzecie	[pɔ 'tʃɛtʃe]
de repente	nagle	['nagle]
no início	na początku	[na pɔt'ʃɔ̃tku]
pela primeira vez	po raz pierwszy	[pɔ ras 'perfʃi]
muito antes de …	na długo przed …	[na 'dwugɔ pʃɛt]
de novo, novamente	od nowa	[ɔd 'nɔva]
para sempre	na zawsze	[na 'zafʃɛ]
nunca	nigdy	['nigdi]
de novo	znowu	['znɔvu]
agora	teraz	['tɛras]
frequentemente	często	['tʃɛnstɔ]
então	wtedy	['ftɛdi]
urgentemente	pilnie	['piʎne]
usualmente	zwykle	['zvikle]
a propósito, …	a propos	[a prɔ'pɔ]
é possível	może, możliwe	['mɔʒɛ], [mɔʒ'livɛ]
provavelmente	prawdopodobnie	[pravdɔpɔ'dɔbne]
talvez	być może	[bitʃ 'mɔʒɛ]
além disso, …	poza tym	[pɔ'za tim]
por isso …	dlatego	[dʎa'tɛgɔ]
apesar de …	mimo że …	['mimɔ ʒɛ]
graças a …	dzięki	['dʑɛ̃ki]
que (pron.)	co	[tsɔ]
que (conj.)	że	[ʒɛ]
algo	coś	[tsɔɕ]
alguma coisa	cokolwiek	[tsɔ'kɔʎvek]
nada	nic	[nits]
quem	kto	[ktɔ]
alguém (~ teve uma ideia …)	ktoś	[ktɔɕ]

alguém	ktokolwiek	[ktɔ'kɔʎvek]
ninguém	nikt	[nikt]
para lugar nenhum	nigdzie	['nigdʒe]
de ninguém	niczyj	['nitʃij]
de alguém	czyjkolwiek	[tʃij'kɔʎvek]

tão	tak	[tak]
também (gostaria ~ de ...)	także	['tagʒɛ]
também (~ eu)	też	[tɛʃ]

18. Palavras funcionais. Advérbios. Parte 2

Porquê?	Dlaczego?	[dʎat'ʃɛgɔ]
por alguma razão	z jakiegoś powodu	[z ja'kegɔɕ pɔ'vɔdu]
porque ...	dlatego, że ...	[dla'tɛgɔ], [ʒɛ]
por qualquer razão	po coś	['pɔ tsɔɕ]

e (tu ~ eu)	i	[i]
ou (ser ~ não ser)	albo	['aʎbɔ]
mas (porém)	ale	['ale]
para (~ a minha mãe)	dla	[dʎa]

demasiado, muito	zbyt	[zbit]
só, somente	tylko	['tiʎkɔ]
exatamente	dokładnie	[dɔk'wadne]
cerca de (~ 10 kg)	około	[ɔ'kɔwɔ]

aproximadamente	w przybliżeniu	[f pʃibli'ʒɛny]
aproximado	przybliżony	[pʃibli'ʒɔnɨ]
quase	prawie	[prave]
resto (m)	reszta (ż)	['rɛʃta]

cada	każdy	['kaʒdɨ]
qualquer	jakikolwiek	[jaki'kɔʎvjek]
muito	dużo	['duʒɔ]
muitas pessoas	wiele	['vele]
todos	wszystkie	['fʃistke]

em troca de ...	w zamian za ...	[v 'zamʲan za]
em troca	zamiast	['zamʲast]

à mão	ręcznie	['rɛntʃne]
pouco provável	ledwo, prawie	['ledvɔ], ['pravje]

provavelmente	prawdopodobnie	[pravdɔpɔ'dɔbne]
de propósito	celowo	[tsɛ'lɔvɔ]
por acidente	przypadkiem	[pʃi'patkem]

muito	bardzo	['bardzɔ]
por exemplo	na przykład	[na 'pʃikwat]
entre	między	['mendzɨ]
entre (no meio de)	wśród	[fɕrut]
tanto	aż tyle	[aʒ 'tile]
especialmente	szczególnie	[ʃtʃɛ'guʎne]

Conceitos básicos. Parte 2

19. Opostos

rico	bogaty	[bɔ'gatɨ]
pobre	biedny	['bednɨ]
doente	chory	['hɔrɨ]
são	zdrowy	['zdrɔvɨ]
grande	duży	['duʒɨ]
pequeno	mały	['mawɨ]
rapidamente	szybko	['ʃɨpkɔ]
lentamente	wolno	['vɔʎnɔ]
rápido	szybki	['ʃɨpki]
lento	powolny	[pɔ'vɔʎnɨ]
alegre	wesoły	[vɛ'sɔwɨ]
triste	smutny	['smutnɨ]
juntos	razem	['razɛm]
separadamente	oddzielnie	[ɔd'dʒeʎne]
em voz alta (ler ~)	na głos	['na gwɔs]
para si (em silêncio)	po cichu	[pɔ 'tʃihu]
alto	wysoki	[vɨ'sɔki]
baixo	niski	['niski]
profundo	głęboki	[gwɛ̃'bɔki]
pouco fundo	płytki	['pwɨtki]
sim	tak	[tak]
não	nie	[ne]
distante (no espaço)	daleki	[da'lɛki]
próximo	bliski	['bliski]
longe	daleko	[da'lɛkɔ]
perto	obok	['ɔbɔk]
longo	długi	['dwugi]
curto	krótki	['krutki]
bom, bondoso	dobry	['dɔbrɨ]
mau	zły	[zwɨ]
casado	żonaty	[ʒɔ'natɨ]

solteiro	nieżonaty	[neʒɔ'nati]
proibir (vt)	zakazać	[za'kazatʃ]
permitir (vt)	zezwolić	[zɛz'vɔlitʃ]
fim (m)	koniec (m)	['kɔnets]
começo (m)	początek (m)	[pɔt'ʃɔtɛk]
esquerdo	lewy	['levi]
direito	prawy	['pravi]
primeiro	pierwszy	['perfʃi]
último	ostatni	[ɔs'tatni]
crime (m)	przestępstwo (n)	[pʃɛs'tɛpstfɔ]
castigo (m)	kara (ż)	['kara]
ordenar (vt)	rozkazać	[rɔs'kazatʃ]
obedecer (vt)	podporządkować się	[pɔtpɔʒɔ̃d'kɔvatʃ ɕɛ̃]
reto	prosty	['prɔsti]
curvo	krzywy	['kʃivi]
paraíso (m)	raj (m)	[raj]
inferno (m)	piekło (n)	['pekwɔ]
nascer (vi)	urodzić się	[u'rɔdʒitʃ ɕɛ̃]
morrer (vi)	umrzeć	['umʒɛtʃ]
forte	silny	['ɕiʎni]
fraco, débil	słaby	['swabi]
idoso	stary	['stari]
jovem	młody	['mwɔdi]
velho	stary	['stari]
novo	nowy	['nɔvi]
duro	twardy	['tfardi]
mole	miękki	['meŋki]
tépido	ciepły	['tʃepwi]
frio	zimny	['ʒimni]
gordo	gruby	['grubi]
magro	szczupły	['ʃtʃupwi]
estreito	wąski	['vɔ̃ski]
largo	szeroki	[ʃɛ'rɔki]
bom	dobry	['dɔbri]
mau	zły	[zwi]
valente	mężny	['mɛnʒni]
cobarde	tchórzliwy	[thuʒ'livi]

27

20. Dias da semana

segunda-feira (f)	poniedziałek (m)	[pɔneˈʤʲawɛk]
terça-feira (f)	wtorek (m)	[ˈftɔrɛk]
quarta-feira (f)	środa (ż)	[ˈɕrɔda]
quinta-feira (f)	czwartek (m)	[ˈʧfartɛk]
sexta-feira (f)	piątek (m)	[ˈpɔ̃tɛk]
sábado (m)	sobota (ż)	[sɔˈbɔta]
domingo (m)	niedziela (ż)	[neˈʤeʎa]

hoje	dzisiaj	[ˈʤiɕaj]
amanhã	jutro	[ˈjutrɔ]
depois de amanhã	pojutrze	[pɔˈjutʃɛ]
ontem	wczoraj	[ˈfʧɔraj]
anteontem	przedwczoraj	[pʃɛtftˈʃɔraj]

dia (m)	dzień (m)	[ʤeɲ]
dia (m) de trabalho	dzień (m) roboczy	[ʤeɲ rɔˈbɔʧi]
feriado (m)	dzień (m) świąteczny	[ʤeɲ ɕfɔ̃ˈtɛʧni]
dia (m) de folga	dzień (m) wolny	[ʤeɲ ˈvɔʎni]
fim (m) de semana	weekend (m)	[uˈikɛnt]

o dia todo	cały dzień	[ˈtsawɨ ʤeɲ]
no dia seguinte	następnego dnia	[nastɛ̃pˈnɛgɔ dɲa]
há dois dias	dwa dni temu	[dva dni ˈtɛmu]
na véspera	w przeddzień	[f ˈpʃɛdʤeɲ]
diário	codzienny	[tsɔˈʤeɲi]
todos os dias	codziennie	[tsɔˈʤeɲe]

semana (f)	tydzień (m)	[ˈtiʤeɲ]
na semana passada	w zeszłym tygodniu	[v ˈzɛʃwɨm tiˈgɔdny]
na próxima semana	w następnym tygodniu	[v nasˈtɛ̃pnɨm tiˈgɔdny]
semanal	tygodniowy	[tigɔdˈnɔvɨ]
cada semana	co tydzień	[tsɔ tiˈʤɛɲ]
duas vezes por semana	dwa razy w tygodniu	[dva ˈrazi v tiˈgɔdny]
cada terça-feira	co wtorek	[tsɔ ˈftɔrek]

21. Horas. Dia e noite

manhã (f)	ranek (m)	[ˈranɛk]
de manhã	rano	[ˈranɔ]
meio-dia (m)	południe (n)	[pɔˈwudne]
à tarde	po południu	[pɔ pɔˈwudny]

noite (f)	wieczór (m)	[ˈvetʃur]
à noite (noitinha)	wieczorem	[vetˈʃɔrɛm]
noite (f)	noc (ż)	[nɔts]
à noite	w nocy	[v ˈnɔtsi]
meia-noite (f)	północ (ż)	[ˈpuwnɔts]

segundo (m)	sekunda (ż)	[sɛˈkunda]
minuto (m)	minuta (ż)	[miˈnuta]
hora (f)	godzina (ż)	[gɔˈʤina]

meia hora (f)	pół godziny	[puw gɔ'dʒinɨ]
quarto (m) de hora	kwadrans (m)	['kfadrans]
quinze minutos	piętnaście minut	[pɛ̃t'naɕtɕe 'minut]
vinte e quatro horas	doba (ż)	['dɔba]

nascer (m) do sol	wschód (m) słońca	[fshut 'swɔɲtsa]
amanhecer (m)	świt (m)	[ɕfit]
madrugada (f)	wczesny ranek (m)	['ftʃɛsnɨ 'ranɛk]
pôr do sol (m)	zachód (m)	['zahut]

de madrugada	wcześnie rano	['ftʃɛɕne 'ranɔ]
hoje de manhã	dzisiaj rano	['dʑiɕaj 'ranɔ]
amanhã de manhã	jutro rano	['jutrɔ 'ranɔ]

hoje à tarde	dzisiaj w dzień	['dʑiɕaj v dʑeɲ]
à tarde	po południu	[pɔ pɔ'wudny]
amanhã à tarde	jutro popołudniu	[jutrɔ pɔpɔ'wudny]

| hoje à noite | dzisiaj wieczorem | [dʑiɕaj vet'ʃɔrɛm] |
| amanhã à noite | jutro wieczorem | ['jutrɔ vet'ʃɔrɛm] |

às três horas em ponto	równo o trzeciej	['ruvnɔ ɔ 'tʃetʃej]
por volta das quatro	około czwartej	[ɔ'kɔwɔ 'tʃfartɛj]
às doze	na dwunastą	[na dvu'nastɔ̃]

dentro de vinte minutos	za dwadzieścia minut	[za dva'dʑeɕtɕa 'minut]
dentro duma hora	za godzinę	[za gɔ'dʑinɛ̃]
a tempo	na czas	[na tʃas]

menos um quarto	za kwadrans	[za 'kfadrans]
durante uma hora	w ciągu godziny	[f tʃɔ̃gu gɔ'dʑinɨ]
a cada quinze minutos	co piętnaście minut	[tsɔ pɛ̃t'naɕtɕe 'minut]
as vinte e quatro horas	całą dobę	['tsawɔ̃ 'dɔbɛ̃]

22. Meses. Estações

janeiro (m)	styczeń (m)	['stɨtʃɛɲ]
fevereiro (m)	luty (m)	['lytɨ]
março (m)	marzec (m)	['maʒɛts]
abril (m)	kwiecień (m)	['kfetʃeɲ]
maio (m)	maj (m)	[maj]
junho (m)	czerwiec (m)	['tʃɛrvets]

julho (m)	lipiec (m)	['lipets]
agosto (m)	sierpień (m)	['ɕerpeɲ]
setembro (m)	wrzesień (m)	['vʒeɕeɲ]
outubro (m)	październik (m)	[paʑ'dʑernik]
novembro (m)	listopad (m)	[lis'tɔpat]
dezembro (m)	grudzień (m)	['grudʑeɲ]

primavera (f)	wiosna (ż)	['vɔsna]
na primavera	wiosną	['vɔsnɔ̃]
primaveril	wiosenny	[vɔ'sɛnɨ]
verão (m)	lato (n)	['ʎatɔ]

no verão	**latem**	['ʎatɛm]
de verão	**letni**	['letni]
outono (m)	**jesień** (ż)	['eɕeɲ]
no outono	**jesienią**	[e'ɕenɔ̃]
outonal	**jesienny**	[e'ɕeɲi]
inverno (m)	**zima** (ż)	['ʒima]
no inverno	**zimą**	['ʒimɔ̃]
de inverno	**zimowy**	[ʒi'mɔvi]
mês (m)	**miesiąc** (m)	['meɕɔ̃ts]
este mês	**w tym miesiącu**	[f tim me'ɕɔ̃tsu]
no próximo mês	**w przyszłym miesiącu**	[v 'pʃisʃwim me'ɕɔ̃tsu]
no mês passado	**w zeszłym miesiącu**	[v 'zɛʃwim me'ɕɔ̃tsu]
há um mês	**miesiąc temu**	['meɕɔ̃ts 'tɛmu]
dentro de um mês	**za miesiąc**	[za 'meɕɔ̃ts]
dentro de dois meses	**za dwa miesiące**	[za dva me'ɕɔ̃tse]
todo o mês	**przez cały miesiąc**	[pʃɛs 'tsawi 'meɕɔ̃ts]
um mês inteiro	**cały miesiąc**	['tsawi 'meɕɔ̃ts]
mensal	**comiesięczny**	[tsome'ɕentʃni]
mensalmente	**comiesięcznie**	[tsome'ɕentʃne]
cada mês	**co miesiąc**	[tsɔ 'meɕɔ̃ts]
duas vezes por mês	**dwa razy w miesiącu**	[dva 'razi v meɕɔ̃tsu]
ano (m)	**rok** (m)	[rɔk]
este ano	**w tym roku**	[f tim 'rɔku]
no próximo ano	**w przyszłym roku**	[v 'pʃisʃwim 'rɔku]
no ano passado	**w zeszłym roku**	[v 'zɛʃwim 'rɔku]
há um ano	**rok temu**	[rɔk 'tɛmu]
dentro dum ano	**za rok**	[za rɔk]
dentro de 2 anos	**za dwa lata**	[za dva 'ʎata]
todo o ano	**cały rok**	['tsawi rɔk]
um ano inteiro	**cały rok**	['tsawi rɔk]
cada ano	**co roku**	[tsɔ 'rɔku]
anual	**coroczny**	[tsɔ'rɔtʃni]
anualmente	**corocznie**	[tsɔ'rɔtʃne]
quatro vezes por ano	**cztery razy w roku**	['tʃtɛri 'razi v 'rɔku]
data (~ de hoje)	**data** (ż)	['data]
data (ex. ~ de nascimento)	**data** (ż)	['data]
calendário (m)	**kalendarz** (m)	[ka'lendaʃ]
meio ano	**pół roku**	[puw 'rɔku]
seis meses	**półrocze** (n)	[puw'rɔtʃɛ]
estação (f)	**sezon** (m)	['sɛzɔn]
século (m)	**wiek** (m)	[vek]

23. Tempo. Diversos

tempo (m)	**czas** (m)	[tʃas]
momento (m)	**chwilka** (ż)	['hfiʎka]

instante (m)	chwila (ż)	['hfiʎa]
instantâneo	błyskawiczny	[bwiska'vitʃni]
lapso (m) de tempo	odcinek (m)	[ɔ'tʃinɛk]
vida (f)	życie (n)	['ʒitɕe]
eternidade (f)	wieczność (ż)	['vetʃnɔɕtʃ]

época (f)	epoka (ż)	[ɛ'pɔka]
era (f)	era (ż)	['ɛra]
ciclo (m)	cykl (m)	['tsikʎ]
período (m)	okres (m), czas m	['ɔkrɛs], [tʃas]
prazo (m)	termin (m)	['tɛrmin]

futuro (m)	przyszłość (ż)	['pʃiʃwɔɕtʃ]
futuro	przyszły	['pʃiʃwi]
da próxima vez	następnym razem	[nas'tɛpnim 'razɛm]
passado (m)	przeszłość (ż)	['pʃɛʃwɔɕtʃ]
passado	ubiegły	[u'begwi]
na vez passada	ostatnim razem	[ɔs'tatnim 'razɛm]
mais tarde	później	['puʑnej]
depois	po	[pɔ]
atualmente	obecnie	[ɔ'bɛtsne]
agora	teraz	['tɛras]
imediatamente	natychmiast	[na'tihmʲast]
em breve, brevemente	wkrótce	['fkruttsɛ]
de antemão	wcześniej	['ftʃeɕnej]

há muito tempo	dawno	['davnɔ]
há pouco tempo	niedawno	[ne'davnɔ]
destino (m)	los (m)	['lɔs]
recordações (f pl)	pamięć (ż)	['pamɛ̃tʃ]
arquivo (m)	archiwum (n)	[ar'hivum]
durante ...	podczas ...	['pɔdtʃas]
durante muito tempo	długo	['dwugɔ]
pouco tempo	niedługo	[ned'wugɔ]
cedo (levantar-se ~)	wcześnie	['ftʃeɕne]
tarde (deitar-se ~)	późno	['puʑnɔ]

para sempre	na zawsze	[na 'zafʃɛ]
começar (vt)	rozpoczynać	[rɔspɔt'ʃinatʃ]
adiar (vt)	przesunąć	[pʃɛ'sunɔ̃tʃ]

simultaneamente	jednocześnie	[ednɔt'ʃeɕne]
permanentemente	stale	['stale]
constante (ruído, etc.)	ciągły	[tʃɔ̃gwi]
temporário	tymczasowy	[timtʃa'sɔvi]

às vezes	czasami	[tʃa'sami]
raramente	rzadko	['ʒmatkɔ]
frequentemente	często	['tʃɛnstɔ]

24. Linhas e formas

| quadrado (m) | kwadrat (m) | ['kfadrat] |
| quadrado | kwadratowy | [kfadra'tɔvi] |

círculo (m)	koło (n)	['kɔwɔ]
redondo	okrągły	[ɔk'rɔ̃gwɨ]
triângulo (m)	trójkąt (m)	['trujkɔ̃t]
triangular	trójkątny	[truj'kɔ̃tnɨ]

oval (f)	owal (m)	['ɔvaʎ]
oval	owalny	[ɔ'vaʎnɨ]
retângulo (m)	prostokąt (m)	[prɔs'tɔkɔ̃t]
retangular	prostokątny	[prɔstɔ'kɔ̃tnɨ]

pirâmide (f)	piramida (ż)	[pira'mida]
rombo, losango (m)	romb (m)	[rɔmp]
trapézio (m)	trapez (m)	['trapɛs]
cubo (m)	sześcian (m)	['ʃɛɕʨan]
prisma (m)	graniastosłup (m)	[graɲas'tɔswup]

circunferência (f)	okrąg (m)	['ɔkrɔ̃k]
esfera (f)	powierzchnia (ż) kuli	[pɔ'veʃhɲa 'kuli]
globo (m)	kula (ż)	['kuʎa]
diâmetro (m)	średnica (ż)	[ɕrɛd'nitsa]
raio (m)	promień (m)	['prɔmeɲ]
perímetro (m)	obwód (m)	['ɔbvut]
centro (m)	środek (m)	['ɕrɔdɛk]

horizontal	poziomy	[pɔ'ʒɔmɨ]
vertical	pionowy	[pɜ'nɔvɨ]
paralela (f)	równoległa (ż)	[ruvnɔ'legwa]
paralelo	równoległy	[ruvnɔ'legwɨ]

linha (f)	linia (ż)	['liɲja]
traço (m)	linia (ż)	['liɲja]
reta (f)	prosta (ż)	['prɔsta]
curva (f)	krzywa (ż)	['kʃiva]
fino (linha ~a)	cienki	['ʨeŋki]
contorno (m)	kontur (m)	['kɔntur]

interseção (f)	przecięcie (n)	[pʃɛ'ʨɛ̃ʨe]
ângulo (m) reto	kąt (m) prosty	[kɔ̃t 'prɔsti]
segmento (m)	segment (m)	['sɛgmɛnt]
setor (m)	wycinek (m)	[vɨ'ʨinɛk]
lado (de um triângulo, etc.)	strona (ż)	['strɔna]
ângulo (m)	kąt (m)	[kɔ̃t]

25. Unidades de medida

peso (m)	ciężar (m)	['ʨenʒar]
comprimento (m)	długość (ż)	['dwugɔɕʨ]
largura (f)	szerokość (ż)	[ʃɛ'rɔkɔɕʨ]
altura (f)	wysokość (ż)	[vɨ'sɔkɔɕʨ]
profundidade (f)	głębokość (ż)	[gwɛ̃'bɔkɔɕʨ]
volume (m)	objętość (ż)	[ɔbʰ'entɔɕʨ]
área (f)	powierzchnia (ż)	[pɔ'veʃhɲa]
grama (m)	gram (m)	[gram]
miligrama (m)	miligram (m)	[mi'ligram]

quilograma (m)	kilogram (m)	[ki'lɔgram]
tonelada (f)	tona (ż)	['tɔna]
libra (453,6 gramas)	funt (m)	[funt]
onça (f)	uncja (ż)	['unʦʰja]

metro (m)	metr (m)	[mɛtr]
milímetro (m)	milimetr (m)	[mi'limɛtr]
centímetro (m)	centymetr (m)	[ʦɛn'timɛtr]
quilómetro (m)	kilometr (m)	[ki'lɔmɛtr]
milha (f)	mila (ż)	['miʎa]

polegada (f)	cal (m)	[ʦaʎ]
pé (304,74 mm)	stopa (ż)	['stɔpa]
jarda (914,383 mm)	jard (m)	['jart]

metro (m) quadrado	metr (m) kwadratowy	[mɛtr kfadra'tɔvi]
hectare (m)	hektar (m)	['hɛktar]

litro (m)	litr (m)	[litr]
grau (m)	stopień (m)	['stɔpeɲ]
volt (m)	wolt (m)	[vɔʎt]
ampere (m)	amper (m)	[am'pɛr]
cavalo-vapor (m)	koń (m) mechaniczny	[kɔɲ mɛha'niʧni]

quantidade (f)	ilość (ż)	['ilɔɕʧ]
um pouco de ...	niedużo ...	[ne'duʒɔ]
metade (f)	połowa (ż)	[pɔ'wɔva]
dúzia (f)	tuzin (m)	['tuʒin]
peça (f)	sztuka (ż)	['ʃtuka]

dimensão (f)	rozmiar (m)	['rɔzmʲar]
escala (f)	skala (ż)	['skaʎa]

mínimo	minimalny	[mini'maʎni]
menor, mais pequeno	najmniejszy	[najm'nejʃi]
médio	średni	['ɕrɛdni]
máximo	maksymalny	[maksi'maʎni]
maior, mais grande	największy	[naj'veŋkʃi]

26. Recipientes

boião (m) de vidro	słoik (m)	['swɔik]
lata (~ de cerveja)	puszka (ż)	['puʃka]
balde (m)	wiadro (n)	['vʲadrɔ]
barril (m)	beczka (ż)	['bɛʧka]

bacia (~ de plástico)	miednica (ż)	[med'niʦa]
tanque (m)	zbiornik (m)	['zbɔrnik]
cantil (m) de bolso	piersiówka (ż)	[per'ɕyvka]
bidão (m) de gasolina	kanister (m)	[ka'nistɛr]
cisterna (f)	cysterna (ż)	[ʦis'tɛrna]

caneca (f)	kubek (m)	['kubɛk]
chávena (f)	filiżanka (ż)	[fili'ʒaŋka]

pires (m)	spodek (m)	['spɔdɛk]
copo (m)	szklanka (ż)	['ʃkʎaŋka]
taça (f) de vinho	kielich (m)	['kelih]
panela, caçarola (f)	garnek (m)	['garnɛk]

| garrafa (f) | butelka (ż) | [bu'tɛʎka] |
| gargalo (m) | szyjka (ż) | ['ʃijka] |

jarro, garrafa (f)	karafka (ż)	[ka'rafka]
jarro (m) de barro	dzbanek (m)	['dzbanɛk]
recipiente (m)	naczynie (n)	[nat'ʃine]
pote (m)	garnek (m)	['garnɛk]
vaso (m)	wazon (m)	['vazɔn]

frasco (~ de perfume)	flakon (m)	[fʎa'kɔn]
frasquinho (ex. ~ de iodo)	fiolka (ż)	[fʰ3ʎka]
tubo (~ de pasta dentífrica)	tubka (ż)	['tupka]

saca (ex. ~ de açúcar)	worek (m)	['vɔrɛk]
saco (~ de plástico)	torba (ż)	['tɔrba]
maço (m)	paczka (ż)	['patʃka]

caixa (~ de sapatos, etc.)	pudełko (n)	[pu'dɛwkɔ]
caixa (~ de madeira)	skrzynka (ż)	['skʃiŋka]
cesta (f)	koszyk (m)	['kɔʃik]

27. Materiais

material (m)	materiał (m)	[ma'tɛrʰjaw]
madeira (f)	drewno (n)	['drɛvnɔ]
de madeira	drewniany	[drɛv'ɲani]

| vidro (m) | szkło (n) | [ʃkwɔ] |
| de vidro | szklany | ['ʃkʎani] |

| pedra (f) | kamień (m) | ['kameɲ] |
| de pedra | kamienny | [ka'meɲi] |

| plástico (m) | plastik (m) | ['pʎastik] |
| de plástico | plastikowy | [pʎasti'kɔvi] |

| borracha (f) | guma (ż) | ['guma] |
| de borracha | gumowy | [gu'mɔvi] |

| tecido, pano (m) | tkanina (ż) | [tka'nina] |
| de tecido | z materiału | [z matɛrʰjawu] |

| papel (m) | papier (m) | ['paper] |
| de papel | papierowy | [pape'rɔvi] |

cartão (m)	karton (m)	['kartɔn]
de cartão	kartonowy	[kartɔ'nɔvi]
polietileno (m)	polietylen (m)	[poliɛ'tilen]
celofane (m)	celofan (m)	[tsɛ'lɔfan]

contraplacado (m)	**sklejka** (ż)	['sklejka]
porcelana (f)	**porcelana** (ż)	[pɔrʦɛ'ʎana]
de porcelana	**porcelanowy**	[pɔrʦeʎa'nɔvi]
barro (f)	**glina** (ż)	['glina]
de barro	**gliniany**	[gli'ɲani]
cerâmica (f)	**ceramika** (ż)	[ʦɛ'ramika]
de cerâmica	**ceramiczny**	[ʦɛra'miʧni]

28. Metais

metal (m)	**metal** (m)	['mɛtaʎ]
metálico	**metalowy**	[mɛta'lɔvi]
liga (f)	**stop** (m)	[stɔp]
ouro (m)	**złoto** (n)	['zwɔtɔ]
de ouro	**złoty**	['zwɔti]
prata (f)	**srebro** (n)	['srɛbrɔ]
de prata	**srebrny**	['srɛbrni]
ferro (m)	**żelazo** (n)	[ʒɛ'ʎazɔ]
de ferro	**żelazny**	[ʒe'ʎazni]
aço (m)	**stal** (ż)	[staʎ]
de aço	**stalowy**	[sta'lɔvi]
cobre (m)	**miedź** (ż)	[meʧ]
de cobre	**miedziany**	[me'ʤʲani]
alumínio (m)	**aluminium** (n)	[aly'miɲjym]
de alumínio	**aluminiowy**	[alymi'ɲjɔvi]
bronze (m)	**brąz** (m)	[brɔ̃z]
de bronze	**brązowy**	[brɔ̃'zɔvi]
latão (m)	**mosiądz** (m)	['mɔɕɔ̃ʦ]
níquel (m)	**nikiel** (m)	['nikeʎ]
platina (f)	**platyna** (ż)	['pʎatina]
mercúrio (m)	**rtęć** (ż)	[rtɛ̃ʧ]
estanho (m)	**cyna** (ż)	['ʦina]
chumbo (m)	**ołów** (m)	['ɔwuʃ]
zinco (m)	**cynk** (m)	[ʦiŋk]

O SER HUMANO

O ser humano. O corpo

29. Humanos. Conceitos básicos

ser (m) humano	człowiek (m)	['ʧwɔvek]
homem (m)	mężczyzna (m)	[mɛ̃ʃt'ʃizna]
mulher (f)	kobieta (ż)	[kɔ'beta]
criança (f)	dziecko (n)	['ʤetskɔ]
menina (f)	dziewczynka (ż)	[ʤeft'ʃiŋka]
menino (m)	chłopiec (m)	['hwɔpets]
adolescente (m)	nastolatek (m)	[nastɔ'ʎatɛk]
velho (m)	staruszek (m)	[sta'ruʃɛk]
velha, anciã (f)	staruszka (ż)	[sta'ruʃka]

30. Anatomia humana

organismo (m)	organizm (m)	[ɔr'ganizm]
coração (m)	serce (n)	['sɛrtsɛ]
sangue (m)	krew (ż)	[krɛf]
artéria (f)	tętnica (ż)	[tɛ̃t'nitsa]
veia (f)	żyła (ż)	['ʒiwa]
cérebro (m)	mózg (m)	[musk]
nervo (m)	nerw (m)	[nɛrf]
nervos (m pl)	nerwy (l.mn.)	['nɛrvi]
vértebra (f)	kręg (m)	[krɛ̃k]
coluna (f) vertebral	kręgosłup (m)	[krɛ̃'gɔswup]
estômago (m)	żołądek (m)	[ʒɔ'wõdɛk]
intestinos (m pl)	jelita (l.mn.)	[e'lita]
intestino (m)	jelito (n)	[e'litɔ]
fígado (m)	wątroba (ż)	[võt'rɔba]
rim (m)	nerka (ż)	['nɛrka]
osso (m)	kość (ż)	[kɔɕʧ]
esqueleto (m)	szkielet (m)	['ʃkelet]
costela (f)	żebro (n)	['ʒɛbrɔ]
crânio (m)	czaszka (ż)	['ʧaʃka]
músculo (m)	mięsień (m)	['mɛɲɕɛ̃]
bíceps (m)	biceps (m)	['bitseps]
tendão (m)	ścięgno (n)	['ɕʨɛŋɔ]
articulação (f)	staw (m)	[staf]

pulmões (m pl)	płuca (l.mn.)	['pwutsa]
órgãos (m pl) genitais	narządy (l.mn.) płciowe	[na'ʒɔdi 'pwtʃɔve]
pele (f)	skóra (ż)	['skura]

31. Cabeça

cabeça (f)	głowa (ż)	['gwɔva]
cara (f)	twarz (ż)	[tfaʃ]
nariz (m)	nos (m)	[nɔs]
boca (f)	usta (l.mn.)	['usta]

olho (m)	oko (n)	['ɔkɔ]
olhos (m pl)	oczy (l.mn.)	['ɔtʃi]
pupila (f)	źrenica (ż)	[ʑre'nitsa]
sobrancelha (f)	brew (ż)	[brɛf]
pestana (f)	rzęsy (l.mn.)	['ʒɛnsi]
pálpebra (f)	powieka (ż)	[pɔ'veka]

língua (f)	język (m)	['enzik]
dente (m)	ząb (m)	[zɔ̃mp]
lábios (m pl)	wargi (l.mn.)	['vargi]
maçãs (f mn.) do rosto	kości (l.mn.) policzkowe	['kɔɕtʃi politʃ'kɔvɛ]
gengiva (f)	dziąsło (n)	[dʑɔ̃swɔ]
palato (m)	podniebienie (n)	[pɔdne'bene]

narinas (f pl)	nozdrza (l.mn.)	['nɔzdʒa]
queixo (m)	podbródek (m)	[pɔdb'rudek]
mandíbula (f)	szczęka (ż)	['ʃtʃɛŋka]
bochecha (f)	policzek (m)	[pɔ'litʃɛk]

testa (f)	czoło (n)	['tʃɔwɔ]
têmpora (f)	skroń (ż)	[skrɔɲ]
orelha (f)	ucho (n)	['uhɔ]
nuca (f)	potylica (ż)	[pɔti'litsa]
pescoço (m)	szyja (ż)	['ʃija]
garganta (f)	gardło (n)	['gardwɔ]

cabelos (m pl)	włosy (l.mn.)	['vwɔsi]
penteado (m)	fryzura (ż)	[fri'zura]
corte (m) de cabelo	uczesanie (n)	[utʃɛ'sane]
peruca (f)	peruka (ż)	[pɛ'ruka]

bigode (m)	wąsy (l.mn.)	['vɔ̃si]
barba (f)	broda (ż)	['brɔda]
usar, ter (~ barba, etc.)	nosić	['nɔɕitʃ]
trança (f)	warkocz (m)	['varkɔtʃ]
suíças (f pl)	baczki (l.mn.)	['batʃki]

ruivo	rudy	['rudi]
grisalho	siwy	['ɕivi]
calvo	łysy	['wisi]
calva (f)	łysina (ż)	[wi'ɕina]
rabo-de-cavalo (m)	koński ogon (m)	['kɔɲski 'ɔgɔn]
franja (f)	grzywka (ż)	['gʒifka]

32. Corpo humano

| mão (f) | dłoń (ż) | [dwɔɲ] |
| braço (m) | ręka (ż) | ['rɛŋka] |

dedo (m)	palec (m)	['palets]
polegar (m)	kciuk (m)	['kt͡ʃuk]
dedo (m) mindinho	mały palec (m)	['mawɨ 'palets]
unha (f)	paznokieć (m)	[paz'nɔket͡ʃ]

punho (m)	pięść (ż)	[pɛ̃ɕt͡ʃ]
palma (f) da mão	dłoń (ż)	[dwɔɲ]
pulso (m)	nadgarstek (m)	[nad'garstɛk]
antebraço (m)	przedramię (n)	[pʃɛd'ramɛ̃]
cotovelo (m)	łokieć (n)	['wɔket͡ʃ]
ombro (m)	ramię (n)	['ramɛ̃]

perna (f)	noga (ż)	['nɔga]
pé (m)	stopa (ż)	['stɔpa]
joelho (m)	kolano (n)	[kɔ'ʎanɔ]
barriga (f) da perna	łydka (ż)	['wɨtka]
anca (f)	biodro (n)	['bɜdrɔ]
calcanhar (m)	pięta (ż)	['penta]

corpo (m)	ciało (n)	['t͡ʃawɔ]
barriga (f)	brzuch (m)	[bʒuh]
peito (m)	pierś (ż)	[perɕ]
seio (m)	piersi (l.mn.)	['perɕi]
lado (m)	bok (m)	[bɔk]
costas (f pl)	plecy (l.mn.)	['pletsɨ]
região (f) lombar	krzyż (m)	[kʃɨʃ]
cintura (f)	talia (ż)	['taʎja]

umbigo (m)	pępek (m)	['pɛ̃pɛk]
nádegas (f pl)	pośladki (l.mn.)	[pɔɕ'ʎatki]
traseiro (m)	tyłek (m)	['tɨwɛk]

sinal (m)	pieprzyk (m)	['pepʃik]
sinal (m) de nascença	znamię (n)	['znamɛ̃]
tatuagem (f)	tatuaż (m)	[ta'tuaʃ]
cicatriz (f)	blizna (ż)	['blizna]

Vestuário & Acessórios

33. Roupa exterior. Casacos

roupa (f)	odzież (ż)	['ɔdʒeʃ]
roupa (f) exterior	wierzchnie okrycie (n)	['veʃhne ɔk'ritʃe]
roupa (f) de inverno	odzież (ż) zimowa	['ɔdʒeʒ ʒi'mɔva]
sobretudo (m)	palto (n)	['paʎtɔ]
casaco (m) de peles	futro (n)	['futrɔ]
casaco curto (m) de peles	futro (n) krótkie	['futrɔ 'krɔtkɛ]
casaco (m) acolchoado	kurtka (ż) puchowa	['kurtka pu'hɔva]
casaco, blusão (m)	kurtka (ż)	['kurtka]
impermeável (m)	płaszcz (m)	[pwaʃtʃ]
impermeável	nieprzemakalny	[nepʃɛma'kaʎni]

34. Vestuário de homem & mulher

camisa (f)	koszula (ż)	[kɔ'ʃuʎa]
calças (f pl)	spodnie (l.mn.)	['spɔdne]
calças (f pl) de ganga	dżinsy (l.mn.)	['dʒinsi]
casaco (m) de fato	marynarka (ż)	[mari'narka]
fato (m)	garnitur (m)	[gar'nitur]
vestido (ex. ~ vermelho)	sukienka (ż)	[su'keŋka]
saia (f)	spódnica (ż)	[spud'nitsa]
blusa (f)	bluzka (ż)	['blyska]
casaco (m) de malha	sweterek (m)	[sfɛ'tɛrɛk]
casaco, blazer (m)	żakiet (m)	['ʒaket]
T-shirt, camiseta (f)	koszulka (ż)	[kɔ'ʃuʎka]
calções (Bermudas, etc.)	spodenki (l.mn.)	[spɔ'dɛŋki]
fato (m) de treino	dres (m)	[drɛs]
roupão (m) de banho	szlafrok (m)	['ʃʎafrɔk]
pijama (m)	pidżama (ż)	[pi'dʒama]
suéter (m)	sweter (m)	['sfɛtɛr]
pulôver (m)	pulower (m)	[pu'lɔvɛr]
colete (m)	kamizelka (ż)	[kami'zɛʎka]
fraque (m)	frak (m)	[frak]
smoking (m)	smoking (m)	['smɔkiŋk]
uniforme (m)	uniform (m)	[u'nifɔrm]
roupa (f) de trabalho	ubranie (n) robocze	[ub'rane rɔ'bɔtʃɛ]
fato-macaco (m)	kombinezon (m)	[kɔmbi'nɛzɔn]
bata (~ branca, etc.)	kitel (m)	['kitɛʎ]

35. Vestuário. Roupa interior

roupa (f) interior	bielizna (ż)	[be'lizna]
camisola (f) interior	podkoszulek (m)	[pɔtkɔ'ʃulek]
peúgas (f pl)	skarpety (l.mn.)	[skar'pɛti]

camisa (f) de noite	koszula (ż) nocna	[kɔ'ʃuʎa 'nɔtsna]
sutiã (m)	biustonosz (m)	[bys'tɔnɔʃ]
meias longas (f pl)	podkolanówki (l.mn.)	[pɔdkɔʎa'nufki]
meia-calça (f)	rajstopy (l.mn.)	[rajs'tɔpi]
meias (f pl)	pończochy (l.mn.)	[pɔɲt'ʃɔhi]
fato (m) de banho	kostium (m) kąpielowy	['kɔstʲjum kɔ̃pelɔvi]

36. Adereços de cabeça

chapéu (m)	czapka (ż)	['ʧapka]
chapéu (m) de feltro	kapelusz (m) fedora	[ka'pɛlyʃ fɛ'dɔra]
boné (m) de beisebol	bejsbolówka (ż)	[bɛjsbɔ'lyfka]
boné (m)	kaszkiet (m)	['kaʃket]

boina (f)	beret (m)	['bɛrɛt]
capuz (m)	kaptur (m)	['kaptur]
panamá (m)	panama (ż)	[pa'nama]

lenço (m)	chustka (ż)	['hustka]
chapéu (m) de mulher	kapelusik (m)	[kapɛ'lyɕik]

capacete (m) de proteção	kask (m)	[kask]
bibico (m)	furażerka (ż)	[fura'ʒɛrka]
capacete (m)	hełm (m)	[hɛwm]

chapéu-coco (m)	melonik (m)	[mɛ'lɔnik]
chapéu (m) alto	cylinder (m)	[ʦi'lindɛr]

37. Calçado

calçado (m)	obuwie (n)	[ɔ'buve]
botinas (f pl)	buty (l.mn.)	['buti]
sapatos (de salto alto, etc.)	pantofle (l.mn.)	[pan'tɔfle]
botas (f pl)	kozaki (l.mn.)	[kɔ'zaki]
pantufas (f pl)	kapcie (l.mn.)	['kapʧe]

ténis (m pl)	adidasy (l.mn.)	[adi'dasi]
sapatilhas (f pl)	tenisówki (l.mn.)	[tɛni'sufki]
sandálias (f pl)	sandały (l.mn.)	[san'dawi]

sapateiro (m)	szewc (m)	[ʃɛfts]
salto (m)	obcas (m)	['ɔbtsas]
par (m)	para (ż)	['para]
atacador (m)	sznurowadło (n)	[ʃnurɔ'vadwɔ]
apertar os atacadores	sznurować	[ʃnu'rɔvaʧ]

| calçadeira (f) | łyżka (ż) do butów | ['wiʒka dɔ 'butuf] |
| graxa (f) para calçado | pasta (ż) do butów | ['pasta dɔ 'butuf] |

38. Têxtil. Tecidos

algodão (m)	bawełna (ż)	[ba'vɛwna]
de algodão	z bawełny	[z ba'vɛwnɨ]
linho (m)	len (m)	[len]
de linho	z lnu	[z ʎnu]

seda (f)	jedwab (m)	['edvap]
de seda	jedwabny	[ed'vabnɨ]
lã (f)	wełna (ż)	['vɛwna]
de lã	wełniany	[vɛw'ɲanɨ]

veludo (m)	aksamit (m)	[ak'samit]
camurça (f)	zamsz (m)	[zamʃ]
bombazina (f)	sztruks (m)	[ʃtruks]

náilon (m)	nylon (m)	['nilɔn]
de náilon	z nylonu	[z nɨ'lɔnu]
poliéster (m)	poliester (m)	[pɔli'ɛstɛr]
de poliéster	poliestrowy	[pɔliɛst'rɔvɨ]

couro (m)	skóra (ż)	['skura]
de couro	ze skóry	[zɛ 'skurɨ]
pele (f)	futro (n)	['futrɔ]
de peles, de pele	futrzany	[fut'ʃanɨ]

39. Acessórios pessoais

luvas (f pl)	rękawiczki (l.mn.)	[rɛ̃ka'vitʃki]
mitenes (f pl)	rękawiczki (l.mn.)	[rɛ̃ka'vitʃki]
cachecol (m)	szalik (m)	['ʃalik]

óculos (m pl)	okulary (l.mn.)	[ɔku'ʎarɨ]
armação (f) de óculos	oprawka (ż)	[ɔp'rafka]
guarda-chuva (m)	parasol (m)	[pa'rasɔʎ]
bengala (f)	laska (ż)	['ʎaska]
escova (f) para o cabelo	szczotka (ż) do włosów	['ʃtʃɔtka dɔ 'vwɔsuv]
leque (m)	wachlarz (m)	['vahʎaʃ]

gravata (f)	krawat (m)	['kravat]
gravata-borboleta (f)	muszka (ż)	['muʃka]
suspensórios (m pl)	szelki (l.mn.)	['ʃɛʎki]
lenço (m)	chusteczka (ż) do nosa	[hus'tɛtʃka dɔ 'nɔsa]

pente (m)	grzebień (m)	['gʒɛbeɲ]
travessão (m)	spinka (ż)	['spiŋka]
gancho (m) de cabelo	szpilka (ż)	['ʃpiʎka]
fivela (f)	sprzączka (ż)	['spʃɔ̃tʃka]
cinto (m)	pasek (m)	['pasɛk]

correia (f)	**pasek** (m)	['pasɛk]
mala (f)	**torba** (ż)	['tɔrba]
mala (f) de senhora	**torebka** (ż)	[tɔ'rɛpka]
mochila (f)	**plecak** (m)	['plɛtsak]

40. Vestuário. Diversos

moda (f)	**moda** (ż)	['mɔda]
na moda	**modny**	['mɔdni]
estilista (m)	**projektant** (m) **mody**	[prɔ'ektant 'mɔdi]
colarinho (m), gola (f)	**kołnierz** (m)	['kɔwneʃ]
bolso (m)	**kieszeń** (ż)	['keʃɛɲ]
de bolso	**kieszonkowy**	[keʃɔ'ŋkɔvi]
manga (f)	**rękaw** (m)	['rɛŋkaf]
alcinha (f)	**wieszak** (m)	['veʃak]
braguilha (f)	**rozporek** (m)	[rɔs'pɔrɛk]
fecho (m) de correr	**zamek** (m) **błyskawiczny**	['zamɛk bwiska'vitʃni]
fecho (m), colchete (m)	**zapięcie** (m)	[za'pɛ̃tʃe]
botão (m)	**guzik** (m)	['guʒik]
casa (f) de botão	**dziurką** (ż) **na guzik**	['dʒyrka na gu'ʒik]
soltar-se (vr)	**urwać się**	['urvatʃ ɕɛ̃]
coser, costurar (vi)	**szyć**	[ʃitʃ]
bordar (vt)	**haftować**	[haf'tɔvatʃ]
bordado (m)	**haft** (m)	[haft]
agulha (f)	**igła** (ż)	['igwa]
fio (m)	**nitka** (ż)	['nitka]
costura (f)	**szew** (m)	[ʃɛf]
sujar-se (vr)	**wybrudzić się**	[vib'rudʒitʃ ɕɛ̃]
mancha (f)	**plama** (ż)	['pʎama]
engelhar-se (vr)	**zmiąć się**	[zmɔ̃tʃ ɕɛ̃]
rasgar (vt)	**rozerwać**	[rɔ'zɛrvatʃ]
traça (f)	**mól** (m)	[muʎ]

41. Cuidados pessoais. Cosméticos

pasta (f) de dentes	**pasta** (ż) **do zębów**	['pasta dɔ 'zɛ̃buʃ]
escova (f) de dentes	**szczoteczka** (ż) **do zębów**	[ʃtʃɔ'tɛtʃka dɔ 'zɛ̃buʃ]
escovar os dentes	**myć zęby**	[mitʃ 'zɛ̃bi]
máquina (f) de barbear	**maszynka** (ż) **do golenia**	[ma'ʃiŋka dɔ gɔ'leɲa]
creme (m) de barbear	**krem** (m) **do golenia**	[krɛm dɔ gɔ'leɲa]
barbear-se (vr)	**golić się**	['gɔlitʃ ɕɛ̃]
sabonete (m)	**mydło** (n)	['midwɔ]
champô (m)	**szampon** (m)	['ʃampɔn]
tesoura (f)	**nożyczki** (l.mn.)	[nɔ'ʒitʃki]
lima (f) de unhas	**pilnik** (m) **do paznokci**	['piʎnik dɔ paz'nɔktʃi]

| corta-unhas (m) | cążki (l.mn.) do paznokci | ['tsɔ̃ʃki dɔ paz'nɔktʃi] |
| pinça (f) | pinceta (ż) | [pin'tsɛta] |

cosméticos (m pl)	kosmetyki (l.mn.)	[kɔs'mɛtiki]
máscara (f) facial	maseczka (ż)	[ma'sɛtʃka]
manicura (f)	manikiur (m)	[ma'nikyr]
fazer a manicura	robić manikiur	['rɔbitʃ ma'nikyr]
pedicure (f)	pedikiur (m)	[pɛ'dikyr]

mala (f) de maquilhagem	kosmetyczka (ż)	[kɔsmɛ'titʃka]
pó (m)	puder (m)	['pudɛr]
caixa (f) de pó	puderniczka (ż)	[pudɛr'nitʃka]
blush (m)	róż (m)	[ruʃ]

perfume (m)	perfumy (l.mn.)	[pɛr'fumi]
água (f) de toilette	woda (ż) toaletowa	['vɔda tɔale'tɔva]
loção (f)	płyn (m) kosmetyczny	[pwin kɔsmɛ'titʃni]
água-de-colónia (f)	woda (ż) kolońska	['vɔda kɔ'lɜɲska]

sombra (f) de olhos	cienie (l.mn.) do powiek	['tʃene dɔ 'pɔvek]
lápis (m) delineador	kredka (ż) do oczu	['krɛtka dɔ 'ɔtʃu]
máscara (f), rímel (m)	tusz (m) do rzęs	[tuʃ dɔ ʒɛ̃s]

batom (m)	szminka (ż)	['ʃmiɲka]
verniz (m) de unhas	lakier (m) do paznokci	['ʎaker dɔ paz'nɔktʃi]
laca (f) para cabelos	lakier (m) do włosów	['ʎaker dɔ 'vwɔsuv]
desodorizante (m)	dezodorant (m)	[dɛzɔ'dɔrant]

creme (m)	krem (m)	[krɛm]
creme (m) de rosto	krem (m) do twarzy	[krɛm dɔ 'tfaʒi]
creme (m) de mãos	krem (m) do rąk	[krɛm dɔ rɔ̃k]
de dia	na dzień	['na dʒeɲ]
da noite	nocny	['nɔtsni]

tampão (m)	tampon (m)	['tampɔn]
papel (m) higiénico	papier (m) toaletowy	['paper tɔale'tɔvi]
secador (m) elétrico	suszarka (ż) do włosów	[su'ʃarka dɔ 'vwɔsuv]

42. Joalheria

joias (f pl)	kosztowności (l.mn.)	[kɔʃtɔv'nɔɕtʃi]
precioso	kosztowny	[kɔʃ'tɔvni]
marca (f) de contraste	próba (ż)	['pruba]

anel (m)	pierścionek (m)	[perɕ'tʃɔnɛk]
aliança (f)	obrączka (ż)	[ɔb'rɔ̃tʃka]
pulseira (f)	bransoleta (ż)	[bransɔ'leta]

brincos (m pl)	kolczyki (l.mn.)	[kɔʎt'ʃiki]
colar (m)	naszyjnik (m)	[na'ʃijnik]
coroa (f)	korona (ż)	[kɔ'rɔna]
colar (m) de contas	korale (l.mn.)	[kɔ'rale]
diamante (m)	brylant (m)	['briʎant]
esmeralda (f)	szmaragd (m)	['ʃmaragd]

rubi (m)	**rubin** (m)	['rubin]
safira (f)	**szafir** (m)	['ʃafir]
pérola (f)	**perły** (l.mn.)	['pɛrwi]
âmbar (m)	**bursztyn** (m)	['burʃtin]

43. Relógios de pulso. Relógios

relógio (m) de pulso	**zegarek** (m)	[zɛ'garɛk]
mostrador (m)	**tarcza** (ż) **zegarowa**	['tarʧa zɛga'rɔva]
ponteiro (m)	**wskazówka** (ż)	[fska'zɔfka]
bracelete (f) em aço	**bransoleta** (ż)	[bransɔ'leta]
bracelete (f) em couro	**pasek** (m)	['pasɛk]
pilha (f)	**bateria** (ż)	[ba'tɛrʲja]
descarregar-se	**wyczerpać się**	[vit'ʃɛrpaʧ ɕɛ̃]
trocar a pilha	**wymienić baterię**	[vi'meniʧ ba'tɛrʰɛ̃]
estar adiantado	**śpieszyć się**	['ɕpeʃiʧ ɕɛ̃]
estar atrasado	**spóźnić się**	['spuʑniʧ ɕɛ̃]
relógio (m) de parede	**zegar** (m) **ścienny**	['zɛgar 'ʨɛɲi]
ampulheta (f)	**klepsydra** (ż)	[klɛp'sidra]
relógio (m) de sol	**zegar** (m) **słoneczny**	['zɛgar swɔ'nɛʧni]
despertador (m)	**budzik** (m)	['buʤik]
relojoeiro (m)	**zegarmistrz** (m)	[zɛ'garmisʧ]
reparar (vt)	**naprawiać**	[nap'ravʲaʧ]

Alimentação. Nutrição

44. Comida

carne (f)	mięso (n)	['mensɔ]
galinha (f)	kurczak (m)	['kurt͡ʃak]
frango (m)	kurczak (m)	['kurt͡ʃak]
pato (m)	kaczka (ż)	['kat͡ʃka]
ganso (m)	gęś (ż)	[gɛɕ]
caça (f)	dziczyzna (ż)	[dʒit'ʃizna]
peru (m)	indyk (m)	['indɨk]
carne (f) de porco	wieprzowina (ż)	[vepʃɔ'vina]
carne (f) de vitela	cielęcina (ż)	[t͡ɕelɛ̃'t͡ɕina]
carne (f) de carneiro	baranina (ż)	[bara'nina]
carne (f) de vaca	wołowina (ż)	[vɔwɔ'vina]
carne (f) de coelho	królik (m)	['krulik]
chouriço, salsichão (m)	kiełbasa (ż)	[kew'basa]
salsicha (f)	parówka (ż)	[pa'rufka]
bacon (m)	boczek (m)	['bɔt͡ʃɛk]
fiambre (f)	szynka (ż)	['ʃiŋka]
presunto (m)	szynka (ż)	['ʃiŋka]
patê (m)	pasztet (m)	['paʃtɛt]
fígado (m)	wątróbka (ż)	[võt'rupka]
carne (f) moída	farsz (m)	[farʃ]
língua (f)	ozór (m)	['ɔzur]
ovo (m)	jajko (n)	['jajkɔ]
ovos (m pl)	jajka (l.mn.)	['jajka]
clara (f) do ovo	białko (n)	['bʲawkɔ]
gema (f) do ovo	żółtko (n)	['ʒuwtkɔ]
peixe (m)	ryba (ż)	['riba]
mariscos (m pl)	owoce (l.mn.) morza	[ɔ'vɔt͡sɛ 'mɔʒa]
caviar (m)	kawior (m)	['kavʒr]
caranguejo (m)	krab (m)	[krap]
camarão (m)	krewetka (ż)	[krɛ'vɛtka]
ostra (f)	ostryga (ż)	[ɔst'riga]
lagosta (f)	langusta (ż)	[ʎa'ŋusta]
polvo (m)	ośmiornica (ż)	[ɔɕmʒr'nit͡sa]
lula (f)	kałamarnica (ż)	[kawamar'nit͡sa]
esturjão (m)	mięso (n) jesiotra	['mensɔ e'ɕɜtra]
salmão (m)	łosoś (m)	['wɔsɔɕ]
halibute (m)	halibut (m)	[ha'libut]
bacalhau (m)	dorsz (m)	[dɔrʃ]
cavala, sarda (f)	makrela (ż)	[mak'rɛla]

| atum (m) | tuńczyk (m) | ['tuɲʧik] |
| enguia (f) | węgorz (m) | ['vɛŋɔʃ] |

truta (f)	pstrąg (m)	[pstrɔ̃k]
sardinha (f)	sardynka (ż)	[sar'dɨŋka]
lúcio (m)	szczupak (m)	['ʃʧupak]
arenque (m)	śledź (m)	[ɕletɕ]

pão (m)	chleb (m)	[hlep]
queijo (m)	ser (m)	[sɛr]
açúcar (m)	cukier (m)	['tsuker]
sal (m)	sól (ż)	[suʎ]

arroz (m)	ryż (m)	[riʃ]
massas (f pl)	makaron (m)	[ma'karɔn]
talharim (m)	makaron (m)	[ma'karɔn]

manteiga (f)	masło (n) śmietankowe	['maswɔ ɕmeta'ŋkɔvɛ]
óleo (m) vegetal	olej (m) roślinny	['ɔlej rɔɕliɲi]
óleo (m) de girassol	olej (m) słonecznikowy	['ɔlej swɔnɛʧnikɔvi]
margarina (f)	margaryna (ż)	[marga'rina]

| azeitonas (f pl) | oliwki (ż, l.mn.) | [ɔ'lifki] |
| azeite (m) | olej (m) oliwkowy | ['ɔlej ɔlif'kɔvi] |

leite (m)	mleko (n)	['mlekɔ]
leite (m) condensado	mleko (n) skondensowane	['mlekɔ skɔndɛnsɔ'vanɛ]
iogurte (m)	jogurt (m)	[ɜgurt]
nata (f) azeda	śmietana (ż)	[ɕme'tana]
nata (f) do leite	śmietanka (ż)	[ɕme'taŋka]

| maionese (f) | majonez (m) | [maɜnɛs] |
| creme (m) | krem (m) | [krɛm] |

grãos (m pl) de cereais	kasza (ż)	['kaʃa]
farinha (f)	mąka (ż)	['mɔ̃ka]
enlatados (m pl)	konserwy (l.mn.)	[kɔn'sɛrvi]

flocos (m pl) de milho	płatki (l.mn.) kukurydziane	['pwatki kukuri'dʑanɛ]
mel (m)	miód (m)	[myt]
doce (m)	dżem (m)	[dʒɛm]
pastilha (f) elástica	guma (ż) do żucia	['guma dɔ 'ʒuʧa]

45. Bebidas

água (f)	woda (ż)	['vɔda]
água (f) potável	woda (ż) pitna	['vɔda 'pitna]
água (f) mineral	woda (ż) mineralna	['vɔda minɛ'raʎna]

sem gás	niegazowana	[nega'zɔvana]
gaseificada	gazowana	[ga'zɔvana]
com gás	gazowana	[ga'zɔvana]
gelo (m)	lód (m)	[lyt]
com gelo	z lodem	[z 'lɔdɛm]

sem álcool	bezalkoholowy	[bɛzaʎkɔhɔ'lɜvi]
bebida (f) sem álcool	napój (m) bezalkoholowy	['napuj bɛzalkɔhɔ'lɜvi]
refresco (m)	napój (m) orzeźwiający	['napuj ɔʒɛʑvjaɵʦi]
limonada (f)	lemoniada (ż)	[lemɔ'ɲjada]

bebidas (f pl) alcoólicas	napoje (l.mn.) alkoholowe	[na'pɔe aʎkɔhɔ'lɜvɛ]
vinho (m)	wino (n)	['vinɔ]
vinho (m) branco	białe wino (n)	['bʲawɛ 'vinɔ]
vinho (m) tinto	czerwone wino (n)	[ʧɛr'vɔnɛ 'vinɔ]

licor (m)	likier (m)	['liker]
champanhe (m)	szampan (m)	['ʃampan]
vermute (m)	wermut (m)	['vɛrmut]

uísque (m)	whisky (ż)	[u'iski]
vodka (f)	wódka (ż)	['vutka]
gim (m)	dżin (m), gin (m)	[dʒin]
conhaque (m)	koniak (m)	['kɔɲjak]
rum (m)	rum (m)	[rum]

café (m)	kawa (ż)	['kava]
café (m) puro	czarna kawa (ż)	['ʧarna 'kava]
café (m) com leite	kawa (ż) z mlekiem	['kava z 'mlekem]
cappuccino (m)	cappuccino (n)	[kapu'ʧinɔ]
café (m) solúvel	kawa (ż) rozpuszczalna	['kava rɔspuʃt'ʃaʎna]

leite (m)	mleko (n)	['mlekɔ]
coquetel (m)	koktajl (m)	['kɔktajʎ]
batido (m) de leite	koktajl (m) mleczny	['kɔktajʎ 'mleʧni]

sumo (m)	sok (m)	[sɔk]
sumo (m) de tomate	sok (m) pomidorowy	[sɔk pɔmidɔ'rɔvi]
sumo (m) de laranja	sok (m) pomarańczowy	[sɔk pɔmaraɲt'ʃɔvi]
sumo (m) fresco	sok (m) ze świeżych owoców	[sɔk zɛ 'ɕfeʒih ɔ'vɔtsuf]

cerveja (f)	piwo (n)	['pivɔ]
cerveja (f) clara	piwo (n) jasne	[pivɔ 'jasnɛ]
cerveja (f) preta	piwo (n) ciemne	[pivɔ 'ʧemnɛ]

chá (m)	herbata (ż)	[hɛr'bata]
chá (m) preto	czarna herbata (ż)	['ʧarna hɛr'bata]
chá (m) verde	zielona herbata (ż)	[ʒe'lɜna hɛr'bata]

46. Vegetais

| legumes (m pl) | warzywa (l.mn.) | [va'ʒiva] |
| verduras (f pl) | włoszczyzna (ż) | [vwɔʃt'ʃizna] |

tomate (m)	pomidor (m)	[pɔ'midɔr]
pepino (m)	ogórek (m)	[ɔ'gurɛk]
cenoura (f)	marchew (ż)	['marhɛf]
batata (f)	ziemniak (m)	[ʒem'ɲak]
cebola (f)	cebula (ż)	[tsɛ'buʎa]

alho (m)	czosnek (m)	['ʧɔsnɛk]
couve (f)	kapusta (ż)	[ka'pusta]
couve-flor (f)	kalafior (m)	[ka'ʎafɜr]
couve-de-bruxelas (f)	brukselka (ż)	[bruk'sɛʎka]
brócolos (m pl)	brokuły (l.mn.)	[brɔ'kuwi]

beterraba (f)	burak (m)	['burak]
beringela (f)	bakłażan (m)	[bak'waʒan]
curgete (f)	kabaczek (m)	[ka'batʃɛk]
abóbora (f)	dynia (ż)	['diɲa]
nabo (m)	rzepa (ż)	['ʒɛpa]

salsa (f)	pietruszka (ż)	[pet'ruʃka]
funcho, endro (m)	koperek (m)	[kɔ'pɛrɛk]
alface (f)	sałata (ż)	[sa'wata]
aipo (m)	seler (m)	['sɛler]
espargo (m)	szparagi (l.mn.)	[ʃpa'ragi]
espinafre (m)	szpinak (m)	['ʃpinak]

ervilha (f)	groch (m)	[grɔh]
fava (f)	bób (m)	[bup]
milho (m)	kukurydza (ż)	[kuku'ridza]
feijão (m)	fasola (ż)	[fa'sɔʎa]

pimentão (m)	słodka papryka (ż)	['swɔdka pap'rika]
rabanete (m)	rzodkiewka (ż)	[ʒɔt'kefka]
alcachofra (f)	karczoch (m)	['kartʃɔh]

47. Frutos. Nozes

fruta (f)	owoc (m)	['ɔvɔts]
maçã (f)	jabłko (n)	['jabkɔ]
pera (f)	gruszka (ż)	['gruʃka]
limão (m)	cytryna (ż)	[tsit'rina]
laranja (f)	pomarańcza (ż)	[pɔma'raɲʧa]
morango (m)	truskawka (ż)	[trus'kafka]

tangerina (f)	mandarynka (ż)	[manda'riŋka]
ameixa (f)	śliwka (ż)	['ɕlifka]
pêssego (m)	brzoskwinia (ż)	[bʒɔsk'fiɲa]
damasco (m)	morela (ż)	[mɔ'rɛʎa]
framboesa (f)	malina (ż)	[ma'lina]
ananás (m)	ananas (m)	[a'nanas]

banana (f)	banan (m)	['banan]
melancia (f)	arbuz (m)	['arbus]
uva (f)	winogrona (l.mn.)	[vinɔg'rɔna]
ginja (f)	wiśnia (ż)	['viɕɲa]
cereja (f)	czereśnia (ż)	[ʧɛ'rɛɕɲa]
meloa (f)	melon (m)	['mɛlɜn]

toranja (f)	grejpfrut (m)	['grɛjpfrut]
abacate (m)	awokado (n)	[avɔ'kadɔ]
papaia (f)	papaja (ż)	[pa'paja]

| manga (f) | mango (n) | ['maŋɔ] |
| romã (f) | granat (m) | ['granat] |

groselha (f) vermelha	czerwona porzeczka (ż)	[ʧɛr'vɔna pɔ'ʒɛʧka]
groselha (f) preta	czarna porzeczka (ż)	['ʧarna pɔ'ʒɛʧka]
groselha (f) espinhosa	agrest (m)	['agrɛst]
mirtilo (m)	borówka (ż) czarna	[bɔ'rɔfka 'ʧarna]
amora silvestre (f)	jeżyna (ż)	[e'ʒina]

uvas (f pl) passas	rodzynek (m)	[rɔ'dzinɛk]
figo (m)	figa (ż)	['figa]
tâmara (f)	daktyl (m)	['daktil]

amendoim (m)	orzeszek (l.mn.) ziemny	[ɔ'ʒɛʃɛk 'ʒemnɛ]
amêndoa (f)	migdał (m)	['migdaw]
noz (f)	orzech (m) włoski	['ɔʒɛh 'vwɔski]
avelã (f)	orzech (m) laskowy	['ɔʒɛh ʎas'kɔvi]
coco (m)	orzech (m) kokosowy	['ɔʒɛh kɔkɔ'sɔvi]
pistáchios (m pl)	fistaszki (l.mn.)	[fis'taʃki]

48. Pão. Bolaria

pastelaria (f)	wyroby (l.mn.) cukiernicze	[vi'rɔbi ʦuker'niʧɛ]
pão (m)	chleb (m)	[hlep]
bolacha (f)	herbatniki (l.mn.)	[hɛrbat'niki]

chocolate (m)	czekolada (ż)	[ʧɛkɔ'ʎada]
de chocolate	czekoladowy	[ʧɛkɔʎa'dɔvi]
rebuçado (m)	cukierek (m)	[ʦu'kerɛk]
bolo (cupcake, etc.)	ciastko (n)	['ʧastkɔ]
bolo (m) de aniversário	tort (m)	[tɔrt]

| tarte (~ de maçã) | ciasto (n) | ['ʧastɔ] |
| recheio (m) | nadzienie (n) | [na'dʒene] |

doce (m)	konfitura (ż)	[kɔnfi'tura]
geleia (f) de frutas	marmolada (ż)	[marmɔ'ʎada]
waffle (m)	wafle (l.mn.)	['vafle]
gelado (m)	lody (l.mn.)	['lɔdi]

49. Pratos cozinhados

prato (m)	danie (n)	['dane]
cozinha (~ portuguesa)	kuchnia (ż)	['kuhɲa]
receita (f)	przepis (m)	['pʃɛpis]
porção (f)	porcja (ż)	['pɔrʦʰja]

| salada (f) | sałatka (ż) | [sa'watka] |
| sopa (f) | zupa (ż) | ['zupa] |

| caldo (m) | rosół (m) | ['rɔsuw] |
| sandes (f) | kanapka (ż) | [ka'napka] |

49

ovos (m pl) estrelados	jajecznica (ż)	[jaetʃˈnitsa]
hambúrguer (m)	hamburger (m)	[hamˈburgɛr]
bife (m)	befsztyk (m)	[ˈbɛfʃtik]

conduto (m)	dodatki (l.mn.)	[dɔˈdatki]
espaguete (m)	spaghetti (n)	[spaˈgɛtti]
pizza (f)	pizza (ż)	[ˈpitsa]
papa (f)	kasza (ż)	[ˈkaʃa]
omelete (f)	omlet (m)	[ˈɔmlɛt]

cozido em água	gotowany	[gɔtɔˈvani]
fumado	wędzony	[vɛ̃ˈdzɔni]
frito	smażony	[smaˈʒɔni]
seco	suszony	[suˈʃɔni]
congelado	mrożony	[mrɔˈʒɔni]
em conserva	marynowany	[marinɔˈvani]

doce (açucarado)	słodki	[ˈswɔtki]
salgado	słony	[ˈswɔni]
frio	zimny	[ˈʒimni]
quente	gorący	[gɔˈrɔ̃tsi]
amargo	gorzki	[ˈgɔʃki]
gostoso	smaczny	[ˈsmatʃni]

cozinhar (em água a ferver)	gotować	[gɔˈtɔvatʃ]
fazer, preparar (vt)	gotować	[gɔˈtɔvatʃ]
fritar (vt)	smażyć	[ˈsmaʒitʃ]
aquecer (vt)	odgrzewać	[ɔdgˈʒɛvatʃ]

salgar (vt)	solić	[ˈsɔlitʃ]
apimentar (vt)	pieprzyć	[ˈpepʃitʃ]
ralar (vt)	trzeć	[tʃɛtʃ]
casca (f)	skórka (ż)	[ˈskurka]
descascar (vt)	obierać	[ɔˈberatʃ]

50. Especiarias

sal (m)	sól (ż)	[suʎ]
salgado	słony	[ˈswɔni]
salgar (vt)	solić	[ˈsɔlitʃ]

pimenta (f) preta	pieprz (m) czarny	[pepʃ ˈtʃarni]
pimenta (f) vermelha	papryka (ż)	[papˈrika]
mostarda (f)	musztarda (ż)	[muʃˈtarda]
raiz-forte (f)	chrzan (m)	[hʃan]

condimento (m)	przyprawa (ż)	[pʃipˈrava]
especiaria (f)	przyprawa (ż)	[pʃipˈrava]
molho (m)	sos (m)	[sɔs]
vinagre (m)	ocet (m)	[ˈɔtset]

anis (m)	anyż (m)	[ˈaniʃ]
manjericão (m)	bazylia (ż)	[baˈziʎja]
cravo (m)	goździki (l.mn.)	[ˈgɔʑdʒiki]

gengibre (m)	imbir (m)	['imbir]
coentro (m)	kolendra (ż)	[kɔ'lendra]
canela (f)	cynamon (m)	[tsi'namɔn]

sésamo (m)	sezam (m)	['sɛzam]
folhas (f pl) de louro	liść (m) laurowy	[liɕtʃ ʎau'rɔvi]
páprica (f)	papryka (ż)	[pap'rika]
cominho (m)	kminek (m)	['kminɛk]
açafrão (m)	szafran (m)	['ʃafran]

51. Refeições

comida (f)	jedzenie (n)	[e'dzɛne]
comer (vt)	jeść	[eɕtʃ]

pequeno-almoço (m)	śniadanie (n)	[ɕɲa'dane]
tomar o pequeno-almoço	jeść śniadanie	[eɕtʃ ɕɲa'dane]
almoço (m)	obiad (m)	['ɔbʲat]
almoçar (vi)	jeść obiad	[eɕtʃ 'ɔbʲat]

jantar (m)	kolacja (ż)	[kɔ'ʎatsʲja]
jantar (vi)	jeść kolację	[eɕtʃ kɔ'ʎatsʲɛ̃]

apetite (m)	apetyt (m)	[a'pɛtit]
Bom apetite!	Smacznego!	[smatʃ'nɛgɔ]

abrir (~ uma lata, etc.)	otwierać	[ɔt'feratʃ]
derramar (vt)	rozlać	['rɔzʎatʃ]
derramar-se (vr)	rozlać się	['rɔzʎatʃ ɕɛ̃]

ferver (vi)	gotować się	[gɔ'tɔvatʃ ɕɛ̃]
ferver (vt)	gotować	[gɔ'tɔvatʃ]
fervido	gotowany	[gɔtɔ'vani]

arrefecer (vt)	ostudzić	[ɔs'tudʑitʃ]
arrefecer-se (vr)	stygnąć	['stignɔ̃tʃ]

sabor, gosto (m)	smak (m)	[smak]
gostinho (m)	posmak (m)	['pɔsmak]

fazer dieta	odchudzać się	[ɔd'hudzatʃ ɕɛ̃]
dieta (f)	dieta (ż)	['dʲeta]
vitamina (f)	witamina (ż)	[vita'mina]
caloria (f)	kaloria (ż)	[ka'lɔrja]

vegetariano (m)	wegetarianin (m)	[vɛgɛtarʲ'janin]
vegetariano	wegetariański	[vɛgɛtarʲ'jaɲski]

gorduras (f pl)	tłuszcze (l.mn.)	['twuʃtʃɛ]
proteínas (f pl)	białka (l.mn.)	['bʲawka]
carboidratos (m pl)	węglowodany (l.mn.)	[vɛnɛ̃zvɔ'dani]
fatia (~ de limão, etc.)	plasterek (m)	[pʎas'tɛrɛk]
pedaço (~ de bolo)	kawałek (m)	[ka'vawɛk]
migalha (f)	okruchek (m)	[ɔk'ruhɛk]

51

52. Por a mesa

colher (f)	łyżka (ż)	['wiʃka]
faca (f)	nóż (m)	[nuʃ]
garfo (m)	widelec (m)	[vi'dɛlets]

chávena (f)	filiżanka (ż)	[fili'ʒaŋka]
prato (m)	talerz (m)	['taleʃ]
pires (m)	spodek (m)	['spɔdɛk]
guardanapo (m)	serwetka (ż)	[sɛr'vɛtka]
palito (m)	wykałaczka (ż)	[vika'watʃka]

53. Restaurante

restaurante (m)	restauracja (ż)	[rɛstau'ratsʰja]
café (m)	kawiarnia (ż)	[ka'vʲarɲa]
bar (m), cervejaria (f)	bar (m)	[bar]
salão (m) de chá	herbaciarnia (ż)	[hɛrba'tʃarɲa]

empregado (m) de mesa	kelner (m)	['kɛʎnɛr]
empregada (f) de mesa	kelnerka (ż)	[kɛʎ'nɛrka]
barman (m)	barman (m)	['barman]

ementa (f)	menu (n)	['menu]
lista (f) de vinhos	karta (ż) win	['karta vin]
reservar uma mesa	zarezerwować stolik	[zarɛzɛrvɔvatʃ 'stɔlik]

prato (m)	danie (n)	['dane]
pedir (vt)	zamówić	[za'muvitʃ]
fazer o pedido	zamówić	[za'muvitʃ]

aperitivo (m)	aperitif (m)	[apɛri'tif]
entrada (f)	przystawka (ż)	[pʃis'tafka]
sobremesa (f)	deser (m)	['dɛsɛr]

conta (f)	rachunek (m)	[ra'hunɛk]
pagar a conta	zapłacić rachunek	[zap'watʃitʃ ra'hunɛk]
dar o troco	wydać resztę	['vidatʃ 'rɛʃtɛ̃]
gorjeta (f)	napiwek (m)	[na'pivɛk]

Família, parentes e amigos

54. Informação pessoal. Formulários

nome (m)	imię (n)	['imɛ̃]
apelido (m)	nazwisko (n)	[naz'viskɔ]
data (f) de nascimento	data (ż) urodzenia	['data urɔ'dzɛɲa]
local (m) de nascimento	miejsce (n) urodzenia	['mejstsɛ urɔ'dzɛɲa]
nacionalidade (f)	narodowość (ż)	[narɔ'dɔvɔɕtʃ]
lugar (m) de residência	miejsce (n) zamieszkania	['mejstsɛ zameʃ'kaɲa]
país (m)	kraj (m)	[kraj]
profissão (f)	zawód (m)	['zavut]
sexo (m)	płeć (ż)	['pwɛtʃ]
estatura (f)	wzrost (m)	[vzrɔst]
peso (m)	waga (ż)	['vaga]

55. Membros da família. Parentes

mãe (f)	matka (ż)	['matka]
pai (m)	ojciec (m)	['ɔjtʃets]
filho (m)	syn (m)	[sɨn]
filha (f)	córka (ż)	['tsurka]
filha (f) mais nova	młodsza córka (ż)	['mwɔtʃa 'tsurka]
filho (m) mais novo	młodszy syn (m)	['mwɔtʃɨ sɨn]
filha (f) mais velha	starsza córka (ż)	['starʃa 'tsurka]
filho (m) mais velho	starszy syn (m)	['starʃɨ sɨn]
irmão (m)	brat (m)	[brat]
irmã (f)	siostra (ż)	['ɕɔstra]
primo (m)	kuzyn (m)	['kuzɨn]
prima (f)	kuzynka (ż)	[ku'zɨŋka]
mamã (f)	mama (ż)	['mama]
papá (m)	tata (m)	['tata]
pais (pl)	rodzice (l.mn.)	[rɔ'dʑitsɛ]
criança (f)	dziecko (n)	['dʑetskɔ]
crianças (f pl)	dzieci (l.mn.)	['dʑetʃi]
avó (f)	babcia (ż)	['babtʃa]
avô (m)	dziadek (m)	['dʑʲadɛk]
neto (m)	wnuk (m)	[vnuk]
neta (f)	wnuczka (ż)	['vnutʃka]
netos (pl)	wnuki (l.mn.)	['vnuki]
tio (m)	wujek (m)	['vuek]
tia (f)	ciocia (ż)	['tʃɔtʃa]

sobrinho (m)	bratanek (m), siostrzeniec (m)	[bra'tanɛk], [sɜst'ʃɛnets]
sobrinha (f)	bratanica (ż), siostrzenica (ż)	[brata'nitsa], [sɜst'ʃɛnitsa]

sogra (f)	teściowa (ż)	[tɛɕ'tʃova]
sogro (m)	teść (m)	[tɛɕtʃ]
genro (m)	zięć (m)	[ʒɛ̃tʃ]
madrasta (f)	macocha (ż)	[ma'tsoha]
padrasto (m)	ojczym (m)	['ojtʃim]

criança (f) de colo	niemowlę (n)	[ne'movlɛ̃]
bebé (m)	niemowlę (n)	[ne'movlɛ̃]
menino (m)	maluch (m)	['malyh]

mulher (f)	żona (ż)	['ʒona]
marido (m)	mąż (m)	[mõʃ]
esposo (m)	małżonek (m)	[maw'ʒonɛk]
esposa (f)	małżonka (ż)	[maw'ʒoŋka]

casado	żonaty	[ʒo'nati]
casada	zamężna	[za'mɛnʒna]
solteiro	nieżonaty	[neʒo'nati]
solteirão (m)	kawaler (m)	[ka'valer]
divorciado	rozwiedziony	[rozve'dʒɜni]
viúva (f)	wdowa (ż)	['vdova]
viúvo (m)	wdowiec (m)	['vdovets]

parente (m)	krewny (m)	['krɛvni]
parente (m) próximo	bliski krewny (m)	['bliski 'krɛvni]
parente (m) distante	daleki krewny (m)	[da'leki 'krɛvni]
parentes (m pl)	rodzina (ż)	[ro'dʒina]

órfão (m), órfã (f)	sierota (ż)	[ɕe'rota]
tutor (m)	opiekun (m)	[o'pekun]
adotar (um filho)	zaadoptować	[za:dop'tovatʃ]
adotar (uma filha)	zaadoptować	[za:dop'tovatʃ]

56. Amigos. Colegas de trabalho

amigo (m)	przyjaciel (m)	[pʃi'jatʃeʎ]
amiga (f)	przyjaciółka (ż)	[pʃija'tʃuwka]
amizade (f)	przyjaźń (ż)	['pʃijaʑɲ]
ser amigos	przyjaźnić się	[pʃi'jaʑnitʃ ɕɛ̃]

amigo (m)	kumpel (m)	['kumpɛʎ]
amiga (f)	kumpela (ż)	[kum'pɛʎa]
parceiro (m)	partner (m)	['partnɛr]

chefe (m)	szef (m)	[ʃɛf]
superior (m)	kierownik (m)	[ke'rovnik]
subordinado (m)	podwładny (m)	[podv'wadni]
colega (m)	koleżanka (ż)	[kole'ʒaŋka]

conhecido (m)	znajomy (m)	[zna3mi]
companheiro (m) de viagem	towarzysz (m) podróży	[to'vaʒiʃ pod'ruʒi]

colega (m) de classe	kolega (m) z klasy	[kɔ'lega s 'kʎasɨ]
vizinho (m)	sąsiad (m)	['sɔ̃ɕat]
vizinha (f)	sąsiadka (ż)	[sɔ̃'ɕatka]
vizinhos (pl)	sąsiedzi (l.mn.)	[sɔ̃'ɕedʑi]

57. Homem. Mulher

mulher (f)	kobieta (ż)	[kɔ'beta]
rapariga (f)	dziewczyna (ż)	[dʑeft'ʃɨna]
noiva (f)	narzeczona (ż)	[naʒɛt'ʃɔna]

bonita	piękna	['peŋkna]
alta	wysoka	[vɨ'sɔka]
esbelta	zgrabna	['zgrabna]
de estatura média	niedużego wzrostu	[nedu'ʒɛgɔ 'vzrɔstu]

| loura (f) | blondynka (ż) | [blɔn'dɨŋka] |
| morena (f) | brunetka (ż) | [bru'nɛtka] |

de senhora	damski	['damski]
virgem (f)	dziewica (ż)	['dʑevitsa]
grávida	ciężarna (ż)	[ʨɛ̃'ʒarna]

homem (m)	mężczyzna (m)	[mɛ̃ʃt'ʃɨzna]
louro (m)	blondyn (m)	['blɔndɨn]
moreno (m)	brunet (m)	['brunɛt]
alto	wysoki	[vɨ'sɔki]
de estatura média	niedużego wzrostu	[nedu'ʒɛgɔ 'vzrɔstu]

rude	grubiański	[gru'bʲaɲski]
atarracado	krępy	['krɛ̃pɨ]
robusto	mocny	['mɔtsnɨ]
forte	silny	['ɕiʎnɨ]
força (f)	siła (ż)	['ɕiwa]

gordo	tęgi	['tɛŋi]
moreno	śniady	['ɕɲadɨ]
esbelto	zgrabny	['zgrabnɨ]
elegante	elegancki	[ɛle'gantski]

58. Idade

idade (f)	wiek (m)	[vek]
juventude (f)	wczesna młodość (ż)	['ftʃɛsna 'mwɔdɔɕʨ]
jovem	młody	['mwɔdɨ]

| mais novo | młodszy | ['mwɔtʃɨ] |
| mais velho | starszy | ['starʃɨ] |

jovem (m)	młodzieniec (m)	[mwɔ'dʑenets]
adolescente (m)	nastolatek (m)	[nastɔ'ʎatɛk]
rapaz (m)	chłopak (m)	['hwɔpak]

| velho (m) | staruszek (m) | [sta'ruʃɛk] |
| velhota (f) | staruszka (ż) | [sta'ruʃka] |

adulto	dorosły (m)	[dɔ'rɔswi]
de meia-idade	w średnim wieku	[f 'ɕrɛdnim 'veku]
idoso, de idade	w podeszłym wieku	[f pɔ'dɛʃwim 'veku]
velho	stary	['stari]

reforma (f)	emerytura (ż)	[ɛmɛri'tura]
reformar-se (vr)	przejść na emeryturę	['pʃɛjɕtʃ na ɛmɛri'turɛ̃]
reformado (m)	emeryt (m)	[ɛ'mɛrit]

59. Crianças

criança (f)	dziecko (n)	['dʑɛtskɔ]
crianças (f pl)	dzieci (l.mn.)	['dʑɛtʃi]
gémeos (m pl)	bliźniaki (l.mn.)	[bliʑ'ɲaki]

berço (m)	kołyska (ż)	[kɔ'wiska]
guizo (m)	grzechotka (ż)	[gʒɛ'hɔtka]
fralda (f)	pieluszka (ż)	[pʲɛ'lyʃka]

chupeta (f)	smoczek (m)	['smɔtʃɛk]
carrinho (m) de bebé	wózek (m)	['vuzɛk]
jardim (m) de infância	przedszkole (n)	[pʃɛtʃ'kɔle]
babysitter (f)	opiekunka (ż) do dziecka	[ɔpe'kuŋka dɔ 'dʑɛtska]

infância (f)	dzieciństwo (n)	[dʑe'tʃiɲstfɔ]
boneca (f)	lalka (ż)	['ʎaʎka]
brinquedo (m)	zabawka (ż)	[za'bafka]
jogo (m) de armar	zestaw (m) konstruktor	['zɛstaf kɔnst'ruktɔr]

bem-educado	dobrze wychowany	['dɔbʒɛ vihɔ'vani]
mal-educado	źle wychowany	[ʑʲle vihɔ'vani]
mimado	rozpieszczony	[rɔspeʃt'ʃɔni]

ser travesso	psosić	['psɔʃitʃ]
travesso, traquinas	psotny	['psɔtni]
travessura (f)	psota (ż)	['psɔta]
criança (f) travessa	psotnik (m)	['psɔtnik]

| obediente | posłuszny | [pɔs'wuʃni] |
| desobediente | nieposłuszny | [nepɔs'wuʃni] |

dócil	rozumny	[rɔ'zumni]
inteligente	sprytny	['spritni]
menino (m) prodígio	cudowne dziecko (n)	[tsu'dɔvnɛ 'dʑɛtskɔ]

60. Casais. Vida de família

| beijar (vt) | całować | [tsa'wɔvatʃ] |
| beijar-se (vr) | całować się | [tsa'wɔvatʃ ɕɛ̃] |

família (f)	rodzina (ż)	[rɔ'dʑina]
familiar	rodzinny	[rɔ'dʑiɲi]
casal (m)	para (ż)	['para]
matrimónio (m)	małżeństwo (n)	[maw'ʒɛɲstfɔ]
lar (m)	ognisko domowe (n)	[ɔg'niskɔ dɔ'mɔvɛ]
dinastia (f)	dynastia (ż)	[di'nastʲja]
encontro (m)	randka (ż)	['rantka]
beijo (m)	pocałunek (m)	[pɔtsa'wunɛk]
amor (m)	miłość (ż)	['miwɔɕʨ]
amar (vt)	kochać	['kɔhaʨ]
amado, querido	ukochany	[ukɔ'hani]
ternura (f)	czułość (ż)	['ʧuwɔɕʨ]
terno, afetuoso	czuły	['ʧuwi]
fidelidade (f)	wierność (ż)	['vernɔɕʨ]
fiel	wierny	['vjerni]
cuidado (m)	troska (ż)	['trɔska]
carinhoso	troskliwy	[trɔsk'livi]
recém-casados (m pl)	nowożeńcy (m, l.mn.)	[nɔvɔ'ʒɛɲtsi]
lua de mel (f)	miesiąc (m) miodowy	['meɕɔ̃ts mɔ'dɔvi]
casar-se (com um homem)	wyjść za mąż	[viȷ̃ɕʨ 'za mɔ̃ʃ]
casar-se (com uma mulher)	żenić się	['ʒɛɲiʨ ɕɛ̃]
boda (f)	wesele (n)	[vɛ'sɛle]
bodas (f pl) de ouro	złota rocznica (ż) ślubu	['zwɔtɛ rɔʧ'nitsa 'slubu]
aniversário (m)	rocznica (ż)	[rɔʧ'nitsa]
amante (f)	kochanka (ż)	[kɔ'haŋka]
adultério (m)	zdrada (ż)	['zdrada]
cometer adultério	zdradzić	['zdradʑiʨ]
ciumento	zazdrosny	[zazd'rɔsni]
ser ciumento	być zazdrosnym	[biʨ zazd'rɔsnim]
divórcio (m)	rozwód (m)	['rɔzvud]
divorciar-se (vr)	rozwieść się	['rɔzveɕʨ ɕɛ̃]
brigar (discutir)	kłócić się	['kwuʧiʨ ɕɛ̃]
fazer as pazes	godzić się	['gɔdʑiʨ ɕɛ̃]
juntos	razem	['razɛm]
sexo (m)	seks (m)	[sɛks]
felicidade (f)	szczęście (n)	['ʃʧɛ̃ɕʨe]
feliz	szczęśliwy	[ʃʧɛ̃ɕ'livi]
infelicidade (f)	nieszczęście (n)	[neʃ'ʧɛ̃ɕʨe]
infeliz	nieszczęśliwy	[neʃʧɛ̃ɕ'livi]

Caráter. Sentimentos. Emoções

61. Sentimentos. Emoções

sentimento (m)	uczucie (m)	[ut'ʃutʃe]
sentimentos (m pl)	uczucia (l.mn.)	[ut'ʃutʃʲa]
fome (f)	głód (m)	[gwut]
ter fome	chcieć jeść	[htʃetʃ eɕtʃ]
sede (f)	pragnienie (n)	[prag'nene]
ter sede	chcieć pić	[htʃetʃ pitʃ]
sonolência (f)	senność (ż)	['sɛŋɔɕtʃ]
estar sonolento	chcieć spać	[htʃetʃ spatʃ]
cansaço (m)	zmęczenie (n)	[zmɛ̃t'ʃene]
cansado	zmęczony	[zmɛ̃t'ʃɔni]
ficar cansado	zmęczyć się	['zmɛntʃitʃ ɕɛ̃]
humor (m)	nastrój (m)	['nastruj]
tédio (m)	nuda (ż), znudzenie (n)	['nuda], [znu'dzɛnie]
aborrecer-se (vr)	nudzić się	['nudzitʃ ɕɛ̃]
isolamento (m)	odosobnienie (n)	[ɔdɔsɔb'nenie]
isolar-se	odseparować się	[ɔtsɛpa'rɔvatʃ ɕɛ̃]
preocupar (vt)	niepokoić	[nepɔ'kɔitʃ]
preocupar-se (vr)	martwić się	['martfitʃ ɕɛ̃]
preocupação (f)	niepokój (m)	[ne'pɔkuj]
ansiedade (f)	trwoga (ż)	['trfɔga]
preocupado	zatroskany	[zatrɔs'kani]
estar nervoso	denerwować się	[dɛnɛr'vɔvatʃ ɕɛ̃]
entrar em pânico	panikować	[pani'kɔvatʃ]
esperança (f)	nadzieja (ż)	[na'dʑeja]
esperar (vt)	mieć nadzieję	[metʃ na'dʑeɛ̃]
certeza (f)	pewność (ż)	['pɛvnɔɕtʃ]
certo	pewny	['pɛvni]
indecisão (f)	niepewność (ż)	[ne'pɛvnɔɕtʃ]
indeciso	niepewny	[ne'pɛvni]
ébrio, bêbado	pijany	[pi'jani]
sóbrio	trzeźwy	['tʃɛzʲvi]
fraco	słaby	['swabi]
feliz	szczęśliwy	[ʃtʃɛ̃ɕ'livi]
assustar (vt)	przestraszyć	[pʃɛst'raʃitʃ]
fúria (f)	wściekłość (ż)	['fɕtʃekwɔɕtʃ]
ira, raiva (f)	furia (ż)	['furʰja]
depressão (f)	depresja (ż)	[dɛp'rɛsʰja]
desconforto (m)	dyskomfort (m)	[dis'kɔmfɔrt]

conforto (m)	komfort (m)	['komfort]
arrepender-se (vr)	żałować	[ʒa'wɔvatʃ]
arrependimento (m)	żal (m)	[ʒaʎ]
azar (m), má sorte (f)	pech (m)	[pɛh]
tristeza (f)	smutek (m), smętek (m)	['smutɛk], ['smẽtɛk]

vergonha (f)	wstyd (m)	[fstit]
alegria (f)	uciecha (ż)	[u'tʃeha]
entusiasmo (m)	entuzjazm (m)	[ɛn'tuzʰjazm]
entusiasta (m)	entuzjasta (m)	[ɛntuzʰ'jasta]
mostrar entusiasmo	przejawić entuzjazm	[pʃɛ'javitʃ ɛn'tuzʰjazm]

62. Caráter. Personalidade

caráter (m)	charakter (m)	[ha'raktɛr]
falha (f) de caráter	wada (ż)	['vada]
mente (f)	umysł (m)	['umisw]
razão (f)	rozum (m)	['rɔzum]

consciência (f)	sumienie (n)	[su'mene]
hábito (m)	nawyk (m)	['navik]
habilidade (f)	zdolność (ż)	['zdɔʎnɔɕtʃ]
saber (~ nadar, etc.)	umieć	['umetʃ]

paciente	cierpliwy	[tʃerp'livi]
impaciente	niecierpliwy	[netʃerp'livi]
curioso	ciekawy	[tʃe'kavi]
curiosidade (f)	ciekawość (ż)	[tʃe'kavɔɕtʃ]

modéstia (f)	skromność (ż)	['skrɔmnɔɕtʃ]
modesto	skromny	['skrɔmni]
imodesto	nieskromny	[nesk'rɔmni]

preguiça (f)	lenistwo (n)	[le'nistvɔ]
preguiçoso	leniwy	[le'nivi]
preguiçoso (m)	leń (m)	[leɲ]

astúcia (f)	przebiegłość (ż)	[pʃɛ'begwɔɕtʃ]
astuto	przebiegły	[pʃɛ'begwi]
desconfiança (f)	nieufność (ż)	[ne'ufnɔɕtʃ]
desconfiado	nieufny	[ne'ufni]

generosidade (f)	hojność (ż)	['hɔjnɔɕtʃ]
generoso	hojny	['hɔjni]
talentoso	utalentowany	[utalentɔ'vani]
talento (m)	talent (m)	['talent]

corajoso	śmiały	['ɕmʲawi]
coragem (f)	śmiałość (ż)	['ɕmʲawɔɕtʃ]
honesto	uczciwy	[utʃ'tʃivi]
honestidade (f)	uczciwość (ż)	[utʃ'tʃivɔɕtʃ]

| prudente | ostrożny | [ɔst'rɔʒni] |
| valente | odważny | [ɔd'vaʒni] |

| sério | poważny | [pɔ'vaʒnɨ] |
| severo | surowy | [su'rɔvɨ] |

decidido	zdecydowany	[zdɛtsɨdɔ'vanɨ]
indeciso	niezdecydowany	[nezdɛtsɨdɔ'vanɨ]
tímido	nieśmiały	[neɕ'mʲawɨ]
timidez (f)	nieśmiałość (ż)	[neɕ'mʲawɔɕʧ]

confiança (f)	zaufanie (n)	[zau'fane]
confiar (vt)	wierzyć	['veʒɨʧ]
crédulo	ufny	['ufnɨ]

sinceramente	szczerze	['ʃʧɛʒɛ]
sincero	szczery	['ʃʧɛrɨ]
sinceridade (f)	szczerość (ż)	['ʃʧɛrɔɕʧ]
aberto	otwarty	[ɔt'fartɨ]

calmo	spokojny	[spɔ'kɔjnɨ]
franco	szczery	['ʃʧɛrɨ]
ingénuo	naiwny	[na'ivnɨ]
distraído	roztargniony	[rɔstarg'nɜnɨ]
engraçado	zabawny	[za'bavnɨ]

ganância (f)	chciwość (ż)	['hʧivɔɕʧ]
ganancioso	chciwy	['hʧivɨ]
avarento	skąpy	['skɔ̃pɨ]
mau	zły	[zwɨ]
teimoso	uparty	[u'partɨ]
desagradável	nieprzyjemny	[nepʃɨ'emnɨ]

egoísta (m)	egoista (m)	[ɛgɔ'ista]
egoísta	egoistyczny	[ɛgɔis'tiʧnɨ]
cobarde (m)	tchórz (m)	[thuʃ]
cobarde	tchórzliwy	[thuʒ'livɨ]

63. O sono. Sonhos

dormir (vi)	spać	[spaʧ]
sono (m)	sen (m)	[sɛn]
sonho (m)	sen (m)	[sɛn]
sonhar (vi)	śnić	[ɕniʧ]
sonolento	senny	['sɛnɨ]

cama (f)	łóżko (n)	['wuʃkɔ]
colchão (m)	materac (m)	[ma'tɛrats]
cobertor (m)	kołdra (ż)	['kɔwdra]
almofada (f)	poduszka (ż)	[pɔ'duʃka]
lençol (m)	prześcieradło (n)	[pʃɛɕʧe'radwɔ]

insónia (f)	bezsenność (ż)	[bɛs'sɛnɔɕʧ]
insone	bezsenny	[bɛs'sɛnɨ]
sonífero (m)	tabletka (ż) nasenna	[tab'lɛtka na'sɛna]
tomar um sonífero	zażyć środek nasenny	['zaʒɨʧ 'ɕrɔdɛk na'sɛnɨ]
estar sonolento	chcieć spać	[hʧeʧ spaʧ]

bocejar (vi)	ziewać	['ʒevatʃ]
ir para a cama	iść spać	[iɕtʃ spatʃ]
fazer a cama	ścielić łóżko	['ɕtʃelitʃ 'wuʃkɔ]
adormecer (vi)	zasnąć	['zasnɔ̃tʃ]

pesadelo (m)	koszmar (m)	['kɔʃmar]
ronco (m)	chrapanie (n)	[hra'pane]
roncar (vi)	chrapać	['hrapatʃ]

despertador (m)	budzik (m)	['budʒik]
acordar, despertar (vt)	obudzić	[ɔ'budʒitʃ]
acordar (vi)	budzić się	['budʒitʃ ɕɛ̃]
levantar-se (vr)	wstawać	['fstavatʃ]
lavar-se (vr)	myć się	['mitʃ ɕɛ̃]

64. Humor. Riso. Alegria

humor (m)	humor (m)	['humɔr]
sentido (m) de humor	poczucie (n)	[pɔt'ʃutʃe]
divertir-se (vr)	bawić się	['bavitʃ ɕɛ̃]
alegre	wesoły	[vɛ'sɔwi]
alegria (f)	wesołość (ż)	[ve'sɔwɔʃtʃ]

sorriso (m)	uśmiech (m)	['uɕmeh]
sorrir (vi)	uśmiechać się	[uɕ'mehatʃ ɕɛ̃]
começar a rir	zaśmiać się	['zaɕmʲatʃ ɕɛ̃]
rir (vi)	śmiać się	['ɕmʲatʃ ɕɛ̃]
riso (m)	śmiech (m)	[ɕmeh]

anedota (f)	anegdota (ż)	[anɛg'dɔta]
engraçado	śmieszny	['ɕmeʃni]
ridículo	zabawny	[za'bavni]

brincar, fazer piadas	żartować	[ʒar'tɔvatʃ]
piada (f)	żart (m)	[ʒart]
alegria (f)	radość (ż)	['radɔɕtʃ]
regozijar-se (vr)	cieszyć się	['tʃeʃitʃ ɕɛ̃]
alegre	radosny	[ra'dɔsni]

65. Discussão, conversação. Parte 1

comunicação (f)	komunikacja (ż)	[kɔmuni'katsʰja]
comunicar-se (vr)	komunikować się	[kɔmuni'kɔvatʃ ɕɛ̃]

conversa (f)	rozmowa (ż)	[rɔz'mɔva]
diálogo (m)	dialog (m)	['dʰjalɔg]
discussão (f)	dyskusja (ż)	[dis'kusʰja]
debate (m)	spór (m)	[spur]
debater (vt)	spierać się	['speratʃ ɕɛ̃]

interlocutor (m)	rozmówca (m)	[rɔz'muftsa]
tema (m)	temat (m)	['tɛmat]

ponto (m) de vista	punkt (m) widzenia	[puŋkt vi'dzɛɲa]
opinião (f)	zdanie (n)	['zdane]
discurso (m)	przemówienie (n)	[pʃɛmu'vene]

discussão (f)	dyskusja (ż)	[dis'kusʰja]
discutir (vt)	omawiać	[ɔ'mavʲatʃ]
conversa (f)	rozmowa (ż)	[rɔz'mɔva]
conversar (vi)	rozmawiać	[rɔz'mavʲatʃ]
encontro (m)	spotkanie (n)	[spɔt'kane]
encontrar-se (vr)	spotkać się	['spɔtkatʃ ɕɛ̃]

provérbio (m)	przysłowie (n)	[pʃis'wɔve]
ditado (m)	powiedzenie (n)	[pɔvje'dzɛnie]
adivinha (f)	zagadka (ż)	[za'gatka]
dizer uma adivinha	zadawać zagadkę	[za'davatʃ za'gadkɛ̃]
senha (f)	hasło (n)	['haswɔ]
segredo (m)	sekret (m)	['sɛkrɛt]

juramento (m)	przysięga (ż)	[pʃi'ɕeŋa]
jurar (vi)	przysięgać	[pʃi'ɕeŋatʃ]
promessa (f)	obietnica (ż)	[ɔbetnitsa]
prometer (vt)	obiecać	[ɔ'betsatʃ]

conselho (m)	rada (ż)	['rada]
aconselhar (vt)	radzić	['radʑitʃ]
escutar (~ os conselhos)	słuchać	['swuhatʃ]

novidade, notícia (f)	nowina (ż)	[nɔ'vina]
sensação (f)	sensacja (ż)	[sɛn'satsʰja]
informação (f)	wiadomości (l.mn.)	[vʲadɔ'mɔɕtʃi]
conclusão (f)	wniosek (m)	['vnɔsɛk]
voz (f)	głos (m)	[gwɔs]
elogio (m)	komplement (m)	[kɔmp'lemɛnt]
amável	uprzejmy	[up'ʃejmɨ]

palavra (f)	słowo (n)	['swɔvɔ]
frase (f)	fraza (ż)	['fraza]
resposta (f)	odpowiedź (ż)	[ɔtpɔ'vetʃ]

| verdade (f) | prawda (ż) | ['pravda] |
| mentira (f) | kłamstwo (n) | ['kwamstfɔ] |

pensamento (m)	myśl (ż)	[miɕʎ]
ideia (f)	pomysł (m)	['pɔmɨsw]
fantasia (f)	fantazja (ż)	[fan'tazʲa]

66. Discussão, conversação. Parte 2

estimado	szanowny	[ʃa'nɔvnɨ]
respeitar (vt)	szanować	[ʃa'nɔvatʃ]
respeito (m)	szacunek (m)	[ʃa'tsunɛk]
Estimado ..., Caro ...	Drogi ...	['drɔgi]
apresentar (vt)	poznać	['pɔznatʃ]
intenção (f)	zamiar (m)	['zamʲar]

tencionar (vt)	zamierzać	[za'meʒatʃ]
desejo (m)	życzenie (n)	[ʒit'ʃɛne]
desejar (ex. ~ boa sorte)	życzyć	['ʒitʃitʃ]
surpresa (f)	zdziwienie (n)	[zdʒi'vene]
surpreender (vt)	dziwić	['dʒivitʃ]
surpreender-se (vr)	dziwić się	['dʒivitʃ ɕɛ̃]
dar (vt)	dać	[datʃ]
pegar (tomar)	wziąć	[vʒɔ̃tʃ]
devolver (vt)	zwrócić	['zvrutʃitʃ]
retornar (vt)	zwrócić	['zvrutʃitʃ]
desculpar-se (vr)	przepraszać	[pʃɛp'raʃatʃ]
desculpa (f)	przeprosiny (l.mn.)	[pʃɛprɔ'ɕini]
perdoar (vt)	przebaczać	[pʃɛ'batʃatʃ]
falar (vi)	rozmawiać	[rɔz'mavʲatʃ]
escutar (vt)	słuchać	['swuhatʃ]
ouvir até o fim	wysłuchać	[vɨs'wuhatʃ]
compreender (vt)	zrozumieć	[zrɔ'zumetʃ]
mostrar (vt)	pokazać	[pɔ'kazatʃ]
olhar para ...	patrzeć	['patʃɛtʃ]
chamar (dizer em voz alta o nome)	zawołać	[za'vɔwatʃ]
perturbar (vt)	przeszkadzać	[pʃɛʃ'kadzatʃ]
entregar (~ em mãos)	wręczyć	['vrɛntʃitʃ]
pedido (m)	prośba (ż)	['prɔʑba]
pedir (ex. ~ ajuda)	prosić	['prɔɕitʃ]
exigência (f)	żądanie (n)	[ʒɔ̃'dane]
exigir (vt)	żądać	['ʒɔ̃datʃ]
chamar nomes (vt)	przezywać	[pʃɛ'zɨvatʃ]
zombar (vt)	kpić	[kpitʃ]
zombaria (f)	kpina (ż)	['kpina]
alcunha (f)	przezwisko (n)	[pʃɛz'viskɔ]
insinuação (f)	aluzja (ż)	[a'lɨzʰja]
insinuar (vt)	czynić aluzję	['tʃinitʃ a'lɨzʰɛ̃]
subentender (vt)	mieć na myśli	[metʃ na 'mɨɕli]
descrição (f)	opis (m)	['ɔpis]
descrever (vt)	opisać	[ɔ'pisatʃ]
elogio (m)	pochwała (ż)	[pɔh'fawa]
elogiar (vt)	pochwalić	[pɔh'falitʃ]
desapontamento (m)	rozczarowanie (n)	[rɔstʃarɔ'vane]
desapontar (vt)	rozczarować	[rɔstʃa'rɔvatʃ]
desapontar-se (vr)	rozczarować się	[rɔstʃa'rɔvatʃ ɕɛ̃]
suposição (f)	założenie (n)	[zawɔ'ʒene]
supor (vt)	przypuszczać	[pʃi'puʃtʃatʃ]
advertência (f)	ostrzeżenie (n)	[ɔstʃɛ'ʒene]
advertir (vt)	ostrzec	['ɔstʃɛts]

67. Discussão, conversação. Parte 3

| convencer (vt) | namówić | [na'muviʧ] |
| acalmar (vt) | uspokajać | [uspɔ'kajaʧ] |

silêncio (o ~ é de ouro)	milczenie (n)	[miʎt'ʃɛne]
ficar em silêncio	milczeć	['miʎtʃɛʧ]
sussurrar (vt)	szepnąć	['ʃɛpnɔ̃ʧ]
sussurro (m)	szept (m)	[ʃɛpt]

| francamente | szczerze | ['ʃʧɛʒɛ] |
| a meu ver ... | moim zdaniem | ['mɔim 'zdanem] |

detalhe (~ da história)	szczegół (m)	['ʃʧɛguw]
detalhado	szczegółowy	[ʃʧɛgu'wɔvi]
detalhadamente	szczegółowo	[ʃʧɛgu'wɔvɔ]

| dica (f) | wskazówka (ż) | [fska'zɔfka] |
| dar uma dica | dać wskazówkę | [daʧ fska'zɔfkɛ̃] |

olhar (m)	spojrzenie (n)	[spɔj'ʒɛne]
dar uma vista de olhos	spojrzeć	['spɔjʒɛʧ]
fixo (olhar ~)	nieruchomy	[neru'hɔmi]
piscar (vi)	mrugać	['mrugaʧ]
pestanejar (vt)	mrugnąć	['mrugnɔ̃ʧ]
acenar (com a cabeça)	przytaknąć	[pʃi'taknɔ̃ʧ]

suspiro (m)	westchnienie (n)	[vɛsth'nene]
suspirar (vi)	westchnąć	['vɛsthnɔ̃ʧ]
estremecer (vi)	wzdrygać się	['vzdrigaʧ ɕɛ̃]
gesto (m)	gest (m)	[gɛst]
tocar (com as mãos)	dotknąć	['dɔtknɔ̃ʧ]
agarrar (~ pelo braço)	chwytać	['hfitaʧ]
bater de leve	klepać	['klepaʧ]

Cuidado!	Uwaga!	[u'vaga]
A sério?	Czyżby?	['ʧiʒbi]
Tem certeza?	Jesteś pewien?	['estɛɕ 'pɛven]
Boa sorte!	Powodzenia!	[pɔvɔ'dzɛɲa]
Compreendi!	Jasne!	['jasnɛ]
Que pena!	Szkoda!	['ʃkɔda]

68. Acordo. Recusa

consentimento (~ mútuo)	zgoda (ż)	['zgɔda]
consentir (vi)	zgadzać się	['zgadzaʧ ɕɛ̃]
aprovação (f)	aprobata (ż)	[aprɔ'bata]
aprovar (vt)	zaaprobować	[za:prɔ'bɔvaʧ]
recusa (f)	odmowa (ż)	[ɔd'mɔva]
negar-se (vt)	odmawiać	[ɔd'mavʲaʧ]

| Está ótimo! | Świetnie! | ['ɕfetne] |
| Muito bem! | Dobrze! | ['dɔbʒɛ] |

Está bem! De acordo!	Dobra!	['dɔbra]
proibido	zakazany	[zaka'zani̦]
é proibido	nie wolno	[ne 'vɔʌnɔ]
é impossível	niemożliwe	[nemɔʒ'livɛ]
incorreto	błędny	['bwɛ̃dni̦]

rejeitar (~ um pedido)	odrzucić	[ɔ'dʒutʃiʧ]
apoiar (vt)	poprzeć	['pɔpʃeʧ]
aceitar (desculpas, etc.)	przyjąć	['pʃiɔ̃ʧ]

confirmar (vt)	potwierdzić	[pɔt'ferdʒiʧ]
confirmação (f)	potwierdzenie (n)	[pɔtfer'dzɛne]
permissão (f)	pozwolenie (n)	[pɔzvɔ'lene]
permitir (vt)	zezwolić	[zɛz'vɔliʧ]
decisão (f)	decyzja (ż)	[dɛ'tsiz^ja]
não dizer nada	nic nie mówić	[nits nɛ 'mɔviʧ]

condição (com uma ~)	warunek (m)	[va'runɛk]
pretexto (m)	wymówka (ż)	[vi̦'mufka]
elogio (m)	pochwała (ż)	[pɔh'fawa]
elogiar (vt)	chwalić	['hfaliʧ]

69. Sucesso. Boa sorte. Insucesso

êxito, sucesso (m)	sukces (m)	['suktsɛs]
com êxito	z powodzeniem	[s pɔvɔ'dzɛnem]
bem sucedido	skuteczny	[sku'tɛʧni̦]

sorte (fortuna)	powodzenie (n)	[pɔvɔ'dzɛnie]
Boa sorte!	Powodzenia!	[pɔvɔ'dzɛɲa]
de sorte	szczęśliwy	[ʃʧɛɕ'livi̦]
sortudo, felizardo	fortunny	[fɔr'tuɲi̦]
fracasso (m)	porażka (ż)	[pɔ'raʃka]
pouca sorte (f)	niepowodzenie (n)	[nepɔvɔ'dzɛne]
azar (m), má sorte (f)	pech (m)	[pɛh]
mal sucedido	nieudany	[neu'dani̦]
catástrofe (f)	katastrofa (ż)	[katast'rɔfa]

orgulho (m)	duma (ż)	['duma]
orgulhoso	dumny	['dumni̦]
estar orgulhoso	być dumnym	[biʧ 'dumni̦m]
vencedor (m)	zwycięzca (m)	[zvi̦'ʧenstsa]
vencer (vi)	zwyciężyć	[zvi̦'ʧenʒiʧ]
perder (vt)	przegrać	['pʃɛgraʧ]
tentativa (f)	próba (ż)	['pruba]
tentar (vt)	próbować	[pru'bɔvaʧ]
chance (m)	szansa (ż)	['ʃansa]

70. Conflitos. Emoções negativas

| grito (m) | krzyk (m) | [kʃik] |
| gritar (vi) | krzyczeć | ['kʃi̦ʧeʧ] |

começar a gritar	krzyknąć	['kʃiknɔ̃tʃ]
discussão (f)	kłótnia (ż)	['kwutɲa]
discutir (vt)	kłócić się	['kwutʃitʃ ɕɛ̃]
escândalo (m)	głośna kłótnia (ż)	['gwɔʃna 'kwɔtɲa]
criar escândalo	kłócić się głośno	['kwɔtʃitʃ ɕɛ̃ 'gwɔʃnɔ]
conflito (m)	konflikt (m)	['kɔnflikt]
mal-entendido (m)	nieporozumienie (n)	[nepɔrɔzu'mene]

insulto (m)	zniewaga (ż)	[zni'evaga]
insultar (vt)	znieważać	[zne'vaʒatʃ]
insultado	obrażony	[ɔbra'ʒɔni]
ofensa (f)	obraza (ż)	[ɔb'raza]
ofender (vt)	obrazić	[ɔb'raʑitʃ]
ofender-se (vr)	obrazić się	[ɔb'raʑitʃ ɕɛ̃]

indignação (f)	oburzenie (n)	[ɔbu'ʒɛne]
indignar-se (vr)	oburzać się	[ɔ'buʒatʃ ɕɛ̃]
queixa (f)	skarga (ż)	['skarga]
queixar-se (vr)	skarżyć się	['skarʒitʃ ɕɛ̃]

desculpa (f)	przeprosiny (l.mn.)	[pʃɛprɔ'ɕini]
desculpar-se (vr)	przepraszać	[pʃɛp'raʃatʃ]
pedir perdão	przepraszać	[pʃɛp'raʃatʃ]

crítica (f)	krytyka (ż)	['kritika]
criticar (vt)	krytykować	[kriti'kɔvatʃ]
acusação (f)	oskarżenie (n)	[ɔskar'ʒɛne]
acusar (vt)	obwiniać	[ɔb'viɲatʃ]

vingança (f)	zemsta (ż)	['zɛmsta]
vingar (vt)	mścić się	[mɕtʃitʃ ɕɛ̃]
vingar-se (vr)	odpłacić	[ɔdp'watʃitʃ]

desprezo (m)	pogarda (ż)	[pɔ'garda]
desprezar (vt)	pogardzać	[pɔ'gardzatʃ]
ódio (m)	nienawiść (ż)	[ne'naviɕtʃ]
odiar (vt)	nienawidzieć	[nena'vidʑetʃ]

nervoso	nerwowy	[nɛr'vɔvi]
estar nervoso	denerwować się	[dɛnɛr'vɔvatʃ ɕɛ̃]
zangado	zły	[zwi]
zangar (vt)	rozzłościć	[rɔzz'wɔɕtʃitʃ]

humilhação (f)	poniżenie (n)	[pɔni'ʒɛne]
humilhar (vt)	poniżać	[pɔ'niʒatʃ]
humilhar-se (vr)	poniżać się	[pɔ'niʒatʃ ɕɛ̃]

choque (m)	szok (m)	[ʃɔk]
chocar (vt)	szokować	[ʃɔ'kɔvatʃ]

aborrecimento (m)	przykrość (ż)	['pʃikrɔɕtʃ]
desagradável	nieprzyjemny	[nepʃi'emni]

medo (m)	strach (m)	[strah]
terrível (tempestade, etc.)	okropny	[ɔk'rɔpni]
assustador (ex. história ~a)	straszny	['straʃni]

| horror (m) | przerażenie (n) | [pʃɛra'ʒɛne] |
| horrível (crime, etc.) | okropny | [ɔk'rɔpni] |

chorar (vi)	płakać	['pwakatʃ]
começar a chorar	zapłakać	[zap'wakatʃ]
lágrima (f)	łza (ż)	[wza]

falta (f)	wina (ż)	['vina]
culpa (f)	wina (ż)	['vina]
desonra (f)	hańba (ż)	['haɲba]
protesto (m)	protest (m)	['prɔtɛst]
stresse (m)	stres (m)	[strɛs]

perturbar (vt)	przeszkadzać	[pʃɛʃ'kadzatʃ]
zangar-se com ...	złościć się	['zwɔɕtʃitʃ ɕɛ̃]
zangado	zły	[zwi]
terminar (vt)	zakończyć	[za'kɔntʃitʃ]
praguejar	kłócić się	['kwutʃitʃ ɕɛ̃]

assustar-se	bać się	[batʃ ɕɛ̃]
golpear (vt)	uderzyć	[u'dɛʒitʃ]
brigar (na rua, etc.)	bić się	[bitʃ ɕɛ̃]

resolver (o conflito)	załatwić	[za'watvitʃ]
descontente	niezadowolony	[nezadɔvɔ'lɔni]
furioso	wściekły	['fɕtʃekwi]

| Não está bem! | Nie jest dobrze! | [ni estʲ 'dɔbʒɛ] |
| É mau! | To źle! | [tɔ ʑle] |

Medicina

71. Doenças

doença (f)	choroba (ż)	[hɔ'rɔba]
estar doente	chorować	[hɔ'rɔvatʃ]
saúde (f)	zdrowie (n)	['zdrɔve]

nariz (m) a escorrer	katar (m)	['katar]
amigdalite (f)	angina (ż)	[aɲina]
constipação (f)	przeziębienie (n)	[pʃɛʒɛ̃'bene]
constipar-se (vr)	przeziębić się	[pʃɛ'ʒembitʃ çɛ̃]

bronquite (f)	zapalenie (n) oskrzeli	[zapa'lɛne ɔsk'ʃɛli]
pneumonia (f)	zapalenie (n) płuc	[zapa'lɛne pwuts]
gripe (f)	grypa (ż)	['gripa]

míope	krótkowzroczny	[krutkɔvz'rɔtʃnɨ]
presbita	dalekowzroczny	[dalekɔvz'rɔtʃnɨ]
estrabismo (m)	zez (m)	[zɛs]
estrábico	zezowaty	[zɛzɔ'vati]
catarata (f)	katarakta (ż)	[kata'rakta]
glaucoma (m)	jaskra (ż)	['jaskra]

AVC (m), apoplexia (f)	wylew (m)	['vɨlef]
ataque (m) cardíaco	zawał (m)	['zavaw]
enfarte (m) do miocárdio	zawał (m) mięśnia sercowego	['zavaw 'mɛ̃çɲa sɛrtsɔ'vɛgɔ]

| paralisia (f) | paraliż (m) | [pa'raliʃ] |
| paralisar (vt) | sparaliżować | [sparali'ʒɔvatʃ] |

alergia (f)	alergia (ż)	[a'lergʰja]
asma (f)	astma (ż)	['astma]
diabetes (f)	cukrzyca (ż)	[tsuk'ʃɨtsa]

| dor (f) de dentes | ból (m) zęba | [buʎ 'zɛ̃ba] |
| cárie (f) | próchnica (ż) | [pruh'nitsa] |

diarreia (f)	rozwolnienie (n)	[rɔzvɔʎ'nene]
prisão (f) de ventre	zaparcie (n)	[za'partʃe]
desarranjo (m) intestinal	rozstrój (m) żołądka	['rɔsstruj ʒɔ'wɔ̃tka]
intoxicação (f) alimentar	zatrucie (n) pokarmowe	[zat'rutʃe pɔkar'mɔvɛ]
intoxicar-se	zatruć się	['zatrutʃ çɛ̃]
artrite (f)	artretyzm (m)	[art'rɛtizm]
raquitismo (m)	krzywica (ż)	[kʃɨ'vitsa]
reumatismo (m)	reumatyzm (m)	[rɛu'matizm]
arteriosclerose (f)	miażdżyca (ż)	[mʲaʒ'dʒitsa]
gastrite (f)	nieżyt (m) żołądka	['neʒit ʒɔ'wɔ̃tka]
apendicite (f)	zapalenie (n) wyrostka robaczkowego	[zapa'lene vɨ'rɔstka rɔbatʃkɔ'vɛgɔ]

úlcera (f)	wrzód (m)	[vʒut]
sarampo (m)	odra (ż)	['ɔdra]
rubéola (f)	różyczka (ż)	[ru'ʒitʃka]
iterícia (f)	żółtaczka (ż)	[ʒuw'tatʃka]
hepatite (f)	zapalenie (n) wątroby	[zapa'lene võt'rɔbi]

esquizofrenia (f)	schizofrenia (ż)	[shizɔf'rɛnʰja]
raiva (f)	wścieklizna (ż)	[vɕtʃek'lizna]
neurose (f)	nerwica (ż)	[nɛr'vitsa]
comoção (f) cerebral	wstrząs (m) mózgu	[fstʃõs 'muzgu]

cancro (m)	rak (m)	[rak]
esclerose (f)	stwardnienie (n)	[stvard'nenie]
esclerose (f) múltipla	stwardnienie (n) rozsiane	[stfard'nene rɔz'ɕanɛ]

alcoolismo (m)	alkoholizm (m)	[aʎkɔ'hɔlizm]
alcoólico (m)	alkoholik (m)	[aʎkɔ'hɔlik]
sífilis (f)	syfilis (m)	[si'filis]
SIDA (f)	AIDS (m)	[ɛjts]

tumor (m)	nowotwór (m)	[nɔ'vɔtfur]
maligno	złośliwa	[zwɔɕ'liva]
benigno	niezłośliwa	[nezwɔɕ'liva]

febre (f)	febra (ż)	['fɛbra]
malária (f)	malaria (ż)	[ma'ʎarʰja]
gangrena (f)	gangrena (ż)	[gaŋ'rɛna]
enjoo (m)	choroba (ż) morska	[hɔ'rɔba 'mɔrska]
epilepsia (f)	padaczka (ż)	[pa'datʃka]

epidemia (f)	epidemia (ż)	[ɛpi'dɛmʰja]
tifo (m)	tyfus (m)	['tifus]
tuberculose (f)	gruźlica (ż)	[gruʑ'litsa]
cólera (f)	cholera (ż)	[hɔ'lera]
peste (f)	dżuma (ż)	['dʒuma]

72. Sintomas. Tratamentos. Parte 1

sintoma (m)	objaw (m)	['ɔbʰjaf]
temperatura (f)	temperatura (ż)	[tɛmpɛra'tura]
febre (f)	gorączka (ż)	[gɔ'rõtʃka]
pulso (m)	puls (m)	[puʎs]

vertigem (f)	zawrót (m) głowy	['zavrut 'gwɔvi]
quente (testa, etc.)	gorący	[gɔ'rõtsi]
calafrio (m)	dreszcz (m)	['drɛʃtʃ]
pálido	blady	['bʎadi]

tosse (f)	kaszel (m)	['kaʃɛʎ]
tossir (vi)	kaszleć	['kaʃletʃ]
espirrar (vi)	kichać	['kihatʃ]
desmaio (m)	omdlenie (n)	[ɔmd'lene]
desmaiar (vi)	zemdleć	['zɛmdletʃ]
nódoa (f) negra	siniak (m)	['ɕiɲak]

galo (m)	guz (m)	[gus]
magoar-se (vr)	uderzyć się	[u'dɛʒiʧ ɕɛ̃]
pisadura (f)	stłuczenie (n)	[stwut'ʃɛne]
aleijar-se (vr)	potłuc się	['pɔtwuʦ ɕɛ̃]

coxear (vi)	kuleć	['kuleʧ]
deslocação (f)	zwichnięcie (n)	[zvih'nɛ̃ʨe]
deslocar (vt)	zwichnąć	['zvihnɔ̃ʧ]
fratura (f)	złamanie (n)	[zwa'mane]
fraturar (vt)	otrzymać złamanie	[ɔt'ʃimaʧ zwa'mane]

corte (m)	skaleczenie (n)	[skalet'ʃɛne]
cortar-se (vr)	skaleczyć się	[ska'letʃiʧ ɕɛ̃]
hemorragia (f)	krwotok (m)	['krfɔtɔk]

| queimadura (f) | oparzenie (n) | [ɔpa'ʒɛne] |
| queimar-se (vr) | poparzyć się | [pɔ'paʒiʧ ɕɛ̃] |

picar (vt)	ukłuć	['ukwuʧ]
picar-se (vr)	ukłuć się	['ukwuʧ ɕɛ̃]
lesionar (vt)	uszkodzić	[uʃ'kɔʤiʧ]
lesão (m)	uszkodzenie (n)	[uʃkɔ'dzɛne]
ferida (f), ferimento (m)	rana (ż)	['rana]
trauma (m)	uraz (m)	['uras]

delirar (vi)	bredzić	['brɛʤiʧ]
gaguejar (vi)	jąkać się	[ɔ̃kaʧ ɕɛ̃]
insolação (f)	udar (m) słoneczny	['udar swɔ'nɛʧni]

73. Sintomas. Tratamentos. Parte 2

| dor (f) | ból (m) | [buʎ] |
| farpa (no dedo) | drzazga (ż) | ['ʤazga] |

suor (m)	pot (m)	[pɔt]
suar (vi)	pocić się	['pɔʧiʧ ɕɛ̃]
vómito (m)	wymiotowanie (n)	[vimɔtɔ'vane]
convulsões (f pl)	drgawki (l.mn.)	['drgavki]

grávida	ciężarna (ż)	[ʧɛ̃'ʒarna]
nascer (vi)	urodzić się	[u'rɔʤiʧ ɕɛ̃]
parto (m)	poród (m)	['pɔrut]
dar à luz	rodzić	['rɔʤiʧ]
aborto (m)	aborcja (ż)	[a'bɔrʦhja]

respiração (f)	oddech (m)	['ɔddɛh]
inspiração (f)	wdech (m)	[vdɛh]
expiração (f)	wydech (m)	['vidɛh]
expirar (vi)	zrobić wydech	['zrɔbiʧ 'vidɛh]
inspirar (vi)	zrobić wdech	['zrɔbiʧ vdɛh]

inválido (m)	niepełnosprawny (m)	[nepɛwnɔsp'ravni]
aleijado (m)	kaleka (m, ż)	[ka'leka]
toxicodependente (m)	narkoman (m)	[nar'kɔman]

surdo	niesłyszący, głuchy	[nesʷiˈʃɔ̃tsi], [ˈgwuhi]
mudo	niemy	[ˈnemi]
surdo-mudo	głuchoniemy	[gwuhɔˈnemi]

louco (adj.)	zwariowany	[zvarʰɟˈvani]
louco (m)	wariat (m)	[ˈvarʰjat]
louca (f)	wariatka (ż)	[varʰʲjatka]
ficar louco	stracić rozum	[ˈstratʃitʃ rɔzum]

gene (m)	gen (m)	[gɛn]
imunidade (f)	odporność (ż)	[ɔtˈpɔrnɔɕtʃ]
hereditário	dziedziczny	[dʒeˈdʒitʃni]
congénito	wrodzony	[vrɔˈdzɔni]

vírus (m)	wirus (m)	[ˈvirus]
micróbio (m)	mikrob (m)	[ˈmikrɔb]
bactéria (f)	bakteria (ż)	[bakˈtɛrʰja]
infeção (f)	infekcja (ż)	[inˈfɛktsʰja]

74. Sintomas. Tratamentos. Parte 3

| hospital (m) | szpital (m) | [ˈʃpitaʎ] |
| paciente (m) | pacjent (m) | [ˈpatsʰent] |

diagnóstico (m)	diagnoza (ż)	[dʰjagˈnɔza]
cura (f)	leczenie (n)	[letˈʃɛne]
tratamento (m) médico	leczenie (n)	[letˈʃɛne]
curar-se (vr)	leczyć się	[ˈletʃitʃ ɕɛ̃]
tratar (vt)	leczyć	[ˈletʃitʃ]
cuidar (pessoa)	opiekować się	[ɔpeˈkɔvatʃ ɕɛ̃]
cuidados (m pl)	opieka (ż)	[ɔˈpeka]

operação (f)	operacja (ż)	[ɔpɛˈratsʰja]
enfaixar (vt)	opatrzyć	[ɔˈpatʃitʃ]
enfaixamento (m)	opatrunek (m)	[ɔpatˈrunɛk]

vacinação (f)	szczepionka (m)	[ʃtʃɛˈpɔŋka]
vacinar (vt)	szczepić	[ˈʃtʃɛpitʃ]
injeção (f)	zastrzyk (m)	[ˈzastʃik]
dar uma injeção	robić zastrzyk	[ˈrɔbitʃ ˈzastʃik]

amputação (f)	amputacja (ż)	[ampuˈtatsʰja]
amputar (vt)	amputować	[ampuˈtɔvatʃ]
coma (f)	śpiączka (ż)	[ɕpɔ̃tʃka]
estar em coma	być w śpiączce	[bitʃ f ɕpɔ̃tʃse]
reanimação (f)	reanimacja (ż)	[rɛaniˈmatsʰja]

recuperar-se (vr)	wracać do zdrowia	[ˈvratsatʃ dɔ ˈzdrɔvʲa]
estado (~ de saúde)	stan (m)	[stan]
consciência (f)	przytomność (ż)	[pʃiˈtɔmnɔɕtʃ]
memória (f)	pamięć (ż)	[ˈpamɛ̃tʃ]

| tirar (vt) | usuwać | [uˈsuvatʃ] |
| chumbo (m), obturação (f) | plomba (ż) | [ˈplɔmba] |

71

chumbar, obturar (vt)	plombować	[plɜm'bovaʧ]
hipnose (f)	hipnoza (ż)	[hip'nɔza]
hipnotizar (vt)	hipnotyzować	[hipnɔti'zɔvaʧ]

75. Médicos

médico (m)	lekarz (m)	['lekaʃ]
enfermeira (f)	pielęgniarka (ż)	[pelɛg'ɲarka]
médico (m) pessoal	lekarz (m) prywatny	[lekaʒ pri'vatni]
dentista (m)	dentysta (m)	[dɛn'tista]
oculista (m)	okulista (m)	[ɔku'lista]
terapeuta (m)	internista (m)	[intɛr'nista]
cirurgião (m)	chirurg (m)	['hirurk]
psiquiatra (m)	psychiatra (m)	[psih''atra]
pediatra (m)	pediatra (m)	[pɛdⁿ'atra]
psicólogo (m)	psycholog (m)	[psi'hɔlɜg]
ginecologista (m)	ginekolog (m)	[ginɛ'kɔlɜk]
cardiologista (m)	kardiolog (m)	[kardⁿɜ'lɜk]

76. Medicina. Drogas. Acessórios

medicamento (m)	lekarstwo (n)	[le'karstfɔ]
remédio (m)	środek (m)	['ɕrɔdɛk]
receitar (vt)	zapisać	[za'pisaʧ]
receita (f)	recepta (ż)	[rɛ'tsɛpta]
comprimido (m)	tabletka (ż)	[tab'letka]
pomada (f)	maść (ż)	[maɕʧ]
ampola (f)	ampułka (ż)	[am'puwka]
preparado (m)	mikstura (ż)	[miks'tura]
xarope (m)	syrop (m)	['sirɔp]
cápsula (f)	pigułka (ż)	[pi'guwka]
remédio (m) em pó	proszek (m)	['prɔʃɛk]
ligadura (f)	bandaż (m)	['bandaʃ]
algodão (m)	wata (ż)	['vata]
iodo (m)	jodyna (ż)	[ɜ'dina]
penso (m) rápido	plaster (m)	['pʎaster]
conta-gotas (m)	zakraplacz (m)	[zak'rapʎaʧ]
termómetro (m)	termometr (m)	[tɛr'mɔmɛtr]
seringa (f)	strzykawka (ż)	[stʃi'kafka]
cadeira (f) de rodas	wózek (m) inwalidzki	['vɔzɛk inva'lidzki]
muletas (f pl)	kule (l.mn.)	['kule]
analgésico (m)	środek (m) przeciwbólowy	['ɕrɔdɛk pʃɛʧifbo'lovi]
laxante (m)	środek (m) przeczyszczający	['ɕrɔdɛk pʃɛʧiʃʧaɔ̃tsi]
álcool (m) etílico	spirytus (m)	[spi'ritus]
ervas (f pl) medicinais	zioła (l.mn.) lecznicze	[ʑi'ɔla lɛʧ'niʧɛ]
de ervas (chá ~)	ziołowy	[ʒɜ'wovi]

77. Fumar. Produtos tabágicos

tabaco (m)	tytoń (m)	['tɨtɔɲ]
cigarro (m)	papieros (m)	[pa'pɛrɔs]
charuto (m)	cygaro (n)	[tsɨ'garɔ]
cachimbo (m)	fajka (ż)	['fajka]
maço (~ de cigarros)	paczka (ż)	['patʃka]

fósforos (m pl)	zapałki (l.mn.)	[za'pawki]
caixa (f) de fósforos	pudełko (n) zapałek	[pu'dɛwkɔ za'pawɛk]
isqueiro (m)	zapalniczka (ż)	[zapaʎ'nitʃka]
cinzeiro (m)	popielniczka (ż)	[pɔpeʎ'nitʃka]
cigarreira (f)	papierośnica (ż)	[papɛrɔɕ'nitsa]

boquilha (f)	ustnik (m)	['ustnik]
filtro (m)	filtr (m)	[fiʎtr]

fumar (vi, vt)	palić	['palitʃ]
acender um cigarro	zapalić	[za'palitʃ]
tabagismo (m)	palenie (n)	[pa'lene]
fumador (m)	palacz (m)	['paʎatʃ]

beata (f)	niedopałek (m)	[nedɔ'pawɛk]
fumo (m)	dym (m)	[dɨm]
cinza (f)	popiół (m)	['pɔpyw]

HABITAT HUMANO

Cidade

78. Cidade. Vida na cidade

cidade (f)	miasto (n)	['mʲastɔ]
capital (f)	stolica (ż)	[stɔ'litsa]
aldeia (f)	wieś (ż)	[veɕ]
mapa (m) da cidade	plan (m) miasta	[pʎan 'mʲasta]
centro (m) da cidade	centrum (n) miasta	['tsɛntrum 'mʲasta]
subúrbio (m)	dzielnica (ż) podmiejska	[dʒɛʎ'nitsa pɔd'mejska]
suburbano	podmiejski	[pɔd'mejski]
periferia (f)	peryferie (l.mn.)	[pɛri'fɛrʰe]
arredores (m pl)	okolice (l.mn.)	[ɔkɔ'litsɛ]
quarteirão (m)	osiedle (n)	[ɔ'ɕedle]
quarteirão (m) residencial	osiedle (n) mieszkaniowe	[ɔ'ɕedle meʃka'nɜvɛ]
tráfego (m)	ruch (m) uliczny	[ruh u'litʃnʲi]
semáforo (m)	światła (l.mn.)	['ɕfʲatwa]
transporte (m) público	komunikacja (ż) publiczna	[kɔmuni'katsʰja pub'litʃna]
cruzamento (m)	skrzyżowanie (n)	[skʃiʒɔ'vane]
passadeira (f)	przejście (n)	['pʃɛjɕtʃe]
passagem (f) subterrânea	przejście (n) podziemne	['pʃɛjɕtʃe pɔ'dʒemnɛ]
cruzar, atravessar (vt)	przechodzić	[pʃɛ'hɔdʒitʃ]
peão (m)	pieszy (m)	['peʃi]
passeio (m)	chodnik (m)	['hɔdnik]
ponte (f)	most (m)	[mɔst]
margem (f) do rio	nadbrzeże (n)	[nadb'ʒɛʒɛ]
fonte (f)	fontanna (ż)	[fɔn'taɲa]
alameda (f)	aleja (ż)	[a'leja]
parque (m)	park (m)	[park]
bulevar (m)	bulwar (m)	['buʎvar]
praça (f)	plac (m)	[pʎats]
avenida (f)	aleja (ż)	[a'leja]
rua (f)	ulica (ż)	[u'litsa]
travessa (f)	zaułek (m)	[za'uwɛk]
beco (m) sem saída	ślepa uliczka (ż)	['ɕlepa u'litʃka]
casa (f)	dom (m)	[dɔm]
edifício, prédio (m)	budynek (m)	[bu'dinɛk]
arranha-céus (m)	wieżowiec (m)	[ve'ʒɔvets]
fachada (f)	fasada (ż)	[fa'sada]
telhado (m)	dach (m)	[dah]

janela (f)	okno (n)	['ɔknɔ]
arco (m)	łuk (m)	[wuk]
coluna (f)	kolumna (ż)	[kɔ'lymna]
esquina (f)	róg (m)	[ruk]

montra (f)	witryna (ż)	[vit'rina]
letreiro (m)	szyld (m)	[ʃiʌt]
cartaz (m)	afisz (m)	['afiʃ]
cartaz (m) publicitário	plakat (m) reklamowy	['pʌakat rɛkʌa'mɔvi]
painel (m) publicitário	billboard (m)	['biʌbɔrt]

lixo (m)	śmiecie (l.mn.)	['ɕmetɕe]
cesta (f) do lixo	kosz (m) na śmieci	[kɔʃ na 'ɕmetɕi]
jogar lixo na rua	śmiecić	['ɕmetɕitʃ]
aterro (m) sanitário	wysypisko (n) śmieci	[visipiskɔ 'ɕmetɕi]

cabine (f) telefónica	budka (ż) telefoniczna	['butka tɛlefɔ'nitʃna]
candeeiro (m) de rua	słup (m) oświetleniowy	[swup ɔɕvetle'nɜvi]
banco (m)	ławka (ż)	['wafka]

polícia (m)	policjant (m)	[pɔ'litsʰjant]
polícia (instituição)	policja (ż)	[pɔ'litsʰja]
mendigo (m)	żebrak (m)	['ʒɛbrak]
sem-abrigo (m)	bezdomny (m)	[bɛz'dɔmni]

79. Instituições urbanas

loja (f)	sklep (m)	[sklep]
farmácia (f)	apteka (ż)	[ap'tɛka]
ótica (f)	optyk (m)	['ɔptik]
centro (m) comercial	centrum (n) handlowe	['tsɛntrum hand'lɜvɛ]
supermercado (m)	supermarket (m)	[supɛr'markɛt]

padaria (f)	sklep (m) z pieczywem	[sklep s pet'ʃivɛm]
padeiro (m)	piekarz (m)	['pekaʃ]
pastelaria (f)	cukiernia (ż)	[tsu'kerɲa]
mercearia (f)	sklep (m) spożywczy	[sklep spɔ'ʒivtʃi]
talho (m)	sklep (m) mięsny	[sklep 'mensɲi]

| loja (f) de legumes | warzywniak (m) | [va'ʒivɲak] |
| mercado (m) | targ (m) | [tark] |

café (m)	kawiarnia (ż)	[ka'vʲarɲa]
restaurante (m)	restauracja (ż)	[rɛstau'ratsʰja]
bar (m), cervejaria (f)	piwiarnia (ż)	[pi'vʲarɲa]
pizzaria (f)	pizzeria (ż)	[pi'tserʰja]

salão (m) de cabeleireiro	salon (m) fryzjerski	['salɔn frizʰ'erski]
correios (m pl)	poczta (ż)	['pɔtʃta]
lavandaria (f)	pralnia (ż) chemiczna	['praʎɲa hɛ'mitʃna]
estúdio (m) fotográfico	zakład (m) fotograficzny	['zakwat fotɔgra'fitʃɲi]

| sapataria (f) | sklep (m) obuwniczy | [sklep ɔbuv'nitʃi] |
| livraria (f) | księgarnia (ż) | [kɕɛ̃'garɲa] |

loja (f) de artigos de desporto	sklep (m) sportowy	[sklep spɔr'tɔvi]
reparação (f) de roupa	reperacja (ż) odzieży	[rɛpɛ'raʦʰja ɔ'dʑeʑi]
aluguer (m) de roupa	wypożyczanie (n) strojów okazjonalnych	[vipɔʑi'ʧane strɔ'juv ɔkazʲɔ'naʎnih]
aluguer (m) de filmes	wypożyczalnia (ż) filmów	[vipɔʑit'ʃaʎɲa 'fiʎmuf]

circo (m)	cyrk (m)	[ʦirk]
jardim (m) zoológico	zoo (n)	['zɔ:]
cinema (m)	kino (n)	['kinɔ]
museu (m)	muzeum (n)	[mu'zɛum]
biblioteca (f)	biblioteka (ż)	[biblɜ'tɛka]

teatro (m)	teatr (m)	['tɛatr]
ópera (f)	opera (ż)	['ɔpɛra]
clube (m) noturno	klub nocny (m)	[klyp 'nɔʦni]
casino (m)	kasyno (n)	[ka'sinɔ]

mesquita (f)	meczet (m)	['mɛʧɛt]
sinagoga (f)	synagoga (ż)	[sina'gɔga]
catedral (f)	katedra (ż)	[ka'tɛdra]
templo (m)	świątynia (ż)	[ɕfɔ̃'tiɲa]
igreja (f)	kościół (m)	['kɔʃʧɔw]

instituto (m)	instytut (m)	[ins'titut]
universidade (f)	uniwersytet (m)	[uni'vɛrsitɛt]
escola (f)	szkoła (ż)	['ʃkɔwa]

prefeitura (f)	urząd (m) dzielnicowy	['uʒɔd dʑeʎnitsɔvi]
câmara (f) municipal	urząd (m) miasta	['uʒɔt 'mʲasta]
hotel (m)	hotel (m)	['hotɛʎ]
banco (m)	bank (m)	[baŋk]

embaixada (f)	ambasada (ż)	[amba'sada]
agência (f) de viagens	agencja (ż) turystyczna	[a'gɛnʦʰja turis'tiʧna]
agência (f) de informações	informacja (ż)	[infɔr'maʦʰja]
casa (f) de câmbio	kantor (m)	['kantɔr]

| metro (m) | metro (n) | ['mɛtrɔ] |
| hospital (m) | szpital (m) | ['ʃpitaʎ] |

| posto (m) de gasolina | stacja (ż) benzynowa | ['staʦʰja bɛnzi'nɔva] |
| parque (m) de estacionamento | parking (m) | ['parkiŋk] |

80. Sinais

letreiro (m)	szyld (m)	[ʃiʎt]
inscrição (f)	napis (m)	['napis]
cartaz, póster (m)	plakat (m)	['pʎakat]
sinal (m) informativo	drogowskaz (m)	[drɔ'gɔfskas]
seta (f)	strzałka (ż)	['stʃawka]

aviso (advertência)	ostrzeżenie (n)	[ɔstʃɛ'ʒɛne]
sinal (m) de aviso	przestroga (ż)	[pʃɛst'rɔga]
avisar, advertir (vt)	ostrzegać	[ɔst'ʃɛgaʧ]

dia (m) de folga	dzień (m) wolny	[ʤeɲ 'vɔʎni]
horário (m)	rozkład (m) jazdy	['rɔskwad 'jazdi]
horário (m) de funcionamento	godziny (l.mn.) pracy	[gɔ'ʤini 'pratsi]

BEM-VINDOS!	WITAMY!	[vi'tami]
ENTRADA	WEJŚCIE	['vɛjɕʨe]
SAÍDA	WYJŚCIE	['vijɕʨe]

EMPURRE	PCHAĆ	[phaʨ]
PUXE	CIĄGNĄĆ	[ʨõgnɔɲʨ]
ABERTO	OTWARTE	[ɔt'fartɛ]
FECHADO	ZAMKNIĘTE	[zamk'nentɛ]

| MULHER | DLA PAŃ | [dʎa paɲ] |
| HOMEM | DLA MĘŻCZYZN | [dʎa 'mɛ̃ʒʧizn] |

DESCONTOS	ZNIŻKI	['zniʃki]
SALDOS	WYPRZEDAŻ	[vip'ʃɛdaʃ]
NOVIDADE!	NOWOŚĆ!	['nɔvɔɕʨ]
GRÁTIS	GRATIS	['gratis]

ATENÇÃO!	UWAGA!	[u'vaga]
NÃO HÁ VAGAS	BRAK MIEJSC	[brak mejsts]
RESERVADO	REZERWACJA	[rɛzɛr'vatsʰja]

ADMINISTRAÇÃO	ADMINISTRACJA	[administ'ratsʰja]
SOMENTE PESSOAL	WEJŚCIE SŁUŻBOWE	['vɛjɕʨe swuʒ'bɔvɛ]
AUTORIZADO		

CUIDADO CÃO FEROZ	UWAGA! ZŁY PIES	[u'vaga zwi pes]
PROIBIDO FUMAR!	ZAKAZ PALENIA!	['zakas pa'leɲa]
NÃO TOCAR	NIE DOTYKAĆ!	[ne dɔ'tikaʨ]

PERIGOSO	NIEBEZPIECZNY	[nebɛs'peʧni]
PERIGO	NIEBEZPIECZEŃSTWO	[nebɛspeʧɛɲstfɔ]
ALTA TENSÃO	WYSOKIE NAPIĘCIE	[visɔke napɛ̃ʨe]
PROIBIDO NADAR	KĄPIEL WZBRONIONA	[kɔmpeʎ vzbrɔnõa]
AVARIADO	NIECZYNNE	[neʧiɲɛ]

INFLAMÁVEL	ŁATWOPALNE	[vatvɔ'paʎnɛ]
PROIBIDO	ZAKAZ	['zakas]
ENTRADA PROIBIDA	ZAKAZ PRZEJŚCIA	['zakas 'pʃɛjɕʨʲa]
CUIDADO TINTA FRESCA	ŚWIEŻO MALOWANE	['ɕfeʒɔ malɜ'vanɛ]

81. Transportes urbanos

autocarro (m)	autobus (m)	[au'tɔbus]
elétrico (m)	tramwaj (m)	['tramvaj]
troleicarro (m)	trolejbus (m)	[trɔ'lejbus]
itinerário (m)	trasa (ż)	['trasa]
número (m)	numer (m)	['numɛr]

| ir de … (carro, etc.) | jechać w … | ['ehaʧ v] |
| entrar (~ no autocarro) | wsiąść | [fɕɔ̃ɕʨ] |

descer de ...	zsiąść z ...	[zɕɔ̃ɕtʃ z]
paragem (f)	przystanek (m)	[pʃis'tanɛk]
próxima paragem (f)	następny przystanek (m)	[nas'tɛ̃pni pʃis'tanɛk]
ponto (m) final	stacja (ż) końcowa	['statsʰja kɔɲ'tsɔva]
horário (m)	rozkład (m) jazdy	['rɔskwad 'jazdi]
esperar (vt)	czekać	['tʃɛkatʃ]

bilhete (m)	bilet (m)	['bilet]
custo (m) do bilhete	cena (ż) biletu	['tsɛna bi'letu]

bilheteiro (m)	kasjer (m), kasjerka (ż)	['kasʰer], [kasʰ'erka]
controlo (m) dos bilhetes	kontrola (ż) biletów	[kɔnt'rɔʎa bi'letɔf]
revisor (m)	kontroler (m) biletów	[kɔnt'rɔler bi'letɔf]

atrasar-se (vr)	spóźniać się	['spuʑɲatʃ ɕɛ̃]
perder (o autocarro, etc.)	spóźnić się	['spuʑɲitʃ ɕɛ̃]
estar com pressa	śpieszyć się	['ɕpeʃitʃ ɕɛ̃]

táxi (m)	taksówka (ż)	[tak'sufka]
taxista (m)	taksówkarz (m)	[tak'sufkaʃ]
de táxi (ir ~)	taksówką	[tak'sufkɔ̃]
praça (f) de táxis	postój (m) taksówek	['pɔstuj tak'suvɛk]
chamar um táxi	wezwać taksówkę	['vɛzvatʃ tak'sufkɛ̃]
apanhar um táxi	wziąć taksówkę	[vʑɔ̃tʃ tak'sufkɛ̃]

tráfego (m)	ruch (m) uliczny	[ruh u'litʃni]
engarrafamento (m)	korek (m)	['kɔrɛk]
horas (f pl) de ponta	godziny (l.mn.) szczytu	[gɔ'dʑini 'ʃtʃitu]
estacionar (vi)	parkować	[par'kɔvatʃ]
estacionar (vt)	parkować	[par'kɔvatʃ]
parque (m) de estacionamento	parking (m)	['parkiŋk]

metro (m)	metro (n)	['mɛtrɔ]
estação (f)	stacja (ż)	['statsʰja]
ir de metro	jechać metrem	['ehatʃ 'mɛtrɛm]
comboio (m)	pociąg (m)	['pɔtʃɔ̃k]
estação (f)	dworzec (m)	['dvɔʒɛts]

82. Turismo

monumento (m)	pomnik (m)	['pɔmnik]
fortaleza (f)	twierdza (ż)	['tferdza]
palácio (m)	pałac (m)	['pawats]
castelo (m)	zamek (m)	['zamɛk]
torre (f)	wieża (ż)	['veʒa]
mausoléu (m)	mauzoleum (n)	[mauzɔ'leum]

arquitetura (f)	architektura (ż)	[arhitɛk'tura]
medieval	średniowieczny	[ɕrɛdnɔ'vetʃni]
antigo	zabytkowy	[zabit'kɔvi]
nacional	narodowy	[narɔ'dɔvi]
conhecido	znany	['znani]
turista (m)	turysta (m)	[tu'rista]
guia (pessoa)	przewodnik (m)	[pʃɛ'vɔdnik]

excursão (f)	wycieczka (ż)	[vi'tʃetʃka]
mostrar (vt)	pokazywać	[pɔka'zivatʃ]
contar (vt)	opowiadać	[ɔpɔ'vʲadatʃ]

encontrar (vt)	znaleźć	['znaleɕtʃ]
perder-se (vr)	zgubić się	['zgubitʃ ɕɛ̃]
mapa (~ do metrô)	plan (m)	[pʎan]
mapa (~ da cidade)	plan (m)	[pʎan]

lembrança (f), presente (m)	pamiątka (ż)	[pamõtka]
loja (f) de presentes	sklep (m) z upominkami	[sklep s upɔmi'ŋkami]
fotografar (vt)	robić zdjęcia	['rɔbitʃ 'zdʰɛ̃tʃa]
fotografar-se	fotografować się	[fɔtɔgra'fɔvatʃ ɕɛ̃]

83. Compras

comprar (vt)	kupować	[ku'pɔvatʃ]
compra (f)	zakup (m)	['zakup]
fazer compras	robić zakupy	['rɔbitʃ za'kupɨ]
compras (f pl)	zakupy (l.mn.)	[za'kupɨ]

| estar aberta (loja, etc.) | być czynnym | [bitʃ 'tʃɨɲim] |
| estar fechada | być nieczynnym | [bitʃ net'ʃɨɲim] |

calçado (m)	obuwie (n)	[ɔ'buve]
roupa (f)	odzież (ż)	['ɔdʒeʃ]
cosméticos (m pl)	kosmetyki (l.mn.)	[kɔs'mɛtiki]
alimentos (m pl)	artykuły (l.mn.) spożywcze	[arti'kuwɨ spɔ'ʒiftʃɛ]
presente (m)	prezent (m)	['prɛzɛnt]

| vendedor (m) | ekspedient (m) | [ɛks'pɛdʰent] |
| vendedora (f) | ekspedientka (ż) | [ɛkspedʰ'entka] |

caixa (f)	kasa (ż)	['kasa]
espelho (m)	lustro (n)	['lystrɔ]
balcão (m)	lada (ż)	['ʎada]
cabine (f) de provas	przymierzalnia (ż)	[pʃime'ʒaʎɲa]

provar (vt)	przymierzyć	[pʃi'meʒitʃ]
servir (vi)	pasować	[pa'sɔvatʃ]
gostar (apreciar)	podobać się	[pɔ'dɔbatʃ ɕɛ̃]

preço (m)	cena (ż)	['tsɛna]
etiqueta (f) de preço	metka (ż)	['mɛtka]
custar (vt)	kosztować	[kɔʃ'tɔvatʃ]
Quanto?	Ile kosztuje?	['ile kɔʃ'tue]
desconto (m)	zniżka (ż)	['zniʃka]

não caro	niedrogi	[ned'rɔgi]
barato	tani	['tani]
caro	drogi	['drɔgi]
É caro	To dużo kosztuje	[tɔ 'duʒɔ kɔʃ'tue]
aluguer (m)	wypożyczalnia (ż)	[vɨpɔʒit'ʃaʎɲa]
alugar (vestidos, etc.)	wypożyczyć	[vɨpɔ'ʒitʃitʃ]

| crédito (m) | kredyt (m) | ['krɛdit] |
| a crédito | na kredyt | [na 'krɛdit] |

84. Dinheiro

dinheiro (m)	pieniądze (l.mn.)	[penɔ̃dzɛ]
câmbio (m)	wymiana (ż)	[vi'mʲana]
taxa (f) de câmbio	kurs (m)	[kurs]
Caixa Multibanco (m)	bankomat (m)	[ba'ŋkɔmat]
moeda (f)	moneta (ż)	[mɔ'nɛta]

| dólar (m) | dolar (m) | ['dɔʎar] |
| euro (m) | euro (m) | ['ɛurɔ] |

lira (f)	lir (m)	[lir]
marco (m)	marka (ż)	['marka]
franco (m)	frank (m)	[fraŋk]
libra (f) esterlina	funt szterling (m)	[funt 'ʃtɛrliŋk]
iene (m)	jen (m)	[en]

dívida (f)	dług (m)	[dwuk]
devedor (m)	dłużnik (m)	['dwuʒnik]
emprestar (vt)	pożyczyć	[pɔ'ʒitʃitʃ]
pedir emprestado	pożyczyć od ...	[pɔ'ʒitʃitʃ ɔt]

banco (m)	bank (m)	[baŋk]
conta (f)	konto (n)	['kɔntɔ]
depositar na conta	wpłacić na konto	['vpwatʃitʃ na 'kɔntɔ]
levantar (vt)	podjąć z konta	['pɔdʰɔ̃tʃ s 'kɔnta]

cartão (m) de crédito	karta (ż) kredytowa	['karta krɛdi'tɔva]
dinheiro (m) vivo	gotówka (ż)	[gɔ'tufka]
cheque (m)	czek (m)	[tʃɛk]
passar um cheque	wystawić czek	[vis'tavitʃ tʃɛk]
livro (m) de cheques	książeczka (ż) czekowa	[kçɔ̃'ʒɛtʃka tʃɛ'kɔva]

carteira (f)	portfel (m)	['pɔrtfɛʎ]
porta-moedas (m)	portmonetka (ż)	[pɔrtmɔ'nɛtka]
cofre (m)	sejf (m)	[sɛjf]

herdeiro (m)	spadkobierca (m)	[spatkɔ'bertsa]
herança (f)	spadek (m)	['spadɛk]
fortuna (riqueza)	majątek (m)	[maɔ̃tɛk]

arrendamento (m)	dzierżawa (ż)	[dʒer'ʒava]
renda (f) de casa	czynsz (m)	[tʃinʃ]
alugar (vt)	wynajmować	[vinaj'mɔvatʃ]

preço (m)	cena (ż)	['tsɛna]
custo (m)	wartość (ż)	['vartɔçtʃ]
soma (f)	suma (ż)	['suma]

| gastar (vt) | wydawać | [vi'davatʃ] |
| gastos (m pl) | wydatki (l.mn.) | [vi'datki] |

economizar (vi)	oszczędzać	[ɔʃt'ʃɛndzatʃ]
económico	ekonomiczny	[ɛkɔnɔ'mitʃni]

pagar (vt)	płacić	['pwatʃitʃ]
pagamento (m)	opłata (ż)	[ɔp'wata]
troco (m)	reszta (ż)	['rɛʃta]

imposto (m)	podatek (m)	[pɔ'datɛk]
multa (f)	kara (ż)	['kara]
multar (vt)	karać grzywną	['karatʃ 'gʒivnɔ̃]

85. Correios. Serviço postal

correios (m pl)	poczta (ż)	['pɔtʃta]
correio (m)	poczta (ż)	['pɔtʃta]
carteiro (m)	listonosz (m)	[lis'tɔnɔʃ]
horário (m)	godziny (l.mn.) pracy	[gɔ'dʒini 'pratsi]

carta (f)	list (m)	[list]
carta (f) registada	list (m) polecony	[list pɔle'tsɔni]
postal (m)	pocztówka (ż)	[pɔtʃ'tufka]
telegrama (m)	telegram (m)	[tɛ'legram]
encomenda (f) postal	paczka (ż)	['patʃka]
remessa (f) de dinheiro	przekaz (m) pieniężny	['pʃɛkas pe'nenʒni]

receber (vt)	odebrać	[ɔ'dɛbratʃ]
enviar (vt)	wysłać	['viswatʃ]
envio (m)	wysłanie (n)	[vis'wane]

endereço (m)	adres (m)	['adrɛs]
código (m) postal	kod (m) pocztowy	[kɔt pɔtʃ'tɔvi]
remetente (m)	nadawca (m)	[na'daftsa]
destinatário (m)	odbiorca (m)	[ɔd'bɔrtsa]

nome (m)	imię (n)	['imɛ̃]
apelido (m)	nazwisko (n)	[naz'viskɔ]

tarifa (f)	taryfa (ż)	[ta'rifa]
ordinário	zwykła	['zvikwa]
económico	oszczędna	[ɔʃt'ʃɛndna]

peso (m)	ciężar (m)	['tʃenʒar]
pesar (estabelecer o peso)	ważyć	['vaʒitʃ]
envelope (m)	koperta (ż)	[kɔ'pɛrta]
selo (m)	znaczek (m)	['znatʃɛk]
colar o selo	naklejać znaczek	[nak'lejatʃ 'znatʃɛk]

Moradia. Casa. Lar

86. Casa. Habitação

casa (f)	dom (m)	[dɔm]
em casa	w domu	[v 'dɔmu]
pátio (m)	podwórko (n)	[pɔd'vurkɔ]
cerca (f)	ogrodzenie (n)	[ɔgrɔ'dzɛne]

tijolo (m)	cegła (ż)	['tsɛgwa]
de tijolos	z cegły	[s 'tsegwɨ]
pedra (f)	kamień (m)	['kameɲ]
de pedra	kamienny	[ka'meɲi]
betão (m)	beton (m)	['bɛtɔn]
de betão	betonowy	[bɛtɔ'nɔvɨ]

novo	nowy	['nɔvɨ]
velho	stary	['starɨ]
decrépito	rozwalający się	[rɔzvala'jõtsɨ ɕẽ]
moderno	nowoczesny	[nɔvot'ʃɛsnɨ]
de muitos andares	wielopiętrowy	[velɔpɛ̃t'rɔvɨ]
alto	wysoki	[vɨ'sɔki]

| andar (m) | piętro (n) | ['pentrɔ] |
| de um andar | parterowy | [partɛ'rɔvɨ] |

| andar (m) de baixo | dolne piętro (n) | ['dɔʎnɛ 'pentrɔ] |
| andar (m) de cima | górne piętro (n) | ['gurnɛ 'pentrɔ] |

| telhado (m) | dach (m) | [dah] |
| chaminé (f) | komin (m) | ['kɔmin] |

telha (f)	dachówka (ż)	[da'hufka]
de telha	z dachówki	[z da'hufki]
sótão (m)	strych (m)	[strɨh]

| janela (f) | okno (n) | ['ɔknɔ] |
| vidro (m) | szkło (n) | [ʃkwɔ] |

| parapeito (m) | parapet (m) | [pa'rapɛt] |
| portadas (f pl) | okiennice (l.mn.) | [ɔke'ɲitse] |

parede (f)	ściana (ż)	['ɕtʃ'ana]
varanda (f)	balkon (m)	['baʎkɔn]
tubo (m) de queda	rynna (m)	['riɲa]

em cima	na górze	[na 'guʒɛ]
subir (~ as escadas)	wchodzić	['fhɔdʒitʃ]
descer (vi)	schodzić	['shɔdʒitʃ]
mudar-se (vr)	przeprowadzać się	[pʃɛprɔ'vadzatʃ ɕẽ]

87. Casa. Entrada. Elevador

entrada (f)	wejście (n)	['vɛjɕʨe]
escada (f)	schody (l.mn.)	['shɔdi]
degraus (m pl)	stopnie (l.mn.)	['stɔpne]
corrimão (m)	poręcz (ż)	['pɔrɛ̃ʨ]
hall (m) de entrada	hol (m)	[hɔʎ]

caixa (f) de correio	skrzynka (ż) pocztowa	['skʃiŋka pɔʧ'tɔva]
caixote (m) do lixo	pojemnik (m) na śmieci	[pɔ'emnik na 'ɕmeʧi]
conduta (f) do lixo	zsyp (m) na śmieci	[ssip na 'ɕmeʧi]

elevador (m)	winda (ż)	['vinda]
elevador (m) de carga	winda (ż) towarowa	['vinda tɔva'rɔva]
cabine (f)	kabina (ż)	[ka'bina]
pegar o elevador	jechać windą	['ehaʨ 'vindɔ̃]

apartamento (m)	mieszkanie (n)	[meʃ'kane]
moradores (m pl)	mieszkańcy (l.mn.)	[meʃ'kaɲtsi]
vizinho (m)	sąsiad (m)	['sɔ̃ɕat]
vizinha (f)	sąsiadka (ż)	[sɔ̃'ɕatka]
vizinhos (pl)	sąsiedzi (l.mn.)	[sɔ̃'ɕedʒi]

88. Casa. Eletricidade

eletricidade (f)	elektryczność (ż)	[ɛlekt'riʧnɔɕʧ]
lâmpada (f)	żarówka (ż)	[ʒa'rufka]
interruptor (m)	wyłącznik (m)	[vi'wɔ̃ʧnik]
fusível (m)	korki (l.mn.)	['kɔrki]

fio, cabo (m)	przewód (m)	['pʃɛvut]
instalação (f) elétrica	instalacja (ż) elektryczna	[insta'ʎaʦʲja ɛlekt'riʧna]
contador (m) de eletricidade	licznik (m) prądu	['liʧnik 'prɔ̃du]
indicação (f), registo (m)	odczyt (m)	['ɔdʃʧit]

89. Casa. Portas. Fechaduras

porta (f)	drzwi (ż)	[dʒvi]
portão (m)	brama (ż)	['brama]
maçaneta (f)	klamka (ż)	['kʎamka]
destrancar (vt)	otworzyć	[ɔt'fɔʒiʧ]
abrir (vt)	otwierać	[ɔt'feraʧ]
fechar (vt)	zamykać	[za'mikaʧ]

chave (f)	klucz (m)	[kʎuʧ]
molho (m)	pęk (m)	[pɛ̃k]
ranger (vi)	skrzypieć	['skʃipeʧ]
rangido (m)	skrzypnięcie (n)	[skʃip'nɛ̃ʨe]
dobradiça (f)	zawias (m)	['zavʲas]
tapete (m) de entrada	wycieraczka (ż)	[viʧe'raʧka]
fechadura (f)	zamek (m)	['zamɛk]

buraco (m) da fechadura	dziurka (ż) od klucza	['dʒyrka ɔt 'klytʃa]
ferrolho (m)	rygiel (m)	['rigeʎ]
fecho (ferrolho pequeno)	zasuwka (ż)	[za'sufka]
cadeado (m)	kłódka (ż)	['kwutka]

tocar (vt)	dzwonić	['dzvɔniʧ]
toque (m)	dzwonek (m)	['dzvɔnɛk]
campainha (f)	dzwonek (m)	['dzvɔnɛk]
botão (m)	guzik (m)	['guʒik]
batida (f)	pukanie (n)	[pu'kane]
bater (vi)	pukać	['pukaʧ]

código (m)	szyfr (m)	[ʃifr]
fechadura (f) de código	zamek (m) szyfrowy	['zamɛk ʃif'rɔvi]
telefone (m) de porta	domofon (m)	[dɔ'mɔfɔn]
número (m)	numer (m)	['numɛr]
placa (f) de porta	tabliczka (ż)	[tab'liʧka]
vigia (f), olho (m) mágico	wizjer (m)	['vizʰer]

90. Casa de campo

aldeia (f)	wieś (ż)	[veɕ]
horta (f)	ogród (m)	['ɔgrut]
cerca (f)	płot (m)	[pwɔt]
paliçada (f)	ogrodzenie (n)	[ɔgrɔ'dzɛne]
cancela (f) do jardim	furtka (ż)	['furtka]

celeiro (m)	spichlerz (m)	['spihleʃ]
adega (f)	piwnica (ż)	[piv'nitsa]
galpão, barracão (m)	szopa (ż)	['ʃɔpa]
poço (m)	studnia (ż)	['studɲa]

fogão (m)	piec (ż)	[peʦ]
atiçar o fogo	palić w piecu	['paliʧ f 'peʦu]
lenha (carvão ou ~)	drewno (n)	['drɛvnɔ]
acha (lenha)	polano (n)	[pɔ'ʎanɔ]

varanda (f)	weranda (ż)	[vɛ'randa]
alpendre (m)	taras (m)	['taras]
degraus (m pl) de entrada	ganek (m)	['ganɛk]
balouço (m)	huśtawka (ż)	[huɕ'tafka]

91. Moradia. Mansão

casa (f) de campo	dom (m) za miastem	[dɔm za 'mʲastɛm]
vila (f)	willa (ż)	['viʎa]
ala (~ do edifício)	skrzydło (n)	['skʃidwɔ]

jardim (m)	ogród (m)	['ɔgrut]
parque (m)	park (m)	[park]
estufa (f)	szklarnia (ż)	['ʃkʎarɲa]
cuidar de …	pielęgnować	[pelɛ̃g'nɔvaʧ]

piscina (f)	basen (m)	['basɛn]
ginásio (m)	sala (ż) gimnastyczna	['saʎa gimnas'titʃna]
campo (m) de ténis	kort (m) tenisowy	[kɔrt tɛni'sɔvi]
cinema (m)	pokój TV (m)	['pɔkɔj tɛ 'fau]
garagem (f)	garaż (m)	['garaʃ]

| propriedade (f) privada | własność (ż) prywatna | ['vwasnɔçtʃ pri'vatna] |
| terreno (m) privado | posesja (ż) prywatna | [pɔ'sɛsʰja pri'vatna] |

| advertência (f) | ostrzeżenie (n) | [ɔstʃɛ'ʒɛne] |
| sinal (m) de aviso | tabliczka (ż) ostrzegawcza | [tab'litʃka ɔstʃɛ'gaftʃa] |

guarda (f)	ochrona (ż)	[ɔh'rɔna]
guarda (m)	ochroniarz (m)	[ɔh'rɔɲaʃ]
alarme (m)	alarm (m)	['aʎarm]

92. Castelo. Palácio

castelo (m)	zamek (m)	['zamɛk]
palácio (m)	pałac (m)	['pawats]
fortaleza (f)	twierdza (ż)	['tferdza]
muralha (f)	mur (m)	[mur]
torre (f)	wieża (ż)	['veʒa]
calabouço (m)	główna wieża (ż)	['gwuvna 'veʒa]

grade (f) levadiça	brona (ż)	['brɔna]
passagem (f) subterrânea	tunel (m) podziemny	['tunɛʎ pɔ'dʒemnɛ]
fosso (m)	fosa (ż)	['fɔsa]
corrente, cadeia (f)	łańcuch (m)	['waɲtsuh]
seteira (f)	otwór (m) strzelniczy	['ɔtfor stʃɛʎ'nitsi]

magnífico	wspaniały	[fspa'ɲawi]
majestoso	majestatyczny	[maesta'titʃni]
inexpugnável	nie do zdobycia	[ne dɔ zdɔbitʃa]
medieval	średniowieczny	[ɕrɛdnɜ'vetʃni]

93. Apartamento

apartamento (m)	mieszkanie (n)	[meʃ'kane]
quarto (m)	pokój (m)	['pɔkuj]
quarto (m) de dormir	sypialnia (ż)	[si'pʲaʎɲa]
sala (f) de jantar	jadalnia (ż)	[ja'daʎɲa]
sala (f) de estar	salon (m)	['saʎɔn]
escritório (m)	gabinet (m)	[ga'binɛt]

antessala (f)	przedpokój (m)	[pʃɛt'pɔkuj]
quarto (m) de banho	łazienka (ż)	[wa'ʒeŋka]
toilette (lavabo)	toaleta (ż)	[tɔa'leta]

teto (m)	sufit (m)	['sufit]
chão, soalho (m)	podłoga (ż)	[pɔd'wɔga]
canto (m)	kąt (m)	[kɔ̃t]

94. Apartamento. Limpeza

arrumar, limpar (vt)	sprzątać	['spʃɔtatʃ]
guardar (no armário, etc.)	wynosić	[vɨ'nɔʃitʃ]
pó (m)	kurz (m)	[kuʃ]
empoeirado	zakurzony	[zaku'ʒɔnɨ]
limpar o pó	ścierać kurz	['ɕtʃeratʃ kuʃ]
aspirador (m)	odkurzacz (m)	[ɔt'kuʒatʃ]
aspirar (vt)	odkurzać	[ɔt'kuʒatʃ]

varrer (vt)	zamiatać	[za'mʲatatʃ]
sujeira (f)	śmiecie (l.mn.)	['ɕmetʃe]
arrumação (f), ordem (f)	porządek (m)	[pɔ'ʒɔ̃dɛk]
desordem (f)	nieporządek (m)	[nepɔ'ʒɔ̃dɛk]

esfregão (m)	szczotka (ż) podłogowa	['ʃtʃotka pɔdwɔ'gɔva]
pano (m), trapo (m)	ścierka (ż)	['ɕtʃerka]
vassoura (f)	miotła (ż)	['mɔtwa]
pá (f) de lixo	szufelka (ż)	[ʃu'fɛʎka]

95. Mobiliário. Interior

mobiliário (m)	meble (l.mn.)	['mɛble]
mesa (f)	stół (m)	[stɔw]
cadeira (f)	krzesło (n)	['kʃɛswɔ]
cama (f)	łóżko (n)	['wuʃkɔ]
divã (m)	kanapa (ż)	[ka'napa]
cadeirão (m)	fotel (m)	['fɔtɛʎ]

estante (f)	biblioteczka (ż)	[bibʎjɔ'tɛtʃka]
prateleira (f)	półka (ż)	['puwka]

guarda-vestidos (m)	szafa (ż) ubraniowa	['ʃafa ubra'nɔva]
cabide (m) de parede	wieszak (m)	['veʃak]
cabide (m) de pé	wieszak (m)	['veʃak]

cómoda (f)	komoda (ż)	[kɔ'mɔda]
mesinha (f) de centro	stolik (m) kawowy	['stɔlik ka'vɔvɨ]

espelho (m)	lustro (n)	['lystrɔ]
tapete (m)	dywan (m)	['divan]
tapete (m) pequeno	dywanik (m)	[dɨ'vanik]

lareira (f)	kominek (m)	[kɔ'minɛk]
vela (f)	świeca (ż)	['ɕfetsa]
castiçal (m)	świecznik (m)	['ɕfetʃnik]

cortinas (f pl)	zasłony (l.mn.)	[zas'wonɨ]
papel (m) de parede	tapety (l.mn.)	[ta'pɛtɨ]
estores (f pl)	żaluzje (l.mn.)	[ʒa'lyzʰe]

candeeiro (m) de mesa	lampka (ż) na stół	['ʎampka na stɔw]
candeeiro (m) de parede	lampka (ż)	['ʎampka]

| candeeiro (m) de pé | lampa (ż) stojąca | ['ʎampa stɔ̃:tsa] |
| lustre (m) | żyrandol (m) | [ʒi'randɔʎ] |

pé (de mesa, etc.)	noga (ż)	['nɔga]
braço (m)	poręcz (ż)	['pɔrɛ̃tʃ]
costas (f pl)	oparcie (n)	[ɔ'partʃe]
gaveta (f)	szuflada (ż)	[ʃuf'ʎada]

96. Quarto de dormir

roupa (f) de cama	pościel (ż)	['pɔɕtʃeʎ]
almofada (f)	poduszka (ż)	[pɔ'duʃka]
fronha (f)	poszewka (ż)	[pɔ'ʃɛfka]
cobertor (m)	kołdra (ż)	['kɔwdra]
lençol (m)	prześcieradło (n)	[pʃɛɕtʃe'radwɔ]
colcha (f)	narzuta (ż)	[na'ʒuta]

97. Cozinha

cozinha (f)	kuchnia (ż)	['kuhɲa]
gás (m)	gaz (m)	[gas]
fogão (m) a gás	kuchenka (ż) gazowa	[ku'hɛŋka ga'zɔva]
fogão (m) elétrico	kuchenka (ż) elektryczna	[ku'hɛŋka ɛlekt'ritʃna]
forno (m)	piekarnik (m)	[pe'karnik]
forno (m) de micro-ondas	mikrofalówka (ż)	[mikrɔfa'lyfka]

frigorífico (m)	lodówka (ż)	[lɔ'dufka]
congelador (m)	zamrażarka (ż)	[zamra'ʒarka]
máquina (f) de lavar louça	zmywarka (ż) do naczyń	[zmi'varka dɔ 'natʃiɲ]

moedor (m) de carne	maszynka (ż) do mięsa	[ma'ʃiŋka dɔ 'mensa]
espremedor (m)	sokowirówka (ż)	[sɔkɔvi'rufka]
torradeira (f)	toster (m)	['tɔstɛr]
batedeira (f)	mikser (m)	['miksɛr]

máquina (f) de café	ekspres (m) do kawy	['ɛkspres dɔ 'kavi]
cafeteira (f)	dzbanek (m) do kawy	['dzbanɛk dɔ 'kavi]
moinho (m) de café	młynek (m) do kawy	['mwinɛk dɔ 'kavi]

chaleira (f)	czajnik (m)	['tʃajnik]
bule (m)	czajniczek (m)	[tʃaj'nitʃɛk]
tampa (f)	pokrywka (ż)	[pɔk'rifka]
coador (m) de chá	sitko (n)	['ɕitkɔ]

colher (f)	łyżka (ż)	['wiʃka]
colher (f) de chá	łyżeczka (ż)	[wi'ʒɛtʃka]
colher (f) de sopa	łyżka (ż) stołowa	['wiʃka stɔ'wova]
garfo (m)	widelec (m)	[vi'dɛlets]
faca (f)	nóż (m)	[nuʃ]

| louça (f) | naczynia (l.mn.) | [nat'ʃiɲa] |
| prato (m) | talerz (m) | ['taleʃ] |

pires (m)	spodek (m)	['spɔdɛk]
cálice (m)	kieliszek (m)	[ke'liʃɛk]
copo (m)	szklanka (ż)	['ʃkʎaŋka]
chávena (f)	filiżanka (ż)	[fili'ʒaŋka]

açucareiro (m)	cukiernica (ż)	[tsuker'nitsa]
saleiro (m)	solniczka (ż)	[sɔʎ'nitʃka]
pimenteiro (m)	pieprzniczka (ż)	[pepʃ'nitʃka]
manteigueira (f)	maselniczka (ż)	[masɛʎ'nitʃka]

panela, caçarola (f)	garnek (m)	['garnɛk]
frigideira (f)	patelnia (ż)	[pa'tɛʎɲa]
concha (f)	łyżka (ż) wazowa	['wiʃka va'zɔva]
passador (m)	durszlak (m)	['durʃʎak]
bandeja (f)	taca (ż)	['tatsa]

garrafa (f)	butelka (ż)	[bu'tɛʎka]
boião (m) de vidro	słoik (m)	['swɔik]
lata (f)	puszka (ż)	['puʃka]

abre-garrafas (m)	otwieracz (m) do butelek	[ɔt'feratʃ dɛ bu'tɛlek]
abre-latas (m)	otwieracz (m) do puszek	[ɔt'feratʃ dɛ 'puʃɛk]
saca-rolhas (m)	korkociąg (m)	[kɔr'kɔtʃɔ̃k]
filtro (m)	filtr (m)	[fiʎtr]
filtrar (vt)	filtrować	[fiʎt'rɔvatʃ]

| lixo (m) | odpadki (l.mn.) | [ɔt'patki] |
| balde (m) do lixo | kosz (m) na śmieci | [kɔʃ na 'ɕmetʃi] |

98. Casa de banho

quarto (m) de banho	łazienka (ż)	[wa'ʒeŋka]
água (f)	woda (ż)	['vɔda]
torneira (f)	kran (m)	[kran]
água (f) quente	gorąca woda (ż)	[gɔ'rɔ̃tsa 'vɔda]
água (f) fria	zimna woda (ż)	['ʒimna 'vɔda]

| pasta (f) de dentes | pasta (ż) do zębów | ['pasta dɔ 'zɛ̃buʃ] |
| escovar os dentes | myć zęby | [mitʃ 'zɛ̃bi] |

barbear-se (vr)	golić się	['gɔlitʃ ɕɛ̃]
espuma (f) de barbear	pianka (ż) do golenia	['pʲaŋka dɔ gɔ'leɲa]
máquina (f) de barbear	maszynka (ż) do golenia	[ma'ʃiŋka dɔ gɔ'leɲa]

lavar (vt)	myć	[mitʃ]
lavar-se (vr)	myć się	['mitʃ ɕɛ̃]
duche (m)	prysznic (m)	['priʃnits]
tomar um duche	brać prysznic	[bratʃ 'priʃnits]

banheira (f)	wanna (ż)	['vaɲa]
sanita (f)	sedes (m)	['sɛdɛs]
lavatório (m)	zlew (m)	[zlef]
sabonete (m)	mydło (n)	['midwɔ]
saboneteira (f)	mydelniczka (ż)	[midɛʎ'nitʃka]

esponja (f)	gąbka (ż)	['gõpka]
champô (m)	szampon (m)	['ʃampɔn]
toalha (f)	ręcznik (m)	['rɛntʃnik]
roupão (m) de banho	szlafrok (m)	['ʃʎafrɔk]

lavagem (f)	pranie (n)	['prane]
máquina (f) de lavar	pralka (ż)	['praʎka]
lavar a roupa	prać	[pratʃ]
detergente (m)	proszek (m) do prania	['prɔʃɛk dɔ 'praɲa]

99. Eletrodomésticos

televisor (m)	telewizor (m)	[tɛle'vizɔr]
gravador (m)	magnetofon (m)	[magnɛ'tɔfɔn]
videogravador (m)	magnetowid (m)	[magnɛ'tɔvid]
rádio (m)	odbiornik (m)	[ɔd'bɔrnik]
leitor (m)	odtwarzacz (m)	[ɔtt'vaʒatʃ]

projetor (m)	projektor (m) wideo	[prɔ'ektɔr vi'dɛɔ]
cinema (m) em casa	kino (n) domowe	['kinɔ dɔ'mɔvɛ]
leitor (m) de DVD	odtwarzacz DVD (m)	[ɔtt'vaʒatʃ di vi di]
amplificador (m)	wzmacniacz (m)	['vzmatsɲatʃ]
console (f) de jogos	konsola (ż) do gier	[kɔn'sɔʎa dɔ ger]

câmara (f) de vídeo	kamera (ż) wideo	[ka'mɛra vi'dɛɔ]
máquina (f) fotográfica	aparat (m) fotograficzny	[a'parat fɔtɔgra'fitʃni]
câmara (f) digital	aparat (m) cyfrowy	[a'parat tsif'rɔvi]

aspirador (m)	odkurzacz (m)	[ɔt'kuʒatʃ]
ferro (m) de engomar	żelazko (n)	[ʒɛ'ʎaskɔ]
tábua (f) de engomar	deska (ż) do prasowania	['dɛska dɔ prasɔ'vaɲa]

telefone (m)	telefon (m)	[tɛ'lefɔn]
telemóvel (m)	telefon (m) komórkowy	[tɛ'lefɔn kɔmur'kɔvi]
máquina (f) de escrever	maszyna (ż) do pisania	[ma'ʃina dɔ pi'saɲa]
máquina (f) de costura	maszyna (ż) do szycia	[ma'ʃina dɔ 'ʃitʃa]

microfone (m)	mikrofon (m)	[mik'rɔfɔn]
auscultadores (m pl)	słuchawki (l.mn.)	[swu'hafki]
controlo remoto (m)	pilot (m)	['pilɔt]

CD (m)	płyta CD (ż)	['pwita si'di]
cassete (f)	kaseta (ż)	[ka'sɛta]
disco (m) de vinil	płyta (ż)	['pwita]

100. Reparações. Renovação

renovação (f)	remont (m)	['rɛmɔnt]
renovar (vt), fazer obras	robić remont	['rɔbitʃ 'rɛmɔnt]
reparar (vt)	remontować	[rɛmɔn'tɔvatʃ]
consertar (vt)	doprowadzać do porządku	[dɔprɔ'vadzatʃ dɔ pɔ'ʒõtku]
refazer (vt)	przerabiać	[pʃɛ'rabˈiatʃ]

tinta (f)	farba (ż)	['farba]
pintar (vt)	malować	[ma'lɔvatʃ]
pintor (m)	malarz (m)	['maʎaʃ]
pincel (m)	pędzel (m)	['pɛndʑɛʎ]

| cal (f) | wapno (n) | ['vapnɔ] |
| caiar (vt) | bielić | ['belitʃ] |

papel (m) de parede	tapety (l.mn.)	[ta'pɛti]
colocar papel de parede	wytapetować	[vitapɛ'tɔvatʃ]
verniz (m)	lakier (m)	['ʎaker]
envernizar (vt)	lakierować	[ʎake'rɔvatʃ]

101. Canalizações

água (f)	woda (ż)	['vɔda]
água (f) quente	gorąca woda (ż)	[gɔ'rɔ̃tsa 'vɔda]
água (f) fria	zimna woda (ż)	['ʑimna 'vɔda]
torneira (f)	kran (m)	[kran]

gota (f)	kropla (ż)	['krɔpʎa]
gotejar (vi)	kapać	['kapatʃ]
vazar (vt)	cieknąć	['tʃeknɔ̃tʃ]
vazamento (m)	przeciek (m)	['pʃɛtʃek]
poça (f)	kałuża (ż)	[ka'wuʒa]

tubo (m)	rura (ż)	['rura]
válvula (f)	zawór (m)	['zavur]
entupir-se (vr)	zapchać się	['zaphatʃ ɕɛ̃]

ferramentas (f pl)	narzędzia (l.mn.)	[na'ʒɛ̃dʑʲa]
chave (f) inglesa	klucz (m) nastawny	[klytʃ nas'tavnɨ]
desenroscar (vt)	odkręcić	[ɔtk'rɛ̃tʃitʃ]
enroscar (vt)	zakręcić	[zak'rɛ̃tʃitʃ]

desentupir (vt)	przeczyszczać	[pʃɛt'ʃiʃtʃatʃ]
canalizador (m)	hydraulik (m)	[hid'raulik]
cave (f)	piwnica (ż)	[piv'nitsa]
sistema (m) de esgotos	kanalizacja (ż)	[kanali'zatsʰja]

102. Fogo. Deflagração

incêndio (m)	ogień (m)	['ɔgeɲ]
chama (f)	płomień (m)	['pwɔmeɲ]
faísca (f)	iskra (ż)	['iskra]
fumo (m)	dym (m)	[dɨm]
tocha (f)	pochodnia (ż)	[pɔ'hɔdɲa]
fogueira (f)	ognisko (n)	[ɔg'niskɔ]

gasolina (f)	benzyna (ż)	[bɛn'zina]
querosene (m)	nafta (ż)	['nafta]
inflamável	łatwopalny	[watfɔ'paʎnɨ]

| explosivo | wybuchowy | [vibu'hovi] |
| PROIBIDO FUMAR! | ZAKAZ PALENIA! | ['zakas pa'lena] |

segurança (f)	bezpieczeństwo (n)	[bɛspet'ʃɛɲstfɔ]
perigo (m)	niebezpieczeństwo (n)	[nebɛspet'ʃɛɲstfɔ]
perigoso	niebezpieczny	[nebɛs'petʃni]

incendiar-se (vr)	zapalić się	[za'palitʃ ɕɛ̃]
explosão (f)	wybuch (m)	['vibuh]
incendiar (vt)	podpalić	[pɔt'palitʃ]
incendiário (m)	podpalacza (m)	[pɔt'palatʃa]
incêndio (m) criminoso	podpalenie (n)	[pɔtpa'lene]

arder (vi)	płonąć	['pwɔɔɲtʃ]
queimar (vi)	palić się	['palitʃ ɕɛ̃]
queimar tudo (vi)	spłonąć	['spwɔɔɲtʃ]

bombeiro (m)	strażak (m)	['straʒak]
carro (m) de bombeiros	wóz (m) strażacki	[vus stra'ʒatski]
corpo (m) de bombeiros	jednostka (ż) straży pożarnej	[ed'nɔstka 'straʒi pɔ'ʒarnɛj]
escada (f) extensível	drabina (ż) wozu strażackiego	[dra'bina 'vɔzu stra'ʒatskegɔ]

mangueira (f)	wąż (m)	[vɔ̃ʃ]
extintor (m)	gaśnica (ż)	[gaɕ'nitsa]
capacete (m)	kask (m)	[kask]
sirene (f)	syrena (ż)	[si'rɛna]

gritar (vi)	krzyczeć	['kʃitʃɛtʃ]
chamar por socorro	wzywać pomocy	['vzivatʃ pɔ'mɔtsi]
salvador (m)	ratownik (m)	[ra'tɔvnik]
salvar, resgatar (vt)	ratować	[ra'tɔvatʃ]

chegar (vi)	przyjechać	[pʃi'ehatʃ]
apagar (vt)	gasić	['gaɕitʃ]
água (f)	woda (ż)	['vɔda]
areia (f)	piasek (m)	['pʲasɛk]

ruínas (f pl)	zgliszcza (l.mn.)	['zgliʃtʃa]
ruir (vi)	runąć	['runɔ̃tʃ]
desmoronar (vi)	zawalić się	[za'valitʃ ɕɛ̃]
desabar (vi)	runąć	['runɔ̃tʃ]

| fragmento (m) | odłamek (m) | [ɔd'wamɛk] |
| cinza (f) | popiół (m) | ['pɔpyw] |

| sufocar (vi) | udusić się | [u'duɕitʃ ɕɛ̃] |
| perecer (vi) | zginąć | ['zginɔ̃tʃ] |

ATIVIDADES HUMANAS

Emprego. Negócios. Parte 1

103. Escritório. O trabalho no escritório

escritório (~ de advogados)	biuro (n)	['byrɔ]
escritório (do diretor, etc.)	biuro (n)	['byrɔ]
secretário (m)	sekretarka (ż)	[sɛkrɛ'tarka]
diretor (m)	dyrektor (m)	[di'rɛktɔr]
gerente (m)	menedżer (m)	[mɛ'nɛdʒɛr]
contabilista (m)	księgowy (m)	[kɕɛ̃'gɔvi]
empregado (m)	pracownik (ż)	[pra'tsɔvnik]
mobiliário (m)	meble (l.mn.)	['mɛble]
mesa (f)	biurko (n)	['byrkɔ]
cadeira (f)	fotel (m)	['fotɛʎ]
bloco (m) de gavetas	kontener (m)	[kɔn'tɛnɛr]
cabide (m) de pé	wieszak (m)	['veʃak]
computador (m)	komputer (m)	[kɔm'putɛr]
impressora (f)	drukarka (ż)	[dru'karka]
fax (m)	faks (m)	[faks]
fotocopiadora (f)	kserokopiarka (ż)	[ksɛrɔkɔ'pʲarka]
papel (m)	papier (m)	['paper]
artigos (m pl) de escritório	materiały (l.mn.) biurowe	[matɛrʰ'ʲjawi by'rɔvɛ]
tapete (m) de rato	podkładka (ż) pod myszkę	[pɔtk'watka pɔd 'miʃkɛ]
folha (f) de papel	kartka (ż)	['kartka]
pasta (f)	teczka (ż)	['tɛtʃka]
catálogo (m)	katalog (m)	[ka'talɔk]
diretório (f) telefónico	informator (m)	[infor'matɔr]
documentação (f)	dokumentacja (ż)	[dɔkumɛn'tatsʰja]
brochura (f)	broszura (ż)	[brɔ'ʃura]
flyer (m)	ulotka (ż)	[u'lɔtka]
amostra (f)	próbka (ż)	['prɔbka]
formação (f)	szkolenie (n)	[ʃkɔ'lene]
reunião (f)	narada (ż)	[na'rada]
hora (f) de almoço	przerwa (ż) obiadowa	['pʃɛrva ɔbʲa'dɔva]
fazer uma cópia	kopiować	[kɔ'pʲɔvatʃ]
tirar cópias	skopiować	[skɔ'pʲɔvatʃ]
receber um fax	dostawać faks	[dɔs'tavatʃ 'faks]
enviar um fax	wysyłać faks	[vi'siwatʃ faks]
fazer uma chamada	zadzwonić	[zadz'vɔnitʃ]
responder (vt)	odpowiedzieć	[ɔtpɔ'vedʒetʃ]

passar (vt)	połączyć	[pɔ'wɔ̃tʃitʃ]
marcar (vt)	umówić	[u'muvitʃ]
demonstrar (vt)	przedstawiać	[pʃɛts'tavʲatʃ]
estar ausente	być nieobecnym	[bitʃ nɛɔ'bɛtsnɨm]
ausência (f)	nieobecność (ż)	[nɛɔ'bɛtsnɔɕtʃ]

104. Processos negociais. Parte 1

ocupação (f)	zajęcie (n)	[za'ɛ̃tʃɛ]
firma, empresa (f)	firma (ż)	['firma]
companhia (f)	spółka (ż)	['spuwka]
corporação (f)	korporacja (ż)	[kɔrpɔ'ratsʲja]
empresa (f)	przedsiębiorstwo (n)	[pʃɛtɕɛ̃'bɜrstfɔ]
agência (f)	agencja (ż)	[a'gɛntsʲja]

acordo (documento)	umowa (ż)	[u'mɔva]
contrato (m)	kontrakt (m)	['kɔntrakt]
acordo (transação)	umowa (ż)	[u'mɔva]
encomenda (f)	zamówienie (n)	[zamu'vɛne]
cláusulas (f pl), termos (m pl)	warunek (m)	[va'runɛk]

por grosso (adv)	hurtem	['hurtɛm]
por grosso (adj)	hurtowy	[hur'tɔvɨ]
venda (f) por grosso	sprzedaż (ż) hurtowa	['spʃɛdaʃ hur'tɔva]
a retalho	detaliczny	[dɛta'litʃnɨ]
venda (f) a retalho	sprzedaż (ż) detaliczna	['spʃɛdaʃ dɛta'litʃna]

concorrente (m)	konkurent (m)	[kɔ'ŋkurɛnt]
concorrência (f)	konkurencja (ż)	[kɔŋku'rɛntsʲja]
competir (vi)	konkurować	[kɔŋku'rɔvatʃ]

| sócio (m) | wspólnik (m) | ['fspɔʎnik] |
| parceria (f) | partnerstwo (n) | [part'nɛrstfɔ] |

crise (f)	kryzys (m)	['krizis]
bancarrota (f)	bankructwo (n)	[baŋk'rutstfɔ]
entrar em falência	zbankrutować	[zbaŋkru'tɔvatʃ]
dificuldade (f)	trudności (l.mn.)	[trud'nɔɕtʃi]
problema (m)	problem (m)	['prɔblem]
catástrofe (f)	katastrofa (ż)	[katast'rɔfa]

economia (f)	gospodarka (ż)	[gɔspɔ'darka]
económico	gospodarczy	[gɔspɔ'dartʃi]
recessão (f) económica	recesja (ż)	[rɛ'tsɛsʲja]

| objetivo (m) | cel (m) | [tsɛʎ] |
| tarefa (f) | zadanie (n) | [za'dane] |

comerciar (vi, vt)	handlować	[hand'lɔvatʃ]
rede (de distribuição)	sieć (ż)	[ɕetʃ]
estoque (m)	skład (m)	[skwat]
sortimento (m)	asortyment (m)	[asɔr'timɛnt]
líder (m)	lider (m)	['lidɛr]
grande (~ empresa)	duży	['duʒi]

monopólio (m)	monopol (m)	[mɔ'nɔpɔʎ]
teoria (f)	teoria (ż)	[tɛ'ɔrʲja]
prática (f)	praktyka (ż)	['praktika]
experiência (falar por ~)	doświadczenie (n)	[dɔɕvʲatt'ʃɛne]
tendência (f)	tendencja (ż)	[tɛn'dɛntsʰja]
desenvolvimento (m)	rozwój (m)	['rɔzvuj]

105. Processos negociais. Parte 2

| rentabilidade (f) | korzyści (l.mn.) | [kɔ'ʑiɕtʃi] |
| rentável | korzystny | [kɔ'ʑistni] |

delegação (f)	delegacja (ż)	[dɛle'gatsʰja]
salário, ordenado (m)	pensja (ż)	['pɛnsʰja]
corrigir (um erro)	naprawiać	[nap'ravʲatʃ]
viagem (f) de negócios	wyjazd (m) służbowy	['vʲjast swuʒ'bɔvi]
comissão (f)	komisja (ż)	[kɔ'misʰja]

controlar (vt)	kontrolować	[kɔntrɔ'lɔvatʃ]
conferência (f)	konferencja (ż)	[kɔnfɛ'rɛntsʰja]
licença (f)	licencja (ż)	[li'tsɛntsʰja]
confiável	pewny	['pɛvni]

empreendimento (m)	przedsięwzięcie (n)	[pʃɛdɕenv'ʑentʃe]
norma (f)	norma (ż)	['nɔrma]
circunstância (f)	okoliczność (ż)	[ɔkɔ'litʃnɔɕtʃ]
dever (m)	obowiązek (m)	[ɔbɔvɔ̃zɛk]

empresa (f)	organizacja (m)	[ɔrgani'zatsja]
organização (f)	organizacja (m)	[ɔrgani'zatsja]
organizado	zorganizowany	[zɔrganizɔ'vani]
anulação (f)	odwołanie (n)	[ɔdvɔ'wane]
anular, cancelar (vt)	odwołać	[ɔd'vɔwatʃ]
relatório (m)	sprawozdanie (n)	[spravɔz'dane]

patente (f)	patent (m)	['patɛnt]
patentear (vt)	opatentować	[ɔpatɛn'tɔvatʃ]
planear (vt)	planować	[pʎa'nɔvatʃ]

prémio (m)	premia (ż)	['prɛmʰja]
profissional	profesjonalny	[prɔfɛsʰʒ'naʎni]
procedimento (m)	procedura (ż)	[prɔtsɛ'dura]

examinar (a questão)	rozpatrzyć	[rɔs'patʃitʃ]
cálculo (m)	wyliczenie (n)	[vili'tʃɛnie]
reputação (f)	reputacja (ż)	[rɛpu'tatsʰja]
risco (m)	ryzyko (n)	['riziko]

dirigir (~ uma empresa)	kierować	[ke'rɔvatʃ]
informação (f)	wiadomości (l.mn.)	[vʲadɔ'mɔɕtʃi]
propriedade (f)	własność (ż)	['vwasnɔɕtʃ]
união (f)	związek (m)	[zvɔ̃zɛk]
seguro (m) de vida	ubezpieczenie (n) na życie	[ubɛspet'ʃɛne na 'ʒitʃe]
fazer um seguro	ubezpieczać	[ubɛs'petʃatʃ]

seguro (m)	ubezpieczenie (n)	[ubɛspet'ʃɛnɛ]
leilão (m)	przetarg (m)	['pʃɛtark]
notificar (vt)	powiadomić	[pɔviˈaˈdɔmiʧ]
gestão (f)	zarządzanie (n)	[zaʒɔ̃'dzane]
serviço (indústria de ~s)	usługa (ż)	[us'wuga]

fórum (m)	forum (n)	['fɔrum]
funcionar (vi)	funkcjonować	[fuŋkʦʰɜ'nɔvaʧ]
estágio (m)	etap (m)	['ɛtap]
jurídico	prawny	['pravni]
jurista (m)	prawnik (m)	['pravnik]

106. Produção. Trabalhos

usina (f)	zakład (m)	['zakwat]
fábrica (f)	fabryka (ż)	['fabrika]
oficina (f)	cech (m)	[ʦɛh]
local (m) de produção	zakład (m)	['zakwat]

indústria (f)	przemysł (m)	['pʃɛmisw]
industrial	przemysłowy	[pʃɛmis'wɔvi]
indústria (f) pesada	przemysł (m) ciężki	['pʃɛmisw 'ʧenʃki]
indústria (f) ligeira	przemysł (m) lekki	['pʃɛmisw 'lekki]

produção (f)	produkcja (ż)	[prɔ'dukʦʰja]
produzir (vt)	produkować	[prɔdu'kɔvaʧ]
matérias-primas (f pl)	surowiec (m)	[su'rɔvets]

chefe (m) de brigada	brygadzista (m)	[briga'dʒista]
brigada (f)	brygada (m)	[bri'gada]
operário (m)	robotnik (m)	[rɔ'bɔtnik]

dia (m) de trabalho	dzień (m) roboczy	[dʒeɲ rɔ'bɔʧi]
pausa (f)	przerwa (ż)	['pʃɛrva]
reunião (f)	zebranie (n)	[zɛb'rane]
discutir (vt)	omawiać	[ɔ'maviaʧ]

plano (m)	plan (m)	[pʎan]
cumprir o plano	wykonywać plan	[vikɔ'nivaʧ pʎan]
taxa (f) de produção	norma (ż)	['nɔrma]
qualidade (f)	jakość (ż)	['jakɔʨʧ]
controlo (m)	kontrola (ż)	[kɔnt'rɔʎa]
controlo (m) da qualidade	kontrola (ż) jakości	[kɔnt'rɔʎa ja'kɔʨʧi]

segurança (f) no trabalho	bezpieczeństwo (n) pracy	[bɛspet'ʃɛɲstfɔ 'praʦi]
disciplina (f)	dyscyplina (ż)	[disʦip'lina]
infração (f)	naruszenie (n)	[naru'ʃɛnɛ]
violar (as regras)	naruszać	[na'ruʃaʧ]

greve (f)	strajk (m)	[strajk]
grevista (m)	strajkujący (m)	[strajkuɔ̃tsi]
estar em greve	strajkować	[straj'kɔvaʧ]
sindicato (m)	związek (m) zawodowy	[zvɔ̃zɛk zavɔ'dɔvi]
inventar (vt)	wynalazać	[vina'ʎazaʧ]

invenção (f)	**wynalazek** (m)	[vina'ʎazɛk]
pesquisa (f)	**badanie** (ż)	[ba'dane]
melhorar (vt)	**udoskonalać**	[udɔskɔ'naʎatʃ]
tecnologia (f)	**technologia** (ż)	[tɛhnɔ'lɔgʰja]
desenho (m) técnico	**rysunek** (m) **techniczny**	[ri'sunɛk tɛh'nitʃnɛ]

carga (f)	**ładunek** (m)	[wa'dunɛk]
carregador (m)	**ładowacz** (m)	[wa'dɔvatʃ]
carregar (vt)	**ładować**	[wa'dɔvatʃ]
carregamento (m)	**załadunek** (m)	[zawa'dunɛk]

descarregar (vt)	**rozładowywać**	[rɔzwadɔ'vivatʃ]
descarga (f)	**rozładunek** (m)	[rɔzwa'dunɛk]

transporte (m)	**transport** (m)	['transpɔrt]
companhia (f) de transporte	**firma** (ż) **transportowa**	['firma transpɔr'tɔva]
transportar (vt)	**przewozić**	[pʃɛ'vɔʑitʃ]

vagão (m) de carga	**wagon** (m) **towarowy**	['vagɔn tɔva'rɔvi]
cisterna (f)	**cysterna** (ż)	[tsis'tɛrna]
camião (m)	**ciężarówka** (ż)	[tʃɛ̃ʒa'rufka]

máquina-ferramenta (f)	**obrabiarka** (ż)	[ɔbra'bʲarka]
mecanismo (m)	**mechanizm** (m)	[mɛ'hanizm]

resíduos (m pl) industriais	**odpady** (l.mn.)	[ɔt'padi]
embalagem (f)	**pakowanie** (n)	[pakɔ'vane]
embalar (vt)	**zapakować**	[zapa'kɔvatʃ]

107. Contrato. Acordo

contrato (m)	**kontrakt** (m)	['kɔntrakt]
acordo (m)	**umowa** (ż)	[u'mɔva]
adenda (f), anexo (m)	**załącznik** (m)	[za'wɔ̃tʃnik]

assinar o contrato	**zawrzeć kontrakt**	['zavʒɛtʃ 'kɔntrakt]
assinatura (f)	**podpis** (m)	['pɔdpis]

assinar (vt)	**podpisać**	[pɔd'pisatʃ]
carimbo (m)	**pieczęć** (ż)	[pet'ʃɛ̃tʃ]

objeto (m) do contrato	**przedmiot** (m) **umowy**	['pʃɛdmɔt u'mɔvi]
cláusula (f)	**punkt** (m)	[puŋkt]

partes (f pl)	**strony** (l.mn.)	['strɔni]
morada (f) jurídica	**adres** (m) **prawny**	['adrɛs 'pravni]

violar o contrato	**naruszyć kontrakt**	[na'ruʃitʃ 'kɔntrakt]
obrigação (f)	**zobowiązanie** (n)	[zɔbɔvɔ̃'zane]

responsabilidade (f)	**odpowiedzialność** (ż)	[ɔtpɔve'dʑʲaʎnɔɕtʃ]
força (f) maior	**siła** (ż) **wyższa**	['ɕiwa 'viʃa]
litígio (m), disputa (f)	**spór** (m)	[spur]
multas (f pl)	**sankcje** (l.mn.) **karne**	['saŋktsʰe 'karnɛ]

108. Importação & Exportação

importação (f)	import (m)	['import]
importador (m)	importer (m)	[im'portɛr]
importar (vt)	importować	[impɔr'tɔvatʃ]
de importação	importowany	[impɔrtɔ'vanɨ]

exportador (m)	eksporter (m)	[ɛks'pɔrtɛr]
exportar (vt)	eksportować	[ɛkspɔr'tɔvatʃ]

mercadoria (f)	towar (m)	['tɔvar]
lote (de mercadorias)	partia (ż) towaru	['partʰja tɔ'varu]

peso (m)	waga (ż)	['vaga]
volume (m)	objętość (ż)	[ɔbʰ'entɔɕtʃ]
metro (m) cúbico	metr (m) sześcienny	[mɛtr ʃɛɕ'tʃenɨ]

produtor (m)	producent (m)	[prɔ'dutsɛnt]
companhia (f) de transporte	firma (ż) transportowa	['firma transpɔr'tɔva]
contentor (m)	kontener (m)	[kɔn'tɛnɛr]

fronteira (f)	granica (ż)	[gra'nitsa]
alfândega (f)	urząd (m) celny	['uʒɔt 'tsɛʎnɨ]
taxa (f) alfandegária	cło (n)	[tswɔ]
funcionário (m) da alfândega	celnik (m)	['tsɛʎnik]
contrabando (atividade)	przemyt (m)	['pʃɛmɨt]
contrabando (produtos)	kontrabanda (ż)	[kɔntra'banda]

109. Finanças

ação (f)	akcja (ż)	['aktsʰja]
obrigação (f)	obligacja (ż)	[ɔbli'gatsʰja]
nota (f) promissória	weksel (m)	['vɛksɛʎ]

bolsa (f)	giełda (ż) finansowa	['gewda finan'sɔva]
cotação (m) das ações	notowania (l.mn.) akcji	[nɔtɔ'vaɲa 'aktsʰi]

tornar-se mais barato	stanieć	['stanetʃ]
tornar-se mais caro	zdrożeć	['zdrɔʒɛtʃ]

parte (f)	udział (m)	['udʒʲaw]
participação (f) maioritária	pakiet (m) kontrolny	['paket kɔnt'rɔʎnɨ]

investimento (m)	inwestycje (l.mn.)	[invɛs'tɨtsʰe]
investir (vt)	inwestować	[invɛs'tɔvatʃ]
percentagem (f)	procent (m)	['prɔtsɛnt]
juros (m pl)	procenty (l.mn.)	[prɔ'tsɛntɨ]

lucro (m)	zysk (m)	[zɨsk]
lucrativo	dochodowy	[dɔhɔ'dɔvɨ]
imposto (m)	podatek (m)	[pɔ'datɛk]
divisa (f)	waluta (ż)	[va'lɨta]
nacional	narodowy	[narɔ'dɔvɨ]

câmbio (m)	wymiana (ż)	[vi'mʲana]
contabilista (m)	księgowy (m)	[kɕɛ̃'govi]
contabilidade (f)	księgowość (ż)	[kɕɛ̃'govoɕʧ]

bancarrota (f)	bankructwo (n)	[baŋk'ruʦtfɔ]
falência (f)	krach (m)	[krah]
ruína (f)	upadłość (ż)	[u'padwɔɕʧ]
arruinar-se (vr)	rujnować się	[rui'novaʧ ɕɛ̃]
inflação (f)	inflacja (ż)	[inf'ʎaʦʰja]
desvalorização (f)	dewaluacja (ż)	[dɛvaly'aʦʰja]

capital (m)	kapitał (m)	[ka'pitaw]
rendimento (m)	dochód (m)	['dɔhut]
volume (m) de negócios	obrót (m)	['ɔbrut]
recursos (m pl)	zasoby (l.mn.)	[za'sɔbi]
recursos (m pl) financeiros	środki (l.mn.) pieniężne	['ɕrɔtki pe'nenʒnɛ]
reduzir (vt)	obniżyć	[ɔb'niʒiʧ]

110. Marketing

marketing (m)	marketing (m)	[mar'kɛtiŋk]
mercado (m)	rynek (m)	['rinɛk]
segmento (m) do mercado	segment (m) rynku	['sɛgmɛnt 'riŋku]
produto (m)	produkt (m)	['prɔdukt]
mercadoria (f)	towar (m)	['tɔvar]

marca (f) comercial	marka (ż) handlowa	['marka hand'lɔva]
logotipo (m)	znak (m) firmowy	[znak fir'mɔvi]
logo (m)	logo (n)	['lɔgɔ]

demanda (f)	popyt (m)	['pɔpit]
oferta (f)	podaż (ż)	['pɔdaʃ]
necessidade (f)	potrzeba (ż)	[pɔt'ʃɛba]
consumidor (m)	konsument (m)	[kɔn'sumɛnt]

análise (f)	analiza (ż)	[ana'liza]
analisar (vt)	analizować	[anali'zɔvaʧ]
posicionamento (m)	pozycjonowanie (n)	[pɔziʦʰʲɔnɔ'vane]
posicionar (vt)	pozycjonować	[pɔziʦʰʲɔ'nɔvaʧ]

preço (m)	cena (ż)	['ʦɛna]
política (f) de preços	polityka (ż) cenowa	[pɔ'litika ʦɛ'nɔva]
formação (f) de preços	kształtowanie (n) cen	[kʃtawtɔ'vane ʦɛn]

111. Publicidade

publicidade (f)	reklama (ż)	[rɛk'ʎama]
publicitar (vt)	reklamować	[rɛkʎa'mɔvaʧ]
orçamento (m)	budżet (m)	['budʒɛt]

| anúncio (m) publicitário | reklama (ż) | [rɛk'ʎama] |
| publicidade (f) televisiva | reklama (ż) telewizyjna | [rɛk'ʎama tɛlevi'zijna] |

| publicidade (f) na rádio | reklama (ż) radiowa | [rɛk'ʎama radʲʰɔva] |
| publicidade (f) exterior | reklama (ż) zewnętrzna | [rɛk'ʎama zɛv'nɛntʃna] |

comunicação (f) de massa	środki (l.mn.) masowego przekazu	['ɕrɔtki masɔ'vɛgɔ pʃɛ'kazu]
periódico (m)	periodyk (m)	[pɛrʲʰɔdik]
imagem (f)	wizerunek (m)	[vizɛ'runɛk]

| slogan (m) | slogan (m) | ['slɔgan] |
| mote (m), divisa (f) | hasło (n) | ['haswɔ] |

campanha (f)	kampania (ż)	[kam'paɲja]
companha (f) publicitária	kampania (ż) reklamowa	[kam'paɲja rɛkʎa'mɔva]
grupo (m) alvo	odbiorca (m) docelowy	[ɔd'bɜrtsa dɔtsɛ'lɔvi]

cartão (m) de visita	wizytówka (ż)	[vizi'tufka]
flyer (m)	ulotka (ż)	[u'lɔtka]
brochura (f)	broszura (ż)	[brɔ'ʃura]
folheto (m)	folder (m)	['fɔʎdɛr]
boletim (~ informativo)	biuletyn (m)	[by'letin]

letreiro (m)	szyld (m)	[ʃiʎt]
cartaz, póster (m)	plakat (m)	['pʎakat]
painel (m) publicitário	billboard (m)	['biʎbɔrt]

112. Banca

| banco (m) | bank (m) | [baŋk] |
| sucursal, balcão (f) | filia (ż) | ['fiʎja] |

| consultor (m) | konsultant (m) | [kɔn'suʎtant] |
| gerente (m) | kierownik (m) | [ke'rɔvnik] |

conta (f)	konto (n)	['kɔntɔ]
número (m) da conta	numer (m) konta	['numɛr 'kɔnta]
conta (f) corrente	rachunek (m) bieżący	[ra'hunɛk be'ʒɔ̃tsi]
conta (f) poupança	rachunek (m) oszczędnościowy	[ra'hunɛk ɔʃtʃɛ̃dnɔɕ'tʃɔvi]

abrir uma conta	założyć konto	[za'wɔʒitʃ 'kɔntɔ]
fechar uma conta	zamknąć konto	['zamknɔɲtʃ 'kɔ̃tɔ]
depositar na conta	wpłacić na konto	['vpwatʃitʃ na 'kɔntɔ]
levantar (vt)	podjąć z konta	['pɔdʲʰɔ̃tʃ s 'kɔnta]

depósito (m)	wkład (m)	[fkwat]
fazer um depósito	dokonać wpłaty	[dɔ'kɔnatʃ 'fpwati]
transferência (f) bancária	przelew (m)	['pʃɛlev]
transferir (vt)	dokonać przelewu	[dɔ'kɔnatʃ pʃɛ'levu]

| soma (f) | suma (ż) | ['suma] |
| Quanto? | Ile? | ['ile] |

| assinatura (f) | podpis (m) | ['pɔdpis] |
| assinar (vt) | podpisać | [pɔd'pisatʃ] |

cartão (m) de crédito	karta (ż) kredytowa	['karta krɛdi'tɔva]
código (m)	kod (m)	[kɔd]
número (m)	numer (m) karty kredytowej	['numɛr 'kartɨ krɛdi'tɔvɛj]
do cartão de crédito		
Caixa Multibanco (m)	bankomat (m)	[ba'ŋkɔmat]

cheque (m)	czek (m)	[tʃɛk]
passar um cheque	wystawić czek	[vis'tavitʃ tʃɛk]
livro (m) de cheques	książeczka (ż) czekowa	[kɕɔ̃'ʒɛtʃka tʃɛ'kɔva]

empréstimo (m)	kredyt (m)	['krɛdɨt]
pedir um empréstimo	wystąpić o kredyt	[vis'tɔ̃pitʃ ɔ 'krɛdɨt]
obter um empréstimo	brać kredyt	[bratʃ 'krɛdɨt]
conceder um empréstimo	udzielać kredytu	[u'dʑeʎatʃ krɛ'dɨtu]
garantia (f)	gwarancja (ż)	[gva'rantsʰja]

113. Telefone. Conversação telefónica

telefone (m)	telefon (m)	[tɛ'lefɔn]
telemóvel (m)	telefon (m) komórkowy	[tɛ'lefɔn kɔmur'kɔvɨ]
secretária (f) electrónica	sekretarka (ż)	[sɛkrɛ'tarka]

fazer uma chamada	dzwonić	['dzvɔnitʃ]
chamada (f)	telefon (m)	[tɛ'lefɔn]

marcar um número	wybrać numer	['vɨbratʃ 'numɛr]
Alô!	Halo!	['halɔ]
perguntar (vt)	zapytać	[za'pɨtatʃ]
responder (vt)	odpowiedzieć	[ɔtpɔ'vedʑetʃ]

ouvir (vt)	słyszeć	['swɨʃɛtʃ]
bem	dobrze	['dɔbʒɛ]
mal	źle	[ʑˡle]
ruído (m)	zakłócenia (l.mn.)	[zakwu'tsɛɲa]

auscultador (m)	słuchawka (ż)	[swu'hafka]
pegar o telefone	podnieść słuchawkę	['pɔdnɛɕtʃ swu'hafkɛ̃]
desligar (vi)	odłożyć słuchawkę	[ɔd'wɔʒɨtʃ swu'hafkɛ̃]

ocupado	zajęty	[za'enti]
tocar (vi)	dzwonić	['dzvɔnitʃ]
lista (f) telefónica	książka (ż) telefoniczna	[kɕɔ̃ʃka tɛlefɔ'nitʃna]

local	miejscowy	[mejs'tsɔvɨ]
de longa distância	międzymiastowy	[mɛ̃dzimˡas'tɔvɨ]
internacional	międzynarodowy	[mɛ̃dzinarɔ'dɔvɨ]

114. Telefone móvel

telemóvel (m)	telefon (m) komórkowy	[tɛ'lefɔn kɔmur'kɔvɨ]
ecrã (m)	wyświetlacz (m)	[viɕ'fetʎatʃ]
botão (m)	klawisz (m)	['kʎaviʃ]

cartão SIM (m)	karta (ż) SIM	['karta sim]
bateria (f)	bateria (ż)	[ba'tɛrʲja]
descarregar-se	rozładować się	[rɔzwa'dɔvatʃ ɕɛ̃]
carregador (m)	ładowarka (ż)	[wadɔ'varka]

menu (m)	menu (n)	['menu]
definições (f pl)	ustawienia (l.mn.)	[usta'veɲa]
melodia (f)	melodia (ż)	[mɛ'lɔdʲja]
escolher (vt)	wybrać	['vɨbratʃ]

calculadora (f)	kalkulator (m)	[kaʎku'ʎatɔr]
correio (m) de voz	sekretarka (ż)	[sɛkrɛ'tarka]
despertador (m)	budzik (m)	['budʑik]
contatos (m pl)	kontakty (l.mn.)	[kɔn'taktɨ]

| mensagem (f) de texto | SMS (m) | [ɛs ɛm ɛs] |
| assinante (m) | abonent (m) | [a'bɔnɛnt] |

115. Estacionário

| caneta (f) | długopis (m) | [dwu'gɔpis] |
| caneta (f) tinteiro | pióro (n) | ['pyrɔ] |

lápis (m)	ołówek (m)	[ɔ'wuvɛk]
marcador (m)	marker (m)	['markɛr]
caneta (f) de feltro	flamaster (m)	[fʎa'mastɛr]

| bloco (m) de notas | notes (m) | ['nɔtɛs] |
| agenda (f) | kalendarz (m) | [ka'lendaʃ] |

régua (f)	linijka (ż)	[li'nijka]
calculadora (f)	kalkulator (m)	[kaʎku'ʎatɔr]
borracha (f)	gumka (ż)	['gumka]
pionés (m)	pinezka (ż)	[pi'nɛska]
clipe (m)	spinacz (m)	['spinatʃ]

cola (f)	klej (m)	[klej]
agrafador (m)	zszywacz (m)	['sʃivatʃ]
furador (m)	dziurkacz (m)	['dʑyrkatʃ]
afia-lápis (m)	temperówka (ż)	[tɛmpɛ'rufka]

116. Vários tipos de documentos

relatório (m)	sprawozdanie (n)	[spravɔz'dane]
acordo (m)	umowa (ż)	[u'mɔva]
ficha (f) de inscrição	zgłoszenie (n)	[zgwɔ'ʃene]
autêntico	oryginalny	[ɔrigi'naʎnɨ]
crachá (m)	plakietka (ż)	[pʎa'ketka]
cartão (m) de visita	wizytówka (ż)	[vizi'tufka]

| certificado (m) | certyfikat (m) | [tsɛrti'fikat] |
| cheque (m) | czek (m) | [tʃɛk] |

conta (f)	rachunek (m)	[ra'hunɛk]
constituição (f)	konstytucja (ż)	[kɔnsti'tutsʰja]
contrato (m)	umowa (ż)	[u'mɔva]
cópia (f)	kopia (ż)	['kɔpʰja]
exemplar (m)	egzemplarz (m)	[ɛg'zɛmpʎaʃ]
declaração (f) alfandegária	deklaracja (ż)	[dɛkʎa'ratsʰja]
documento (m)	dokument (m)	[dɔ'kumɛnt]
carta (f) de condução	prawo (n) jazdy	['pravɔ 'jazdi]
adenda (ao contrato)	załącznik (m)	[za'wɔ̃tʃnik]
questionário (m)	ankieta (ż)	[a'ŋketa]
bilhete (m) de identidade	dowód (m) osobisty	['dɔvɔt ɔsɔ'bisti]
inquérito (m)	zapytanie (n)	[zapi'tane]
convite (m)	zaproszenie (n)	[zaprɔ'ʃɛne]
fatura (f)	rachunek (m)	[ra'hunɛk]
lei (f)	ustawa (ż)	[us'tava]
carta (correio)	list (m)	[list]
papel (m) timbrado	formularz (m)	[fɔr'muʎaʃ]
lista (f)	lista (ż)	['lista]
manuscrito (m)	rękopis (m)	[rɛ̃'kɔpis]
boletim (~ informativo)	biuletyn (m)	[by'letin]
bilhete (mensagem breve)	notatka (ż)	[nɔ'tatka]
passe (m)	przepustka (ż)	[pʃɛ'pustka]
passaporte (m)	paszport (m)	['paʃpɔrt]
permissão (f)	zezwolenie (n)	[zɛzvɔ'lene]
CV, currículo (m)	CV (n), życiorys (m)	[tsɛ 'fau], [ʒi'tʃɔris]
vale (nota promissória)	weksel (m)	['vɛksɛʎ]
recibo (m)	pokwitowanie (n)	[pɔkfitɔ'vane]
talão (f)	paragon (m)	[pa'ragɔn]
relatório (m)	raport (m)	['rapɔrt]
mostrar (vt)	okazywać	[ɔka'zivatʃ]
assinar (vt)	podpisać	[pɔd'pisatʃ]
assinatura (f)	podpis (m)	['pɔdpis]
carimbo (m)	pieczęć (ż)	[pet'ʃɛ̃tʃ]
texto (m)	tekst (m)	[tɛkst]
bilhete (m)	bilet (m)	['bilet]
riscar (vt)	skreślić	['skrɛɕlitʃ]
preencher (vt)	wypełnić	[vi'pɛwnitʃ]
guia (f) de remessa	list (m) przewozowy	[list pʃɛvɔ'zɔvi]
testamento (m)	testament (m)	[tɛs'tamɛnt]

117. Tipos de negócios

serviços (m pl) de contabilidade	usługi (l.mn.) księgowe	[us'wugi kɕɛ̃'gɔvɛ]
publicidade (f)	reklama (ż)	[rɛk'ʎama]
agência (f) de publicidade	agencja (ż) reklamowa	[a'gɛntsʰja rɛkʎamɔva]

ar (m) condicionado	klimatyzatory (l.mn.)	[klimatiza'tɔri]
companhia (f) aérea	linie (l.mn.) lotnicze	['liɲje lɔt'niʧɛ]
bebidas (f pl) alcoólicas	napoje (l.mn.) alkoholowe	[na'pɔe aʎkɔhɔ'lɔvɛ]
comércio (m) de antiguidades	antykwariat (m)	[antik'varʰjat]
galeria (f) de arte	galeria (ż) sztuki	[ga'lɛrʰja 'ʃtuki]
serviços (m pl) de auditoria	usługi (l.mn.) audytorskie	[us'wugi audi'tɔrskie]
negócios (m pl) bancários	bankowość (ż)	[ba'ŋkɔvɔɕʧ]
bar (m)	bar (m)	[bar]
salão (m) de beleza	salon (m) piękności	[sa'lɔn pʲɛk'nɔʃʨi]
livraria (f)	księgarnia (ż)	[kɕɛ̃'garɲa]
cervejaria (f)	browar (m)	['brɔvar]
centro (m) de escritórios	centrum (n) biznesowe	['ʦɛntrum biznɛ'sɔvɛ]
escola (f) de negócios	szkoła (ż) biznesu	['ʃkɔwa biz'nɛsu]
casino (m)	kasyno (n)	[ka'sinɔ]
construção (f)	budownictwo (n)	[budɔv'niʦtvɔ]
serviços (m pl) de consultoria	konsultacje (ż)	[kɔnsuʎ'taʦie]
estomatologia (f)	stomatologia (ż)	[stɔmatɔ'lɔgʰja]
design (m)	wzornictwo (n)	[vzɔr'niʦtfɔ]
farmácia (f)	apteka (ż)	[ap'tɛka]
lavandaria (f)	pralnia (ż) chemiczna	['praʎɲa hɛ'miʧna]
agência (f) de emprego	firma (ż) rekrutacyjna	['firma rɛkruta'ʦijna]
serviços (m pl) financeiros	usługi (l.mn.) finansowe	[us'wugi finan'sɔvɛ]
alimentos (m pl)	artykuły (l.mn.) żywnościowe	[arti'kuwɨ ʒivnɔɕ'ʧɔvɛ]
agência (f) funerária	zakład (m) pogrzebowy	['zakwat pɔgʒɛ'bɔvɨ]
mobiliário (m)	meble (l.mn.)	['mɛble]
roupa (f)	odzież (ż)	['ɔdʒeʃ]
hotel (m)	hotel (m)	['hɔtɛʎ]
gelado (m)	lody (l.mn.)	['lɔdɨ]
indústria (f)	przemysł (m)	['pʃɛmɨsw]
seguro (m)	ubezpieczenie (n)	[ubɛspet'ʃene]
internet (f)	Internet (m)	[in'tɛrnɛt]
investimento (m)	inwestycje (l.mn.)	[invɛs'tɨtsʰe]
joalheiro (m)	jubiler (m)	[ju'biler]
joias (f pl)	wyroby (l.mn.) jubilerskie	[vɨ'rɔbɨ jubi'lerske]
lavandaria (f)	pralnia (ż)	['praʎɲa]
serviços (m pl) jurídicos	usługi (l.mn.) prawne	[us'wugi 'pravnɛ]
indústria (f) ligeira	przemysł (m) lekki	['pʃɛmɨsw 'lekki]
revista (f)	czasopismo (n)	[ʧaso'pismɔ]
vendas (f pl) por catálogo	sprzedaż (ż) wysyłkowa	['spʃɛdaʃ vɨsiw'kɔva]
medicina (f)	medycyna (ż)	[mɛdi'tsina]
cinema (m)	kino (n)	['kinɔ]
museu (m)	muzeum (n)	[mu'zɛum]
agência (f) de notícias	agencja (ż) prasowa	[a'gɛntsʰja pra'sɔva]
jornal (m)	gazeta (ż)	[ga'zɛta]
clube (m) noturno	klub (m) nocny	[klyp 'nɔtsni]
petróleo (m)	ropa (ż) naftowa	['rɔpa naf'tɔva]
serviço (m) de encomendas	usługi (l.mn.) kurierskie	[us'wugi kurʰ'erske]

indústria (f) farmacêutica	farmacja (ż)	[far'maʦʰja]
poligrafia (f)	poligrafia (ż)	[pɔlig'rafʰja]
editora (f)	wydawnictwo (n)	[vɨdav'niʦtfɔ]
rádio (m)	radio (n)	['radʰɜ]
imobiliário (m)	nieruchomość (ż)	[neru'hɔmɔɕʧ]
restaurante (m)	restauracja (ż)	[rɛstau'raʦʰja]
empresa (f) de segurança	agencja (ż) ochrony	[a'gɛnʦʰja ɔh'rɔni]
desporto (m)	sport (m)	[spɔrt]
bolsa (f)	giełda (ż) finansowa	['gewda finan'sɔva]
loja (f)	sklep (m)	[sklep]
supermercado (m)	supermarket (m)	[supɛr'markɛt]
piscina (f)	basen (m)	['basɛn]
alfaiataria (f)	atelier (n)	[atɛ'ʎje]
televisão (f)	telewizja (ż)	[tɛle'vizʰja]
teatro (m)	teatr (m)	['tɛatr]
comércio (atividade)	handel (m)	['handɛʎ]
serviços (m pl) de transporte	przewozy (l.mn.)	[pʃɛ'vɔzi]
viagens (f pl)	podróż (ż)	['pɔdruʃ]
veterinário (m)	weterynarz (m)	[vɛtɛ'rinaʃ]
armazém (m)	magazyn (m)	[ma'gazin]
recolha (f) do lixo	wywóz (m) śmieci	['vivus 'ɕmeʧi]

Emprego. Negócios. Parte 2

118. Espetáculo. Feira

feira (f)	wystawa (ż)	[vis'tava]
feira (f) comercial	wystawa (ż) handlowa	[vis'tava hand'lɔva]
participação (f)	udział (m)	['udʑʲaw]
participar (vi)	uczestniczyć	[uʧɛst'niʧiʧ]
participante (m)	uczestnik (m)	[ut'ʃɛstnik]
diretor (m)	dyrektor (m)	[di'rɛktɔr]
direção (f)	dyrekcja (ż)	[di'rɛktsʲja]
organizador (m)	organizator (m)	[ɔrgani'zatɔr]
organizar (vt)	organizować	[ɔrgani'zɔvaʧ]
ficha (f) de inscrição	zgłoszenie (n) udziału	[zgwɔ'ʃɛne u'dʑʲawu]
preencher (vt)	wypełnić	[vi'pɛwniʧ]
detalhes (m pl)	detale (l.mn.)	[dɛ'tale]
informação (f)	informacja (ż)	[infɔr'matsʲja]
preço (m)	cena (ż)	['tsɛna]
incluindo	inkluzja	[iŋk'lyzija]
incluir (vt)	wliczać	['vliʧaʧ]
pagar (vt)	płacić	['pwaʧiʧ]
taxa (f) de inscrição	wpisowe (n)	[fpi'sɔvɛ]
entrada (f)	wejście (n)	['vɛjɕʨe]
pavilhão (m)	pawilon (m)	[pa'vilɔn]
inscrever (vt)	rejestrować	[rɛest'rɔvaʧ]
crachá (m)	plakietka (ż)	[pʎa'ketka]
stand (m)	stoisko (n)	[stɔ'iskɔ]
reservar (vt)	rezerwować	[rɛzɛr'vɔvaʧ]
vitrina (f)	witryna (ż)	[vit'rina]
foco, spot (m)	lampka (ż)	['ʎampka]
design (m)	wzornictwo (n)	[vzɔr'nitstfɔ]
pôr, colocar (vt)	umieszczać	[u'meʃʧaʧ]
distribuidor (m)	dystrybutor (m)	[distri'butɔr]
fornecedor (m)	dostawca (m)	[dɔs'tafsa]
país (m)	kraj (m)	[kraj]
estrangeiro	zagraniczny	[zagra'niʧni]
produto (m)	produkt (m)	['prɔdukt]
associação (f)	stowarzyszenie (n)	[stɔvaʒi'ʃɛne]
sala (f) de conferências	sala (ż) konferencyjna	['saʎa kɔnfɛrɛn'tsijna]
congresso (m)	kongres (m)	['kɔŋrɛs]

concurso (m)	konkurs (m)	['kɔŋkurs]
visitante (m)	zwiedzający (m)	[zvedzaɔ̃tsi]
visitar (vt)	zwiedzać	['zvedzatʃ]
cliente (m)	zamawiający (m)	[zamavjaɔ̃tsi]

119. Media

jornal (m)	gazeta (ż)	[ga'zɛta]
revista (f)	czasopismo (n)	[tʃasɔ'pismɔ]
imprensa (f)	prasa (ż)	['prasa]
rádio (m)	radio (n)	['radʰɜ]
estação (f) de rádio	stacja (ż) radiowa	['statsʰja radʰɜva]
televisão (f)	telewizja (ż)	[tɛle'vizʰja]

apresentador (m)	prezenter (m)	[prɛ'zɛntɛr]
locutor (m)	spiker (m)	['spikɛr]
comentador (m)	komentator (m)	[kɔmɛn'tatɔr]

jornalista (m)	dziennikarz (m)	[dʒe'ɲikaʃ]
correspondente (m)	korespondent (m)	[kɔrɛs'pɔndɛnt]
repórter (m) fotográfico	fotoreporter (m)	[fɔtɔrɛ'pɔrtɛr]
repórter (m)	reporter (m)	[rɛ'pɔrtɛr]

redator (m)	redaktor (m)	[rɛ'daktɔr]
redator-chefe (m)	redaktor (m) naczelny	[rɛ'daktɔr nat'ʃɛʎɲi]
assinar a ...	zaprenumerować	[zaprɛnumɛ'rɔvatʃ]
assinatura (f)	prenumerata (ż)	[prɛnumɛ'rata]
assinante (m)	prenumerator (m)	[prɛnumɛ'ratɔr]
ler (vt)	czytać	['tʃitatʃ]
leitor (m)	czytelnik (m)	[tʃi'tɛʎɲik]

tiragem (f)	nakład (m)	['nakwat]
mensal	comiesięczny	[tsɔme'ɕentʃɲi]
semanal	cotygodniowy	[tsɔtigɔd'nɜvi]
número (jornal, revista)	numer (m)	['numɛr]
recente	najnowszy	[naj'nɔfʃi]

manchete (f)	nagłówek (m)	[nag'wuvɛk]
pequeno artigo (m)	notatka (ż) prasowa	[nɔ'tatka pra'sɔva]
coluna (~ semanal)	rubryka (ż)	['rubrika]
artigo (m)	artykuł (m)	[ar'tikuw]
página (f)	strona (ż)	['strɔna]

reportagem (f)	reportaż (m)	[rɛ'pɔrtaʃ]
evento (m)	wydarzenie (n)	[vida'ʒɛne]
sensação (f)	sensacja (ż)	[sɛn'satsʰja]
escândalo (m)	skandal (m)	['skandaʎ]
escandaloso	skandaliczny	[skanda'litʃɲi]
grande	głośny	['gwɔɕɲi]

programa (m) de TV	program (m) telewizyjny	['prɔgram tɛlevi'zijɲi]
entrevista (f)	wywiad (m)	['vivʲat]
transmissão (f) em direto	bezpośrednia transmisja (ż)	[bɛspɔɕ'rɛdɲa trans'misʰja]
canal (m)	kanał (m) telewizyjny	['kanaw tɛlevi'zijɲi]

120. Agricultura

agricultura (f)	rolnictwo (n)	[rɔʎ'niʦtfɔ]
camponês (m)	rolnik (m)	['rɔʎnik]
camponesa (f)	rolniczka (ż)	[rɔʎ'niʧka]
agricultor (m)	farmer (m)	['farmɛr]
trator (m)	traktor (m)	['traktɔr]
ceifeira-debulhadora (f)	kombajn (m)	['kɔmbajn]
arado (m)	pług (m)	[pwuk]
arar (vt)	orać	['ɔraʧ]
campo (m) lavrado	rola (ż)	['rɔʎa]
rego (m)	bruzda (ż)	['bruzda]
semear (vt)	siać	[ɕaʧ]
semeadora (f)	siewnik (m)	['ɕevnik]
semeadura (f)	zasiew (m)	['zaɕef]
gadanha (f)	kosa (ż)	['kɔsa]
gadanhar (vt)	kosić	['kɔɕiʧ]
pá (f)	łopata (ż)	[wɔ'pata]
cavar (vt)	kopać	['kɔpaʧ]
enxada (f)	motyka (ż)	[mɔ'tɨka]
carpir (vt)	plewić	['pleviʧ]
erva (f) daninha	chwast (m)	[hfast]
regador (m)	konewka (ż)	[kɔ'nɛfka]
regar (vt)	podlewać	[pɔd'levaʧ]
rega (f)	podlewanie (n)	[pɔdle'vane]
forquilha (f)	widły (l.mn.)	['vidwɨ]
ancinho (m)	grabie (l.mn.)	['grabe]
fertilizante (m)	nawóz (m)	['navus]
fertilizar (vt)	nawozić	[na'vɔʑiʧ]
estrume (m)	obornik (m)	[ɔ'bɔrnik]
campo (m)	pole (n)	['pɔle]
prado (m)	łąka (ż)	['wɔ̃ka]
horta (f)	ogród (m)	['ɔgrut]
pomar (m)	sad (m)	[sat]
pastar (vt)	paść	[paɕʧ]
pastor (m)	pastuch (m)	['pastuh]
pastagem (f)	pastwisko (n)	[past'fiskɔ]
pecuária (f)	hodowla (ż) zwierząt	[hɔ'dɔvʎa 'zveʒɔ̃t]
criação (f) de ovelhas	hodowla (ż) owiec	[hɔ'dɔvʎa 'ɔveʦ]
plantação (f)	plantacja (ż)	[pʎan'taʦʰja]
canteiro (m)	grządka (ż)	['gʒɔ̃tka]
invernadouro (m)	inspekt (m)	['inspɛkt]

seca (f)	susza (ż)	['suʃa]
seco (verão ~)	suchy	['suhi]

cereais (m pl)	rośliny (l.mn.) zbożowe	[rɔɕ'lini zbɔ'ʒɔvɛ]
colher (vt)	zbierać plony	['zberatʃ 'plɔni]

moleiro (m)	młynarz (m)	['mwinaʃ]
moinho (m)	młyn (m)	[mwin]
moer (vt)	mleć zboże	[mletʃ 'zbɔʒɛ]
farinha (f)	mąka (ż)	['mõka]
palha (f)	słoma (ż)	['swɔma]

121. Construção. Processo de construção

canteiro (m) de obras	budowa (ż)	[bu'dɔva]
construir (vt)	budować	[bu'dɔvatʃ]
construtor (m)	budowniczy (m)	[budɔv'nitʃi]

projeto (m)	projekt (m)	['prɔekt]
arquiteto (m)	architekt (m)	[ar'hitɛkt]
operário (m)	robotnik (m)	[rɔ'bɔtnik]

fundação (f)	fundament (m)	[fun'damɛnt]
telhado (m)	dach (m)	[dah]
estaca (f)	pal (m)	[paʎ]
parede (f)	ściana (ż)	['ɕtʃana]

varões (m pl) para betão	zbrojenie (n)	[zbrɔ'ene]
andaime (m)	rusztowanie (n)	[ruʃtɔ'vane]

betão (m)	beton (m)	['bɛtɔn]
granito (m)	granit (m)	['granit]
pedra (f)	kamień (m)	['kameɲ]
tijolo (m)	cegła (ż)	['tsɛgwa]

areia (f)	piasek (m)	['piasɛk]
cimento (m)	cement (m)	['tsɛmɛnt]

emboço (m)	tynk (m)	[tiŋk]
emboçar (vt)	tynkować	[ti'ŋkɔvatʃ]

tinta (f)	farba (ż)	['farba]
pintar (vt)	malować	[ma'lɔvatʃ]
barril (m)	beczka (ż)	['bɛtʃka]

grua (f), guindaste (m)	dźwig (m)	[dʒivik]
erguer (vt)	podnosić	[pɔd'nɔɕitʃ]
baixar (vt)	opuszczać	[ɔ'puʃtʃatʃ]

buldózer (m)	spychacz (m)	['spihatʃ]
escavadora (f)	koparka (ż)	[kɔ'parka]
caçamba (f)	łyżka (ż)	['wiʃka]
escavar (vt)	kopać	['kɔpatʃ]
capacete (m) de proteção	kask (m)	[kask]

122. Ciência. Investigação. Cientistas

ciência (f)	nauka (ż)	[na'uka]
científico	naukowy	[nau'kɔvi]
cientista (m)	naukowiec (m)	[nau'kɔvets]
teoria (f)	teoria (ż)	[tɛ'ɔrʰja]

axioma (m)	aksjomat (m)	[aks'jɔmat]
análise (f)	analiza (ż)	[ana'liza]
analisar (vt)	analizować	[anali'zɔvatʃ]
argumento (m)	argument (m)	[ar'gumɛnt]
substância (f)	substancja (ż)	[sups'tantsʰja]

hipótese (f)	hipoteza (ż)	[hipɔ'tɛza]
dilema (m)	dylemat (m)	[di'lemat]
tese (f)	rozprawa (ż)	[rɔsp'rava]
dogma (m)	dogmat (m)	['dɔgmat]

doutrina (f)	doktryna (ż)	[dɔkt'rina]
pesquisa (f)	badanie (ż)	[ba'dane]
pesquisar (vt)	badać	['badatʃ]
teste (m)	testowanie (n)	[tɛstɔ'vane]
laboratório (m)	laboratorium (n)	[ʎabɔra'torʰjum]

método (m)	metoda (ż)	[mɛ'tɔda]
molécula (f)	molekuła (ż)	[mɔle'kuwa]
monitoramento (m)	monitorowanie (n)	[mɔnitɔrɔ'vane]
descoberta (f)	odkrycie (n)	[ɔtk'ritʃe]

postulado (m)	postulat (m)	[pɔs'tuʎat]
princípio (m)	zasada (ż)	[za'sada]
prognóstico (previsão)	prognoza (ż)	[prɔg'nɔza]
prognosticar (vt)	prognozować	[prɔgnɔ'zɔvatʃ]

síntese (f)	synteza (ż)	[sin'tɛza]
tendência (f)	tendencja (ż)	[tɛn'dɛntsʰja]
teorema (m)	teoremat (m)	[tɛɔ'rɛmat]

ensinamentos (m pl)	nauczanie (n)	[naut'ʃane]
facto (m)	fakt (m)	[fakt]
expedição (f)	ekspedycja (ż)	[ɛkspɛ'ditsʰja]
experiência (f)	eksperyment (m)	[ɛkspɛ'rimɛnt]

académico (m)	akademik (m)	[aka'dɛmik]
bacharel (m)	bakałarz (m)	[ba'kawaʃ]
doutor (m)	doktor (m)	['dɔktɔr]
docente (m)	docent (m)	['dɔtsɛnt]
mestre (m)	magister (m)	[ma'gistɛr]
professor (m) catedrático	profesor (m)	[prɔ'fɛsɔr]

Profissões e ocupações

123. Procura de emprego. Demissão

trabalho (m)	praca (ż)	['pratsa]
equipa (f)	etat (m)	['ɛtat]
carreira (f)	kariera (ż)	[karʰ'era]
perspetivas (f pl)	perspektywa (ż)	[pɛrspɛk'tiva]
mestria (f)	profesjonalizm (m)	[prɔfɛsʰɜ'nalizm]
seleção (f)	wybór (m)	['vibur]
agência (f) de emprego	agencja (ż) rekrutacyjna	[a'gɛntsʰja rɛkruta'tsijna]
CV, currículo (m)	CV (n), życiorys (m)	[tsɛ 'fau], [ʒi'tʲɔris]
entrevista (f) de emprego	rozmowa (ż) kwalifikacyjna	[rɔz'mɔva kfalifika'tsijna]
vaga (f)	wakat (m)	['vakat]
salário (m)	pensja (ż)	['pɛnsʰja]
salário (m) fixo	stałe wynagrodzenie (n)	['stawɛ vinagrɔ'dzɛne]
pagamento (m)	opłata (ż)	[ɔp'wata]
posto (m)	stanowisko (n)	[stanɔ'viskɔ]
dever (do empregado)	obowiązek (m)	[ɔbɔvɔ̃zɛk]
gama (f) de deveres	zakres (m) obowiazkow	['zakrɛs ɔbɔ'vʲazkɔf]
ocupado	zajęty	[za'enti]
despedir, demitir (vt)	zwolnić	['zvɔʎnitʃ]
demissão (f)	zwolnienie (n)	[zvɔʎ'nene]
desemprego (m)	bezrobocie (n)	[bɛzrɔ'bɔtʃe]
desempregado (m)	bezrobotny (m)	[bɛzrɔ'bɔtni]
reforma (f)	emerytura (ż)	[ɛmɛri'tura]
reformar-se	przejść na emeryturę	['pʃejɕtʃ na ɛmɛri'turɛ̃]

124. Gente de negócios

diretor (m)	dyrektor (m)	[di'rɛktɔr]
gerente (m)	kierownik (m)	[ke'rɔvnik]
patrão, chefe (m)	szef (m)	[ʃɛf]
superior (m)	kierownik (m)	[ke'rɔvnik]
superiores (m pl)	kierownictwo (n)	[kerɔv'nitstfɔ]
presidente (m)	prezes (m)	['prɛzɛs]
presidente (m) de direção	przewodniczący (m)	[pʃɛvɔdnit'ʃɔ̃tsi]
substituto (m)	zastępca (m)	[zas'tɛ̃ptsa]
assistente (m)	pomocnik (m)	[pɔ'mɔtsnik]
secretário (m)	sekretarka (ż)	[sɛkrɛ'tarka]

secretário (m) pessoal	sekretarz (m) osobisty	[sɛk'rɛtaʃ ɔsɔ'bisti]
homem (m) de negócios	biznesmen (m)	['biznɛsmɛn]
empresário (m)	przedsiębiorca (m)	[pʃɛdɕɛ̃'bɔrtsa]
fundador (m)	założyciel (m)	[zawɔ'ʑiʧeʎ]
fundar (vt)	założyć	[za'wɔʑiʧ]

fundador, sócio (m)	wspólnik (m)	['fspɔʎnik]
parceiro, sócio (m)	partner (m)	['partnɛr]
acionista (m)	akcjonariusz (m)	[akts^h3'nar^hjuʃ]

milionário (m)	milioner (m)	[mi'ʎjɔnɛr]
bilionário (m)	miliarder (m)	[mi'ʎjardɛr]
proprietário (m)	właściciel (m)	[vwaɕ'ʧiʧeʎ]
proprietário (m) de terras	właściciel (m) ziemski	[vwaɕ'ʧiʧeʎ 'ʒemski]

cliente (m)	klient (m)	['klient]
cliente (m) habitual	stały klient (m)	['stawɨ 'klient]
comprador (m)	kupujący (m)	[kupuɔ̃tsi]
visitante (m)	zwiedzający (m)	[zvedzaɔ̃tsi]

profissional (m)	profesjonalista (m)	[prɔfɛs^h3na'lista]
perito (m)	ekspert (m)	['ɛkspɛrt]
especialista (m)	specjalista (m)	[spɛts^hja'lista]

| banqueiro (m) | bankier (m) | ['baŋker] |
| corretor (m) | broker (m) | ['brɔkɛr] |

caixa (m, f)	kasjer (m), kasjerka (ż)	['kas^her], [kas^h'erka]
contabilista (m)	księgowy (m)	[kɕɛ̃'gɔvɨ]
guarda (m)	ochroniarz (m)	[ɔh'rɔɲaʃ]

investidor (m)	inwestor (m)	[in'vɛstɔr]
devedor (m)	dłużnik (m)	['dwuʒnik]
credor (m)	kredytodawca (m)	[krɛditɔ'daftsa]
mutuário (m)	pożyczkobiorca (m)	[pɔʑiʧkɔ'bɔrtsa]

| importador (m) | importer (m) | [im'pɔrtɛr] |
| exportador (m) | eksporter (m) | [ɛks'pɔrtɛr] |

produtor (m)	producent (m)	[prɔ'dutsɛnt]
distribuidor (m)	dystrybutor (m)	[distri'butɔr]
intermediário (m)	pośrednik (m)	[pɔɕ'rɛdnik]

consultor (m)	konsultant (m)	[kɔn'suʎtant]
representante (m)	przedstawiciel (m)	[pʃɛtsta'viʧeʎ]
agente (m)	agent (m)	['agɛnt]
agente (m) de seguros	agent (m) ubezpieczeniowy	['agent ubɛspeʧɛ'nɜvɨ]

125. Profissões de serviços

cozinheiro (m)	kucharz (m)	['kuhaʃ]
cozinheiro chefe (m)	szef (m) kuchni	[ʃɛf 'kuhni]
padeiro (m)	piekarz (m)	['pekaʃ]
barman (m)	barman (m)	['barman]

| empregado (m) de mesa | kelner (m) | ['kɛʎnɛr] |
| empregada (f) de mesa | kelnerka (ż) | [kɛʎ'nɛrka] |

advogado (m)	adwokat (m)	[ad'vɔkat]
jurista (m)	prawnik (m)	['pravnik]
notário (m)	notariusz (m)	[nɔ'tarʰjuʃ]

eletricista (m)	elektryk (m)	[ɛ'lektrik]
canalizador (m)	hydraulik (m)	[hid'raulik]
carpinteiro (m)	cieśla (m)	['ʧeɕʎa]

massagista (m)	masażysta (m)	[masa'ʒista]
massagista (f)	masażystka (ż)	[masa'ʒistka]
médico (m)	lekarz (m)	['lekaʃ]

taxista (m)	taksówkarz (m)	[tak'sufkaʃ]
condutor (automobilista)	kierowca (m)	[ke'rɔftsa]
entregador (m)	kurier (m)	['kurʰer]

camareira (f)	pokojówka (ż)	[pɔkɔ'jufka]
guarda (m)	ochroniarz (m)	[ɔh'rɔɲaʃ]
hospedeira (f) de bordo	stewardessa (ż)	[stʰjuar'dɛsa]

professor (m)	nauczyciel (m)	[naut'ʃiʧeʎ]
bibliotecário (m)	bibliotekarz (m)	[bibʎ'ɔ'tɛkaʃ]
tradutor (m)	tłumacz (m)	['twumaʧ]
intérprete (m)	tłumacz (m)	['twumaʧ]
guia (pessoa)	przewodnik (m)	[pʃɛ'vɔdnik]

cabeleireiro (m)	fryzjer (m)	['frizʰer]
carteiro (m)	listonosz (m)	[lis'tɔnɔʃ]
vendedor (m)	sprzedawca (m)	[spʃɛ'daftsa]

jardineiro (m)	ogrodnik (m)	[ɔg'rɔdnik]
criado (m)	służący (m)	[swu'ʒɔ̃tsi]
criada (f)	służąca (ż)	[swu'ʒɔ̃tsa]
empregada (f) de limpeza	sprzątaczka (ż)	[spʃɔ̃'taʧka]

126. Profissões militares e postos

soldado (m) raso	szeregowy (m)	[ʃɛrɛ'gɔvi]
sargento (m)	sierżant (m)	['ɕerʒant]
tenente (m)	podporucznik (m)	[pɔtpɔ'ruʧnik]
capitão (m)	kapitan (m)	[ka'pitan]

major (m)	major (m)	['majɔr]
coronel (m)	pułkownik (m)	[puw'kɔvnik]
general (m)	generał (m)	[gɛ'nɛraw]
marechal (m)	marszałek (m)	[mar'ʃawɛk]
almirante (m)	admirał (m)	[ad'miraw]

militar (m)	wojskowy (m)	[vɔjs'kɔvi]
soldado (m)	żołnierz (m)	['ʒɔwneʃ]
oficial (m)	oficer (m)	[ɔ'fitsɛr]

comandante (m)	dowódca (m)	[dɔ'vuttsa]
guarda (m) fronteiriço	pogranicznik (m)	[pɔgra'nitʃnik]
operador (m) de rádio	radiooperator (m)	[radʰɜːpɛ'ratɔr]
explorador (m)	zwiadowca (m)	[zvʲa'dɔftsa]
sapador (m)	saper (m)	['sapɛr]
atirador (m)	strzelec (m)	['stʃɛlets]
navegador (m)	nawigator (m)	[navi'gatɔr]

127. Oficiais. Padres

| rei (m) | król (m) | [kruʎ] |
| rainha (f) | królowa (ż) | [kru'lɜva] |

| príncipe (m) | książę (m) | [kɕɔ̃ʒɛ̃] |
| princesa (f) | księżniczka (ż) | [kɕɛ̃ʒ'nitʃka] |

| czar (m) | car (m) | [tsar] |
| czarina (f) | caryca (ż) | [tsa'ritsa] |

presidente (m)	prezydent (m)	[prɛ'zidɛnt]
ministro (m)	minister (m)	[mi'nistɛr]
primeiro-ministro (m)	premier (m)	['prɛmʰer]
senador (m)	senator (m)	[sɛ'natɔr]

diplomata (m)	dyplomata (m)	[diplɜ'mata]
cônsul (m)	konsul (m)	['kɔnsuʎ]
embaixador (m)	ambasador (m)	[amba'sadɔr]
conselheiro (m)	doradca (m)	[dɔ'rattsa]

funcionário (m)	pracownik (m)	[pra'tsɔvnik]
prefeito (m)	burmistrz (m) dzielnicy	['burmistʃ dʑeʎ'nitsi]
Presidente (m) da Câmara	mer (m)	[mɛr]

| juiz (m) | sędzia (m) | ['sɛ̃dʑʲa] |
| procurador (m) | prokurator (m) | [prɔku'ratɔr] |

missionário (m)	misjonarz (m)	[misʰɜnaʃ]
monge (m)	zakonnik (m)	[za'kɔnik]
abade (m)	opat (m)	['ɔpat]
rabino (m)	rabin (m)	['rabin]

vizir (m)	wezyr (m)	['vɛzir]
xá (m)	szach (m)	[ʃah]
xeque (m)	szejk (m)	[ʃɛjk]

128. Profissões agrícolas

apicultor (m)	pszczelarz (m)	['pʃʧɛʎaʃ]
pastor (m)	pastuch (m)	['pastuh]
agrónomo (m)	agronom (m)	[ag'rɔnɔm]
criador (m) de gado	hodowca (m) zwierząt	[hɔ'dɔfsa 'zveʒɔ̃t]
veterinário (m)	weterynarz (m)	[vɛtɛ'rinaʃ]

agricultor (m)	farmer (m)	['farmɛr]
vinicultor (m)	winiarz (m)	['viɲaʃ]
zoólogo (m)	zoolog (m)	[zɔ'ɔlɜk]
cowboy (m)	kowboj (m)	['kɔvbɔj]

129. Profissões artísticas

| ator (m) | aktor (m) | ['aktɔr] |
| atriz (f) | aktorka (ż) | [ak'tɔrka] |

| cantor (m) | śpiewak (m) | ['ɕpevak] |
| cantora (f) | śpiewaczka (ż) | [ɕpe'vatʃka] |

| bailarino (m) | tancerz (m) | ['tantsɛʃ] |
| bailarina (f) | tancerka (ż) | [tan'tsɛrka] |

| artista (m) | artysta (m) | [ar'tista] |
| artista (f) | artystka (ż) | [ar'tistka] |

músico (m)	muzyk (m)	['muzɨk]
pianista (m)	pianista (m)	[pʰja'nista]
guitarrista (m)	gitarzysta (m)	[gita'ʒista]

maestro (m)	dyrygent (m)	[di'rigɛnt]
compositor (m)	kompozytor (m)	[kɔmpɔ'zitɔr]
empresário (m)	impresario (m)	[imprɛ'sarʰɔ]

realizador (m)	reżyser (m)	[rɛ'ʒisɛr]
produtor (m)	producent (m)	[prɔ'dutsɛnt]
argumentista (m)	scenarzysta (m)	[stsɛna'ʒista]
crítico (m)	krytyk (m)	['kritɨk]

escritor (m)	pisarz (m)	['pisaʃ]
poeta (m)	poeta (m)	[pɔ'ɛta]
escultor (m)	rzeźbiarz (m)	['ʒɛzʲbʲaʃ]
pintor (m)	malarz (m)	['maʎaʃ]

malabarista (m)	żongler (m)	['ʒɔŋler]
palhaço (m)	klown (m)	['kʎaun]
acrobata (m)	akrobata (m)	[akrɔ'bata]
mágico (m)	sztukmistrz (m)	['ʃtukmistʃ]

130. Várias profissões

médico (m)	lekarz (m)	['lekaʃ]
enfermeira (f)	pielęgniarka (ż)	[pelɛ̃g'ɲarka]
psiquiatra (m)	psychiatra (m)	[psɨhʰ'atra]
estomatologista (m)	dentysta (m)	[dɛn'tista]
cirurgião (m)	chirurg (m)	['hirurk]

| astronauta (m) | astronauta (m) | [astrɔ'nauta] |
| astrónomo (m) | astronom (m) | [ast'rɔnɔm] |

motorista (m)	kierowca (m)	[ke'rɔftsa]
maquinista (m)	maszynista (m)	[maʃi'nista]
mecânico (m)	mechanik (m)	[mɛ'hanik]

mineiro (m)	górnik (m)	['gurnik]
operário (m)	robotnik (m)	[rɔ'bɔtnik]
serralheiro (m)	ślusarz (m)	['ɕlysaʃ]
marceneiro (m)	stolarz (m)	['stɔʎaʃ]
torneiro (m)	tokarz (m)	['tɔkaʃ]
construtor (m)	budowniczy (m)	[budɔv'nitʃi]
soldador (m)	spawacz (m)	['spavatʃ]

professor (m) catedrático	profesor (m)	[prɔ'fɛsɔr]
arquiteto (m)	architekt (m)	[ar'hitɛkt]
historiador (m)	historyk (m)	[his'tɔrik]
cientista (m)	naukowiec (m)	[nau'kɔvets]
físico (m)	fizyk (m)	['fizɨk]
químico (m)	chemik (m)	['hɛmik]

arqueólogo (m)	archeolog (m)	[arhɛ'ɔlɔk]
geólogo (m)	geolog (m)	[gɛ'ɔlɔk]
pesquisador (cientista)	badacz (m)	['badatʃ]

babysitter (f)	opiekunka (ż) do dziecka	[ɔpe'kuŋka dɔ 'dʒetska]
professor (m)	pedagog (m)	[pɛ'dagɔk]

redator (m)	redaktor (m)	[rɛ'daktɔr]
redator-chefe (m)	redaktor (m) naczelny	[rɛ'daktɔr nat'ʃɛʎni]
correspondente (m)	korespondent (m)	[kɔrɛs'pɔndɛnt]
datilógrafa (f)	maszynistka (ż)	[maʃi'nistka]

designer (m)	projektant (m)	[prɔ'ektant]
especialista (m) em informática	komputerowiec (m)	[kɔmputɛ'rɔvets]
programador (m)	programista (m)	[prɔgra'mista]
engenheiro (m)	inżynier (m)	[in'ʒiner]

marujo (m)	marynarz (m)	[ma'rinaʃ]
marinheiro (m)	marynarz (m)	[ma'rinaʃ]
salvador (m)	ratownik (m)	[ra'tɔvnik]

bombeiro (m)	strażak (m)	['straʒak]
polícia (m)	policjant (m)	[pɔ'litsʰjant]
guarda-noturno (m)	stróż (m)	[struʃ]
detetive (m)	detektyw (m)	[dɛ'tɛktiv]

funcionário (m) da alfândega	celnik (m)	['tsɛʎnik]
guarda-costas (m)	ochroniarz (m)	[ɔh'rɔɲaʃ]
guarda (m) prisional	nadzorca (m)	[na'dzɔrtsa]
inspetor (m)	inspektor (m)	[ins'pɛktɔr]

desportista (m)	sportowiec (m)	[spɔr'tɔvets]
treinador (m)	trener (m)	['trɛnɛr]
talhante (m)	rzeźnik (m)	['ʒɛʑʲnik]
sapateiro (m)	szewc (m)	[ʃefts]
comerciante (m)	handlowiec (m)	[hand'lɔvets]

carregador (m)	ładowacz (m)	[wa'dɔvatʃ]
estilista (m)	projektant (m) mody	[prɔ'ektant 'mɔdɨ]
modelo (f)	modelka (ż)	[mɔ'dɛʎka]

131. Ocupações. Estatuto social

aluno, escolar (m)	uczeń (m)	['uʧɛɲ]
estudante (~ universitária)	student (m)	['studɛnt]
filósofo (m)	filozof (m)	[fi'lɜzɔf]
economista (m)	ekonomista (m)	[ɛkɔnɔ'mista]
inventor (m)	wynalazca (m)	[vɨna'ʎasʦa]
desempregado (m)	bezrobotny (m)	[bɛzrɔ'bɔtnɨ]
reformado (m)	emeryt (m)	[ɛ'mɛrit]
espião (m)	szpieg (m)	[ʃpek]
preso (m)	więzień (m)	['veɲʒɛ̃]
grevista (m)	strajkujący (m)	[strajkuɔ̃tsɨ]
burocrata (m)	biurokrata (m)	[byrɔk'rata]
viajante (m)	podróżnik (m)	[pɔd'ruʒnik]
homossexual (m)	homoseksualista (m)	[hɔmɔsɛksua'lista]
hacker (m)	haker (m)	['hakɛr]
bandido (m)	bandyta (m)	[ban'dɨta]
assassino (m) a soldo	płatny zabójca (m)	['pwatnɨ za'bɔjtsa]
toxicodependente (m)	narkoman (m)	[nar'kɔman]
traficante (m)	handlarz (m) narkotyków	['handʎaʒ narkɔ'tɨkuf]
prostituta (f)	prostytutka (ż)	[prɔsti'tutka]
chulo (m)	sutener (m)	[su'tɛnɛr]
bruxo (m)	czarodziej (m)	[ʧa'rɔʤej]
bruxa (f)	czarodziejka (ż)	[ʧarɔ'ʤejka]
pirata (m)	pirat (m)	['pirat]
escravo (m)	niewolnik (m)	[ne'vɔʎnik]
samurai (m)	samuraj (m)	[sa'muraj]
selvagem (m)	dzikus (m)	['ʤikus]

Desportos

132. Tipos de desportos. Desportistas

desportista (m)	sportowiec (m)	[spɔr'tɔvɛʦ]
tipo (m) de desporto	rodzaj (m) sportu	['rɔʥaj 'spɔrtu]
basquetebol (m)	koszykówka (ż)	[kɔʃi'kufka]
jogador (m) de basquetebol	koszykarz (m)	[kɔ'ʃikaʃ]
beisebol (m)	baseball (m)	['bɛjzbɔʎ]
jogador (m) de beisebol	bejsbolista (m)	[bɛjzbɔ'lista]
futebol (m)	piłka (ż) nożna	['piwka 'nɔʒna]
futebolista (m)	piłkarz (m)	['piwkaʃ]
guarda-redes (m)	bramkarz (m)	['bramkaʃ]
hóquei (m)	hokej (m)	['hɔkɛj]
jogador (m) de hóquei	hokeista (m)	[hɔkɛ'ista]
voleibol (m)	siatkówka (ż)	[ɕat'kufka]
jogador (m) de voleibol	siatkarz (m)	['ɕatkaʃ]
boxe (m)	boks (m)	[bɔks]
boxeador, pugilista (m)	bokser (m)	['bɔksɛr]
luta (f)	zapasy (l.mn.)	[za'pasɨ]
lutador (m)	zapaśnik (m)	[za'paɕnik]
karaté (m)	karate (n)	[ka'ratɛ]
karateca (m)	karateka (m)	[kara'tɛka]
judo (m)	judo (n)	['ʤudɔ]
judoca (m)	judoka (m)	[ʤu'dɔka]
ténis (m)	tenis (m)	['tɛnis]
tenista (m)	tenisista (m)	[tɛni'ɕista]
natação (f)	pływanie (n)	[pwɨ'vane]
nadador (m)	pływak (m)	['pwɨvak]
esgrima (f)	szermierka (ż)	[ʃɛr'merka]
esgrimista (m)	szermierz (m)	['ʃɛrmeʃ]
xadrez (m)	szachy (l.mn.)	['ʃahɨ]
xadrezista (m)	szachista (m)	[ʃa'hista]
alpinismo (m)	alpinizm (m)	[aʎpi'nism]
alpinista (m)	alpinista (m)	[aʎpi'nista]
corrida (f)	bieganie (m)	['begane]

corredor (m)	biegacz (m)	['begatʃ]
atletismo (m)	lekkoatletyka (ż)	[lekkɔat'letika]
atleta (m)	lekkoatleta (m)	[lekkɔat'leta]
hipismo (m)	jeździectwo (n)	[eʑ'dʒeɪsstfɔ]
cavaleiro (m)	jeździec (m)	['eʒdʒeɪs]
patinagem (f) artística	łyżwiarstwo (n) figurowe	[wiʒ'vʲarstfɔ figu'rɔvɛ]
patinador (m)	łyżwiarz (m) figurowy	['wiʒvʲaʃ figu'rɔvi]
patinadora (f)	łyżwiarka (ż) figurowa	[wiʒ'vʲarka figu'rɔva]
halterofilismo (m)	podnoszenie (n) ciężarów	[pɔdnɔ'ʃɛne tʃɛ̃'ʒaruv]
corrida (f) de carros	wyścigi (l.mn.) samochodowe	[viɕ'tʃigi samɔhɔ'dɔvɛ]
piloto (m)	kierowca (m) wyścigowy	[ke'rɔftsa viɕtʃi'gɔvi]
ciclismo (m)	kolarstwo (n)	[kɔ'ʎarstfɔ]
ciclista (m)	kolarz (m)	['kɔʎaʃ]
salto (m) em comprimento	skoki (l.mn.) w dal	['skɔki v daʎ]
salto (m) à vara	skoki (l.mn.) o tyczce	['skɔki ɔ 'titʃtsɛ]
atleta (m) de saltos	skoczek (m)	['skɔtʃɛk]

133. Tipos de desportos. Diversos

futebol (m) americano	futbol (m) amerykański	['futbɔʎ amɛri'kaɲski]
badminton (m)	badminton (m)	[bad'mintɔn]
biatlo (m)	biathlon (m)	['bʰatlɜn]
bilhar (m)	bilard (m)	['biʎart]
bobsled (m)	bobsleje (l.mn.)	[bɔps'lɛe]
musculação (f)	kulturystyka (ż)	[kuʎtu'ristika]
polo (m) aquático	piłka (ż) wodna	['piwka 'vɔdna]
andebol (m)	piłka (ż) ręczna	['piwka 'rɛntʃna]
golfe (m)	golf (m)	[gɔʎf]
remo (m)	wioślarstwo (n)	[vʑɕ'ʎarstfɔ]
mergulho (m)	nurkowanie (n)	[nurkɔ'vane]
corrida (f) de esqui	biegi (l.mn.) narciarskie	['begi nar'tʃʲarske]
ténis (m) de mesa	tenis (m) stołowy	['tɛnis stɔ'wɔvi]
vela (f)	żeglarstwo (n)	[ʒɛg'ʎarstfɔ]
rali (m)	rajd (m)	[rajt]
râguebi (m)	rugby (n)	['ragbi]
snowboard (m)	snowboard (m)	['snɔubɔrd]
tiro (m) com arco	łucznictwo (n)	[wutʃ'nitstfɔ]

134. Ginásio

barra (f)	sztanga (ż)	['ʃtaŋa]
halteres (m pl)	hantle (l.mn.)	['hantle]
aparelho (m) de musculaçao	trenażer (m)	[trɛ'naʒɛr]
bicicleta (f) ergométrica	trenażer (m) rowerowy	[trɛ'naʒɛr rɔvɛ'rɔvi]

passadeira (f) de corrida	bieżnia (ż)	['beʒna]
barra (f) fixa	drążek (m)	['drɔ̃ʒɛk]
barras (f) paralelas	poręcze (l.mn.)	[pɔ'rɛntʃɛ]
cavalo (m)	koń (m) gimnastyczny	[kɔɲ gimnas'titʃni]
tapete (m) de ginástica	mata (ż)	['mata]

| aeróbica (f) | aerobik (m) | [aɛ'rɔbik] |
| ioga (f) | joga (ż) | ['jɔga] |

135. Hóquei

hóquei (m)	hokej (m)	['hɔkɛj]
jogador (m) de hóquei	hokeista (m)	[hɔkɛ'ista]
jogar hóquei	grać w hokeja	[gratʃ f hɔ'kɛja]
gelo (m)	lód (m)	[lyt]

disco (m)	krążek (m)	['krɔ̃ʒɛk]
taco (m) de hóquei	kij (m) hokejowy	[kij hɔkɛɜvi]
patins (m pl) de gelo	łyżwy (l.mn.)	['wiʒvi]

| muro (m) | banda (ż) | ['banda] |
| tiro (m) | podanie (n) | [pɔ'dane] |

guarda-redes (m)	bramkarz (m)	['bramkaʃ]
golo (m)	bramka (ż)	['bramka]
marcar um golo	strzelić bramkę	['stʃɛlitʃ 'bramkɛ̃]

| tempo (m) | tercja (ż) | ['tɛrtsʰja] |
| banco (m) de reservas | ławka (ż) rezerwowych | ['wafka rɛzɛr'vɔvih] |

136. Futebol

futebol (m)	piłka (ż) nożna	['piwka 'nɔʒna]
futebolista (m)	piłkarz (m)	['piwkaʃ]
jogar futebol	grać w piłkę nożną	[gratʃ f 'piwkɛ̃ 'nɔʒnɔ̃]

Liga Principal (f)	Ekstraklasa (ż)	[ɛkstrak'ʎasa]
clube (m) de futebol	klub (m) piłkarski	[klyp piw'karski]
treinador (m)	trener (m)	['trɛnɛr]
proprietário (m)	właściciel (m)	[vwaɕ'tʃitʃeʎ]

equipa (f)	drużyna (ż)	[dru'ʒina]
capitão (m) da equipa	kapitan (m) drużyny	[ka'pitan dru'ʒini]
jogador (m)	gracz (m)	[gratʃ]
jogador (m) de reserva	gracz (m) rezerwowy	[gratʃ rɛzɛr'vɔvi]

atacante (m)	napastnik (m)	[na'pastnik]
avançado (m) centro	środkowy (m) napastnik	[ɕrɔt'kɔvi na'pastnik]
marcador (m)	strzelec (m)	['stʃɛlɛts]
defesa (m)	obrońca (m)	[ɔb'rɔɲtsa]
médio (m)	pomocnik (m)	[pɔ'mɔtsnik]
jogo (desafio)	mecz (m)	[mɛtʃ]

encontrar-se (vr)	**spotkać się**	['spɔtkatʃ ɕɛ̃]
final (m)	**finał** (m)	['finaw]
meia-final (f)	**półfinał** (m)	[puw'finaw]
campeonato (m)	**mistrzostwa** (l.mn.)	[mist'ʃɔstva]
tempo (m)	**połowa** (ż) **gry**	[pɔ'wɔva gri]
primeiro tempo (m)	**pierwsza połowa** (ż)	['perfʃa pɔ'wɔva]
intervalo (m)	**przerwa** (ż)	['pʃɛrva]
baliza (f)	**bramka** (ż)	['bramka]
guarda-redes (m)	**bramkarz** (m)	['bramkaʃ]
trave (f)	**słupek** (m) **bramki**	['swupɛk 'bramki]
barra (f) transversal	**poprzeczka** (ż)	[pɔp'ʃɛtʃka]
rede (f)	**siatka** (ż)	['ɕatka]
sofrer um golo	**stracić bramkę**	['stratʃitʃ 'bramkɛ̃]
bola (f)	**piłka** (ż)	['piwka]
passe (m)	**podanie** (n)	[pɔ'dane]
chute (m)	**strzał** (m)	[stʃaw]
chutar (vt)	**oddać strzał**	['ɔtdatʃ stʃaw]
tiro (m) livre	**rzut** (m) **wolny**	[ʒut 'vɔʌni]
canto (m)	**rzut** (m) **rożny**	[ʒut 'rɔʒni]
ataque (m)	**atak** (m)	['atak]
contra-ataque (m)	**kontratak** (m)	[kɔnt'ratak]
combinação (f)	**kombinacja** (ż)	[kɔmbi'natsʰja]
árbitro (m)	**arbiter** (m)	[ar'bitɛr]
apitar (vi)	**gwizdać**	['gvizdatʃ]
apito (m)	**gwizdek** (m)	['gvizdɛk]
falta (f)	**naruszenie** (n)	[naru'ʃɛne]
cometer a falta	**naruszyć**	[na'ruʃitʃ]
expulsar (vt)	**usunąć z boiska**	[u'sunɔ̃tʃ z bɔ'iska]
cartão (m) amarelo	**żółta kartka** (ż)	['ʒuwta 'kartka]
cartão (m) vermelho	**czerwona kartka** (ż)	[tʃɛr'vɔna 'kartka]
desqualificação (f)	**dyskwalifikacja** (ż)	[diskfalifi'katsʰja]
desqualificar (vt)	**dyskwalifikować**	[diskfalifi'kɔvatʃ]
penálti (m)	**rzut** (m) **karny**	[ʒut 'karni]
barreira (f)	**mur** (m)	[mur]
marcar (vt)	**strzelić**	['stʃɛlitʃ]
golo (m)	**bramka** (ż)	['bramka]
marcar um golo	**strzelić bramkę**	['stʃɛlitʃ 'bramkɛ̃]
substituição (f)	**zamiana** (ż)	[za'mʲana]
substituir (vt)	**zamienić**	[za'menitʃ]
regras (f pl)	**reguły** (l.mn.)	[rɛ'guwi]
tática (f)	**taktyka** (ż)	['taktika]
estádio (m)	**stadion** (m)	['stadʰɔn]
bancadas (f pl)	**trybuna** (ż)	[tri'buna]
fã, adepto (m)	**fan** (m)	[fan]
gritar (vi)	**krzyczeć**	['kʃitʃɛtʃ]
marcador (m)	**tablica** (ż)	[tab'litsa]
resultado (m)	**wynik** (m)	['vɨnik]

derrota (f)	porażka (ż)	[pɔ'raʃka]
perder (vt)	przegrać	['pʃɛgratʃ]
empate (m)	remis (m)	['rɛmis]
empatar (vi)	zremisować	[zrɛmi'sɔvatʃ]

vitória (f)	zwycięstwo (n)	[zvi'tʃenstfɔ]
ganhar, vencer (vi, vt)	zwyciężyć	[zvi'tʃenʒitʃ]
campeão (m)	mistrz (m)	[mistʃ]
melhor	najlepszy	[naj'lepʃi]
felicitar (vt)	gratulować	[gratu'lɔvatʃ]

comentador (m)	komentator (m)	[kɔmɛn'tatɔr]
comentar (vt)	komentować	[kɔmɛn'tɔvatʃ]
transmissão (f)	transmisja (ż)	[trans'misʰja]

137. Esqui alpino

esqui (m)	narty (l.mn.)	['narti]
esquiar (vi)	jeździć na nartach	['ezⁱdʒitʃ na 'nartah]
estância (f) de esqui	kurort (m) narciarski	['kurɔrt nar'tʃarski]
teleférico (m)	dźwig (m)	[dʒⁱvik]

bastões (m pl) de esqui	kije (l.mn.)	['kie]
declive (m)	zbocze (n)	['zbɔtʃɛ]
slalom (m)	slalom (m)	['sʎalɜm]

138. Ténis. Golfe

golfe (m)	golf (m)	[gɔʎf]
clube (m) de golfe	klub (m) golfowy	[klyb gɔʎ'fɔvi]
jogador (m) de golfe	golfista (m)	[gɔʎ'fista]

buraco (m)	dołek (m)	['dɔwɛk]
taco (m)	kij (m) golfowy	[kij gɔʎ'fɔvi]
trolley (m)	wózek (m) do golfa	['vuzɛk dɔ 'gɔʎfa]

ténis (m)	tenis (m)	['tɛnis]
quadra (f) de ténis	kort (m)	[kɔrt]
saque (m)	serw (m)	[sɛrf]
sacar (vi)	serwować	[sɛr'vɔvatʃ]
raquete (f)	rakieta (ż)	[ra'keta]
rede (f)	siatka (ż)	['ɕatka]
bola (f)	piłeczka (ż)	[pi'wɛtʃka]

139. Xadrez

xadrez (m)	szachy (l.mn.)	['ʃahɨ]
peças (f pl) de xadrez	figury (l.mn.) szachowe	[fi'guri ʃa'hɔvɛ]
xadrezista (m)	szachista (m)	[ʃa'hista]
tabuleiro (m) de xadrez	szachownica (ż)	[ʃahɔv'nitsa]

. peça (f) de xadrez	figura (m)	[fi'gura]
brancas (f pl)	białe (l.mn.)	['bʲawɛ]
pretas (f pl)	czarne (l.mn.)	['t͡ʃarnɛ]

peão (m)	pionek (m)	['pɔnɛk]
bispo (m)	goniec (m)	['gɔnet͡s]
cavalo (m)	skoczek (m)	['skɔt͡ʃɛk]
torre (f)	wieża (ż)	['veʒa]
dama (f)	hetman (m)	['hɛtman]
rei (m)	król (m)	[kruʎ]

vez (m)	ruch (m)	[ruh]
mover (vt)	zrobić ruch	['zrɔbit͡ʃ ruh]
sacrificar (vt)	poświęcić	[pɔʃ'vɛt͡ʃit͡ʃ]
roque (m)	roszada (ż)	[rɔ'ʃada]
xeque (m)	szach (m)	[ʃah]
xeque-mate (m)	mat (m)	[mat]

torneio (m) de xadrez	turniej (m) szachowy	['turnej ʃa'hɔvɨ]
grão-mestre (m)	arcymistrz (m)	[ar'tsɨmist͡ʃ]
combinação (f)	kombinacja (ż)	[kɔmbi'nats͡ʰja]
partida (f)	partia (ż)	['partʰja]
jogo (m) de damas	warcaby (l.mn.)	[var'tsabɨ]

140. Boxe

boxe (m)	boks (m)	[bɔks]
combate (m)	walka (ż)	['vaʎka]
duelo (m)	pojedynek (m)	[pɔe'dinɛk]
round (m)	runda (ż)	['runda]

| ringue (m) | ring (m) | [riŋk] |
| gongo (m) | gong (m) | [gɔŋk] |

murro, soco (m)	cios (m)	['t͡ʃɔs]
knockdown (m)	knockdown (m)	[nɔk'daun]
nocaute (m)	nokaut (m)	[nɔ'kaut]
nocautear (vt)	znokautować	[znɔkau'tɔvat͡ʃ]

| luva (f) de boxe | rękawica (ż) bokserska | [rɛ̆ka'vitsa bɔk'sɛrska] |
| árbitro (m) | sędzia (m) | ['sɛ̃d͡ʒʲa] |

peso-leve (m)	waga (ż) lekka	['vaga 'lekka]
peso-médio (m)	waga (ż) półciężka	['vaga puw't͡ʃeɲʃka]
peso-pesado (m)	waga (ż) ciężka	['vaga 't͡ʃeɲʃka]

141. Desportos. Diversos

Jogos (m pl) Olímpicos	Igrzyska (l.mn.) Olimpijskie	[ig'ʒiska ɔlim'pijske]
vencedor (m)	zwycięzca (m)	[zvi't͡ʃenstsa]
vencer (vi)	zwyciężać	[zvi't͡ʃenʒat͡ʃ]
vencer, ganhar (vi)	wygrać	['vigrat͡ʃ]

líder (m)	lider (m)	['lidɛr]
liderar (vt)	prowadzić	[prɔ'vadʒitʃ]
primeiro lugar (m)	pierwsze miejsce (n)	['perʃʃɛ 'mejstsɛ]
segundo lugar (m)	drugie miejsce (n)	['druge 'mejstsɛ]
terceiro lugar (m)	trzecie miejsce (n)	['tʃɛtʃe 'mejstsɛ]
medalha (f)	medal (m)	['mɛdaʎ]
troféu (m)	trofeum (m)	[trɔ'fɛum]
taça (f)	puchar (m)	['puhar]
prémio (m)	nagroda (ż)	[nag'rɔda]
prémio (m) principal	główna nagroda (ż)	['gwuvna nag'rɔda]
recorde (m)	rekord (m)	['rɛkɔrt]
estabelecer um recorde	ustanawiać rekord	[usta'navʲatʃ 'rɛkɔrt]
final (m)	finał (m)	['finaw]
final	finałowy	[fina'wɔvi]
campeão (m)	mistrz (m)	[mistʃ]
campeonato (m)	mistrzostwa (l.mn.)	[mist'ʃɔstva]
estádio (m)	stadion (m)	['stadʰɜn]
bancadas (f pl)	trybuna (ż)	[tri'buna]
fã, adepto (m)	kibic (m)	['kibits]
adversário (m)	przeciwnik (m)	[pʃɛ'tʃivnik]
partida (f)	start (m)	[start]
chegada, meta (f)	meta (ż)	['mɛta]
derrota (f)	przegrana (ż)	[pʃɛg'rana]
perder (vt)	przegrać	['pʃɛgratʃ]
árbitro (m)	sędzia (m)	['sɛ̃dʒʲa]
júri (m)	jury (n)	[ʒi'ri]
resultado (m)	wynik (m)	['vinik]
empate (m)	remis (m)	['rɛmis]
empatar (vi)	zremisować	[zrɛmi'sɔvatʃ]
ponto (m)	punkt (m)	[puŋkt]
resultado (m) final	wynik (m)	['vinik]
intervalo (m)	przerwa (ż)	['pʃɛrva]
doping (m)	doping (m)	['dɔpiŋk]
penalizar (vt)	karać	['karatʃ]
desqualificar (vt)	dyskwalifikować	[diskfalifi'kɔvatʃ]
aparelho (m)	przyrząd (m)	['pʃiʒɔ̃t]
dardo (m)	oszczep (m)	['ɔʃtʃep]
peso (m)	kula (ż)	['kuʎa]
bola (f)	kula (ż)	['kuʎa]
alvo, objetivo (m)	cel (m)	[tsɛʎ]
alvo (~ de papel)	tarcza (ż)	['tartʃa]
atirar, disparar (vi)	strzelać	['stʃɛʎatʃ]
preciso (tiro ~)	dokładny	[dɔk'wadni]
treinador (m)	trener (m)	['trɛnɛr]

treinar (vt)	trenować	[trɛ'nɔvatɕ]
treinar-se (vr)	ćwiczyć	['tɕfitɕitɕ]
treino (m)	trening (m)	['trɛniŋk]

ginásio (m)	sala (ż) gimnastyczna	['saʎa gimnas'titʃna]
exercício (m)	ćwiczenie (n)	[tɕfit'ʃɛne]
aquecimento (m)	rozgrzewka (ż)	[rɔzg'ʒɛfka]

Educação

142. Escola

escola (f)	szkoła (ż)	['ʃkɔwa]
diretor (m) de escola	dyrektor (m) szkoły	[di'rɛktɔr 'ʃkɔwi]
aluno (m)	uczeń (m)	['utʃɛɲ]
aluna (f)	uczennica (ż)	[utʃɛ'ɲitsa]
escolar (m)	uczeń (m)	['utʃɛɲ]
escolar (f)	uczennica (ż)	[utʃɛ'ɲitsa]
ensinar (vt)	uczyć	['utʃitʃ]
aprender (vt)	uczyć się	['utʃitʃ ɕɛ̃]
aprender de cor	uczyć się na pamięć	['utʃitʃ ɕɛ̃ na 'pamɛ̃tʃ]
estudar (vi)	uczyć się	['utʃitʃ ɕɛ̃]
andar na escola	uczyć się	['utʃitʃ ɕɛ̃]
ir à escola	iść do szkoły	[iɕtʃ dɔ 'ʃkɔwi]
alfabeto (m)	alfabet (m)	[aʎ'fabɛt]
disciplina (f)	przedmiot (m)	['pʃɛdmɔt]
sala (f) de aula	klasa (ż)	['kʎasa]
lição (f)	lekcja (ż)	['lektsʰja]
recreio (m)	przerwa (ż)	['pʃɛrva]
toque (m)	dzwonek (m)	['dzvɔnɛk]
carteira (f)	ławka (ż)	['wafka]
quadro (m) negro	tablica (ż)	[tab'litsa]
nota (f)	ocena (ż)	[ɔ'tsɛna]
boa nota (f)	dobra ocena (ż)	['dɔbra ɔ'tsɛna]
nota (f) baixa	zła ocena (ż)	[zwa ɔ'tsɛna]
dar uma nota	wystawiać oceny	[vis'tavʲatʃ ɔ'tsɛni]
erro (m)	błąd (m)	[bwɔ̃t]
fazer erros	robić błędy	['rɔbitʃ 'bwɛndi]
corrigir (vt)	poprawiać	[pɔp'ravʲatʃ]
cábula (f)	ściągawka (ż)	[ɕtʃɔ̃'gafka]
dever (m) de casa	praca (ż) domowa	['pratsa dɔ'mɔva]
exercício (m)	ćwiczenie (n)	[tʃfit'ʃɛne]
estar presente	być obecnym	[bitʃ ɔ'bɛtsnim]
estar ausente	być nieobecnym	[bitʃ nɛɔ'bɛtsnim]
punir (vt)	karać	['karatʃ]
punição (f)	kara (ż)	['kara]
comportamento (m)	zachowanie (ż)	[zahɔ'vane]

boletim (m) escolar	dziennik (m) szkolny	['dʒɛɲik 'ʃkɔʎni]
lápis (m)	ołówek (m)	[ɔ'wuvɛk]
borracha (f)	gumka (ż)	['gumka]
giz (m)	kreda (ż)	['krɛda]
estojo (m)	piórnik (m)	['pyrnik]

pasta (f) escolar	teczka (ż)	['tɛtʃka]
caneta (f)	długopis (m)	[dwu'gɔpis]
caderno (m)	zeszyt (m)	['zɛʃit]
manual (m) escolar	podręcznik (m)	[pɔd'rɛntʃnik]
compasso (m)	cyrkiel (m)	['tsirkeʎ]

traçar (vt)	szkicować	[ʃki'tsɔvatʃ]
desenho (m) técnico	rysunek (m) techniczny	[ri'sunɛk tɛh'nitʃnɛ]

poesia (f)	wiersz (m)	[verʃ]
de cor	na pamięć	[na 'pamɛ̃tʃ]
aprender de cor	uczyć się na pamięć	['utʃitʃ ɕɛ na 'pamɛ̃tʃ]

férias (f pl)	ferie (l.mn.)	['ferʰe]
estar de férias	być na feriach	[bitʃ na 'fɛrʰjah]

teste (m)	sprawdzian (m)	['spravdʒʲan]
composição, redação (f)	wypracowanie (n)	[vipratsɔ'vane]
ditado (m)	dyktando (n)	[dik'tandɔ]

exame (m)	egzamin (m)	[ɛg'zamin]
fazer exame	zdawać egzaminy	['zdavatʃ ɛgza'mini]
experiência (~ química)	eksperyment (m)	[ɛkspɛ'rimɛnt]

143. Colégio. Universidade

academia (f)	akademia (ż)	[aka'dɛmʰja]
universidade (f)	uniwersytet (m)	[uni'vɛrsitɛt]
faculdade (f)	wydział (m)	['vidʒʲaw]

estudante (m)	student (m)	['studɛnt]
estudante (f)	studentka (ż)	[stu'dɛntka]
professor (m)	wykładowca (m)	[vikwa'dɔftsa]

sala (f) de palestras	sala (ż)	['saʎa]
graduado (m)	absolwent (m)	[ab'sɔʎvɛnt]

diploma (m)	dyplom (ż)	['diplɔm]
tese (f)	rozprawa (ż)	[rɔsp'rava]

estudo (obra)	studium (n)	['studʰjum]
laboratório (m)	laboratorium (n)	[ʎabɔra'tɔrʰjum]

palestra (f)	wykład (m)	['vikwat]
colega (m) de curso	kolega (m) z roku	[kɔ'lega z 'rɔku]

bolsa (f) de estudos	stypendium (n)	[sti'pɛndʰjum]
grau (m) académico	stopień (m) naukowy	['stɔpeɲ nau'kɔvi]

144. Ciências. Disciplinas

matemática (f)	matematyka (ż)	[matɛ'matika]
álgebra (f)	algebra (ż)	[aʎ'gɛbra]
geometria (f)	geometria (ż)	[gɛɔ'mɛtrʰja]
astronomia (f)	astronomia (ż)	[astrɔ'nɔmʰja]
biologia (f)	biologia (ż)	[bʰɔ'lɜgʰja]
geografia (f)	geografia (ż)	[gɛɔg'rafʰja]
geologia (f)	geologia (ż)	[gɛɔ'lɜgʰja]
história (f)	historia (ż)	[his'tɔrʰja]
medicina (f)	medycyna (ż)	[mɛdi'tsina]
pedagogia (f)	pedagogika (ż)	[pɛda'gɔgika]
direito (m)	prawo (n)	['pravɔ]
física (f)	fizyka (ż)	['fizika]
química (f)	chemia (ż)	['hɛmʰja]
filosofia (f)	filozofia (ż)	[filɜ'zɔfʰja]
psicologia (f)	psychologia (ż)	[psiɦɔ'lɜgʰja]

145. Sistema de escrita. Ortografia

gramática (f)	gramatyka (ż)	[gra'matika]
vocabulário (m)	słownictwo (n)	[swɔv'nitstfɔ]
fonética (f)	fonetyka (ż)	[fɔ'nɛtika]
substantivo (m)	rzeczownik (m)	[ʒɛt'ʃɔvnik]
adjetivo (m)	przymiotnik (m)	[pʃi'mɜtnik]
verbo (m)	czasownik (m)	[tʃa'sɔvnik]
advérbio (m)	przysłówek (m)	[pʃis'wuvɛk]
pronome (m)	zaimek (m)	[za'imɛk]
interjeição (f)	wykrzyknik (m)	[vik'ʃiknik]
preposição (f)	przyimek (m)	[pʃi'imɛk]
raiz (f) da palavra	rdzeń (m) słowa	[rdzɛɲ 'swɔva]
terminação (f)	końcówka (ż)	[kɔɲ'tsufka]
prefixo (m)	prefiks (m)	['prɛfiks]
sílaba (f)	sylaba (ż)	[si'ʎaba]
sufixo (m)	sufiks (m)	['sufiks]
acento (m)	akcent (m)	['aktsɛnt]
apóstrofo (m)	apostrof (m)	[a'pɔstrɔf]
ponto (m)	kropka (ż)	['krɔpka]
vírgula (f)	przecinek (m)	[pʃɛ'tʃinɛk]
ponto e vírgula (m)	średnik (m)	['ɕrɛdnik]
dois pontos (m pl)	dwukropek (m)	[dvuk'rɔpɛk]
reticências (f pl)	wielokropek (m)	[velɜk'rɔpɛk]
ponto (m) de interrogação	znak (m) zapytania	[znak zapi'taɲa]
ponto (m) de exclamação	wykrzyknik (m)	[vik'ʃiknik]

aspas (f pl)	cudzysłów (m)	[ʦu'dʑiswuf]
entre aspas	w cudzysłowie	[f ʦudʑis'wɔve]
parênteses (m pl)	nawias (m)	['naviɑs]
entre parênteses	w nawiasie	[v na'viɑɕe]

hífen (m)	łącznik (m)	['wɔ̃ʧnik]
travessão (m)	myślnik (m)	['miɕʎnik]
espaço (m)	odstęp (m)	['ɔtstɛ̃p]

| letra (f) | litera (ż) | [li'tɛra] |
| letra (f) maiúscula | wielka litera (ż) | ['veʎka li'tɛra] |

| vogal (f) | samogłoska (ż) | [samɔg'wɔska] |
| consoante (f) | spółgłoska (ż) | [spuwg'wɔska] |

frase (f)	zdanie (n)	['zdane]
sujeito (m)	podmiot (m)	['pɔdmɔt]
predicado (m)	orzeczenie (n)	[ɔʒɛt'ʃɛne]

linha (f)	linijka (n)	[li'nijka]
em uma nova linha	od nowej linii	[ɔd 'nɔvɛj 'liniː]
parágrafo (m)	akapit (m)	[a'kapit]

palavra (f)	słowo (n)	['swɔvɔ]
grupo (m) de palavras	połączenie (n) wyrazowe	[pɔwɔ̃t'ʃɛne vira'zɔvɛ]
expressão (f)	wyrażenie (n)	[vira'ʒɛne]
sinónimo (m)	synonim (m)	[si'nɔnim]
antónimo (m)	antonim (m)	[an'tɔnim]

regra (f)	reguła (ż)	[rɛ'guwa]
exceção (f)	wyjątek (m)	[viɔ̃tɛk]
correto	poprawny	[pɔp'ravni]

conjugação (f)	koniugacja (ż)	[kɔnʰju'gaʦʰja]
declinação (f)	deklinacja (ż)	[dɛkli'naʦʰja]
caso (m)	przypadek (m)	[pʃi'padɛk]
pergunta (f)	pytanie (n)	[pi'tane]
sublinhar (vt)	podkreślić	[pɔtk'rɛɕliʧ]
linha (f) pontilhada	linia (ż) przerywana	['liɲja pʃɛri'vana]

146. Línguas estrangeiras

língua (f)	język (m)	['enzik]
língua (f) estrangeira	obcy język (m)	['ɔbʦɨ 'enzik]
estudar (vt)	studiować	[studʰɔvaʧ]
aprender (vt)	uczyć się	['uʧiʧ ɕɛ̃]

ler (vt)	czytać	['ʧitaʧ]
falar (vi)	mówić	['muviʧ]
compreender (vt)	rozumieć	[rɔ'zumeʧ]
escrever (vt)	pisać	['pisaʧ]

| rapidamente | szybko | ['ʃipkɔ] |
| devagar | wolno | ['vɔʎnɔ] |

fluentemente	swobodnie	[sfɔ'bɔdne]
regras (f pl)	reguły (l.mn.)	[rɛ'guwi]
gramática (f)	gramatyka (ż)	[gra'matika]
vocabulário (m)	słownictwo (n)	[swɔv'niʦtfɔ]
fonética (f)	fonetyka (ż)	[fɔ'nɛtika]

manual (m) escolar	podręcznik (m)	[pɔd'rɛnʧnik]
dicionário (m)	słownik (m)	['swɔvnik]
manual (m)	samouczek (m)	[samɔ'uʧɛk]
de autoaprendizagem		
guia (m) de conversação	rozmówki (l.mn.)	[rɔz'mufki]

cassete (f)	kaseta (ż)	[ka'sɛta]
vídeo cassete (m)	kaseta (ż) wideo	[ka'sɛta vi'dɛɔ]
CD (m)	płyta CD (ż)	['pwita si'di]
DVD (m)	płyta DVD (ż)	['pwita divi'di]

alfabeto (m)	alfabet (m)	[aʎ'fabɛt]
soletrar (vt)	przeliterować	[pʃɛlite'rɔvaʨ]
pronúncia (f)	wymowa (ż)	[vi'mɔva]

sotaque (m)	akcent (m)	['akʦɛnt]
com sotaque	z akcentem	[z ak'ʦɛntɛm]
sem sotaque	bez akcentu	[bɛz ak'ʦɛntu]

palavra (f)	wyraz (m), słowo (n)	['viras], ['svɔvɔ]
sentido (m)	znaczenie (n)	[zna'ʧɛnie]

cursos (m pl)	kurs (m)	[kurs]
inscrever-se (vr)	zapisać się	[za'pisaʨ ɕɛ̃]
professor (m)	wykładowca (m)	[vikwa'dɔfʦa]

tradução (processo)	tłumaczenie (n)	[twumat'ʃɛne]
tradução (texto)	przekład (m)	['pʃɛkwat]
tradutor (m)	tłumacz (m)	['twumaʧ]
intérprete (m)	tłumacz (m)	['twumaʧ]

poliglota (m)	poliglota (m)	[pɔlig'lɔta]
memória (f)	pamięć (ż)	['pamɛ̃ʨ]

147. Personagens de contos de fadas

Pai (m) Natal	Święty Mikołaj (m)	['ɕfenti mi'kɔwaj]
sereia (f)	rusałka (ż)	[ru'sawka]

mago (m)	czarodziej (m)	[ʧa'rɔdʑej]
fada (f)	czarodziejka (ż)	[ʧarɔ'dʑejka]
mágico	czarodziejski	[ʧarɔ'dʑejski]
varinha (f) mágica	różdżka (ż) czarodziejska	['ruʃʧka ʧarɔ'dʑejska]

conto (m) de fadas	bajka (ż)	['bajka]
milagre (m)	cud (m)	[ʦut]
anão (m)	krasnoludek (m)	[krasnɔ'lydɛk]
transformar-se em ...	zamienić się	[za'meniʨ ɕɛ̃]

fantasma (m)	duch (m)	[duh]
espetro (m)	zjawa (ż)	['zʰjava]
monstro (m)	potwór (m)	['pɔtfur]
dragão (m)	smok (m)	[smɔk]
gigante (m)	wielkolud (m)	[veʎ'kɔlyt]

148. Signos do Zodíaco

Carneiro	Baran (m)	['baran]
Touro	Byk (m)	[bɨk]
Gémeos	Bliźnięta (l.mn.)	[bliʑ'nenta]
Caranguejo	Rak (m)	[rak]
Leão	Lew (m)	[lef]
Virgem (f)	Panna (ż)	['paɲa]

Balança	Waga (ż)	['vaga]
Escorpião	Skorpion (m)	['skɔrpʰɜn]
Sagitário	Strzelec (m)	['stʃɛlets]
Capricórnio	Koziorożec (m)	[kɔʒʒ'rɔʒɛts]
Aquário	Wodnik (m)	['vɔdnik]
Peixes	Ryby (l.mn.)	['rɨbɨ]

caráter (m)	charakter (m)	[ha'raktɛr]
traços (m pl) do caráter	cechy (l.mn.) charakteru	['tsɛhɨ harak'tɛru]
comportamento (m)	zachowanie (n)	[zahɔ'vane]
predizer (vt)	wróżyć	['vruʒɨtʃ]
adivinha (f)	wróżka (ż)	['vruʃka]
horóscopo (m)	horoskop (m)	[hɔ'rɔskɔp]

Artes

149. Teatro

teatro (m)	teatr (m)	['tɛatr]
ópera (f)	opera (ż)	['ɔpɛra]
opereta (f)	operetka (ż)	[ɔpɛ'rɛtka]
balé (m)	balet (m)	['balet]
cartaz (m)	afisz (m)	['afiʃ]
companhia (f) teatral	zespół (m)	['zɛspuw]
turné (digressão)	tournée (n)	[tur'nɛ]
estar em turné	być na tournée	[bitʃ na tur'nɛ]
ensaiar (vt)	robić próbę	['rɔbitʃ 'prubɛ̃]
ensaio (m)	próba (ż)	['pruba]
repertório (m)	repertuar (m)	[rɛ'pɛrtuar]
apresentação (f)	przedstawienie (n)	[pʃɛtsta'vene]
espetáculo (m)	spektakl (m)	['spɛktakʎ]
peça (f)	sztuka (ż)	['ʃtuka]
bilhete (m)	bilet (m)	['bilet]
bilheteira (f)	kasa (ż) biletowa	['kasa bile'tɔva]
hall (m)	hol (m)	[hɔʎ]
guarda-roupa (m)	szatnia (ż)	['ʃatɲa]
senha (f) numerada	numerek (m)	[nu'mɛrɛk]
binóculo (m)	lornetka (ż)	[lɔr'nɛtka]
lanterninha (m)	kontroler (m)	[kɔnt'rɔler]
plateia (f)	parter (m)	['partɛr]
balcão (m)	balkon (m)	['baʎkɔn]
primeiro balcão (m)	pierwszy balkon (m)	['perfʃi 'baʎkɔn]
camarote (m)	loża (ż)	['lɔʒa]
fila (f)	rząd (m)	[ʒɔ̃t]
assento (m)	miejsce (n)	['mejstsɛ]
público (m)	publiczność (ż)	[pub'litʃnɔɕtʃ]
espetador (m)	widz (m)	[vidz]
aplaudir (vt)	klaskać	['klaskatʃ]
aplausos (m pl)	oklaski (l.mn.)	[ɔk'ʎaski]
ovação (f)	owacje (l.mn.)	[ɔ'vatsʰe]
palco (m)	scena (ż)	['stsɛna]
pano (m) de boca	kurtyna (ż)	[kur'tina]
cenário (m)	dekoracje (l.mn.)	[dɛkɔ'ratsʰe]
bastidores (m pl)	kulisy (l.mn.)	[ku'lisi]
cena (f)	scena (ż)	['stsɛna]
ato (m)	akt (m)	[akt]
entreato (m)	przerwa (ż)	['pʃɛrva]

150. Cinema

ator (m)	aktor (m)	['aktɔr]
atriz (f)	aktorka (ż)	[ak'tɔrka]

cinema (m)	kino (n)	['kinɔ]
filme (m)	kino (n), film (m)	['kinɔ], [fiʎm]
episódio (m)	odcinek (m)	[ɔ'tʃinɛk]

filme (m) policial	film (m) kryminalny	[fiʎm krimi'naʎni]
filme (m) de ação	film (m) akcji	[fiʎm 'aktsʰi]
filme (m) de aventuras	film (m) przygodowy	[fiʎm pʃigɔ'dɔvi]
filme (m) de ficção científica	film (m) science-fiction	[fiʎm sajns fikʃn]
filme (m) de terror	horror (m)	['hɔrɔr]

comédia (f)	komedia (ż) filmowa	[kɔ'mɛdʰja fiʎ'mɔva]
melodrama (m)	melodramat (m)	[mɛlɔd'ramat]
drama (m)	dramat (m)	['dramat]

filme (m) ficcional	film (m) fabularny	[fiʎm fabu'ʎarni]
documentário (m)	film (m) dokumentalny	[fiʎm dɔkumɛn'taʎni]
desenho (m) animado	film (m) animowany	[fiʎm animɔ'vani]
cinema (m) mudo	nieme kino (n)	['nemɛ 'kinɔ]

papel (m)	rola (ż)	['rɔʎa]
papel (m) principal	główna rola (ż)	['gwuvna 'rɔʎa]
representar (vt)	grać	[gratʃ]

estrela (f) de cinema	gwiazda (ż) filmowa	['gvʲazda fiʎ'mɔva]
conhecido	sławny	['swavni]
famoso	znany	['znani]
popular	popularny	[pɔpu'ʎarni]

argumento (m)	scenariusz (m)	[stsɛ'narʰjuʃ]
argumentista (m)	scenarzysta (m)	[stsɛna'ʒista]
realizador (m)	reżyser (m)	[rɛ'ʒisɛr]
produtor (m)	producent (m)	[prɔ'dutsɛnt]
assistente (m)	asystent (m)	[a'sistɛnt]
diretor (m) de fotografia	operator (m)	[ɔpɛ'ratɔr]
duplo (m)	kaskader (m)	[kas'kadɛr]

filmar (vt)	kręcić film	['krɛ̃tʃitʃ fiʎm]
audição (f)	próby (l.mn.)	['prubi]
filmagem (f)	zdjęcia (l.mn.)	['zdʰɛ̃tʃa]
equipe (f) de filmagem	ekipa (ż) filmowa	[ɛ'kipa fiʎ'mɔva]
set (m) de filmagem	plan (m) filmowy	[pʎan fiʎ'mɔvi]
câmara (f)	kamera (ż) filmowa	[ka'mɛra fiʎ'mɔva]

cinema (m)	kino (n)	['kinɔ]
ecrã (m), tela (f)	ekran (m)	['ɛkran]
exibir um filme	wyświetlać film	[viɕ'fetʎatʃ fiʎm]

pista (f) sonora	ścieżka (ż) dźwiękowa	['ɕtʃeʃka dʒʲvɛ̃'kɔva]
efeitos (m pl) especiais	efekty (l.mn.) specjalne	[ɛ'fɛkti spɛtsʰ'jaʎnɛ]
legendas (f pl)	napisy (l.mn.)	[na'pisi]

| crédito (m) | czołówka (ż) | [tʃɔ'wufka] |
| tradução (f) | tłumaczenie (n) | [twumat'ʃɛne] |

151. Pintura

arte (f)	sztuka (ż)	['ʃtuka]
belas-artes (f pl)	sztuki (l.mn.) piękne	['ʃtuki 'peŋknɛ]
galeria (f) de arte	galeria (ż)	[galerʰja]
exposição (f) de arte	wystawa (ż) sztuki	[vis'tava 'ʃtuki]

pintura (f)	malarstwo (n)	[ma'ʎarstfɔ]
arte (f) gráfica	grafika (ż)	['grafika]
arte (f) abstrata	abstrakcjonizm (m)	[abstraktsʰɜnizm]
impressionismo (m)	impresjonizm (m)	[imprɛsʰɜnizm]

pintura (f), quadro (m)	obraz (m)	['ɔbras]
desenho (m)	rysunek (m)	[ri'sunɛk]
cartaz, póster (m)	plakat (m)	['pʎakat]

ilustração (f)	ilustracja (ż)	[ilyst'ratsʰja]
miniatura (f)	miniatura (ż)	[minja'tura]
cópia (f)	kopia (ż)	['kɔpʰja]
reprodução (f)	reprodukcja (ż)	[rɛprɔ'duktsʰja]

mosaico (m)	mozaika (ż)	[mɔ'zaika]
vitral (m)	witraż (m)	['vitraʃ]
fresco (m)	fresk (m)	[frɛsk]
gravura (f)	sztych (m)	[ʃtih]

busto (m)	popiersie (n)	[pɔ'perɕe]
escultura (f)	rzeźba (ż)	['ʒɛʑba]
estátua (f)	posąg (m)	['pɔsɔ̃k]
gesso (m)	gips (m)	[gips]
em gesso	gipsowy	[gip'sɔvi]

retrato (m)	portret (m)	['pɔrtrɛt]
autorretrato (m)	autoportret (m)	[autɔ'pɔrtrɛt]
paisagem (f)	pejzaż (m)	['pɛjzaʃ]
natureza (f) morta	martwa natura (ż)	['martfa na'tura]
caricatura (f)	karykatura (ż)	[karika'tura]

tinta (f)	farba (ż)	['farba]
aguarela (f)	akwarela (ż)	[akfa'rɛʎa]
óleo (m)	farba (ż) olejna	['farba ɔlejna]
lápis (m)	ołówek (m)	[ɔ'wuvɛk]
tinta da China (f)	tusz (m)	[tuʃ]
carvão (m)	węgiel (m)	['vɛŋeʎ]

| desenhar (vt) | rysować | [ri'sɔvatʃ] |
| pintar (vt) | malować | [ma'lɔvatʃ] |

posar (vi)	pozować	[pɔ'zɔvatʃ]
modelo (m)	model (m)	['mɔdeʎ]
modelo (f)	modelka (ż)	[mɔ'dɛʎka]

pintor (m)	malarz (m)	['maʎaʃ]
obra (f)	dzieło (n)	['dʒewɔ]
obra-prima (f)	arcydzieło (n)	[arʦi'dʒewɔ]
estúdio (m)	pracownia (ż)	[pra'ʦɔvɲa]

tela (f)	płótno (n)	['pwutnɔ]
cavalete (m)	sztalugi (l.mn.)	[ʃta'lygi]
paleta (f)	paleta (ż)	[pa'leta]

moldura (f)	rama (ż)	['rama]
restauração (f)	restauracja (ż)	[rɛstau'raʦʰja]
restaurar (vt)	restaurować	[rɛstau'rɔvaʧ]

152. Literatura & Poesia

literatura (f)	literatura (ż)	[litɛra'tura]
autor (m)	autor (m)	['autɔr]
pseudónimo (m)	pseudonim (m)	[psɛu'dɔnim]

livro (m)	książka (ż)	[kɕɔ̃ʃka]
volume (m)	tom (m)	[tɔm]
índice (m)	spis (m) treści	[spis 'trɛɕʧi]
página (f)	strona (ż)	['strɔna]
protagonista (m)	główny bohater (m)	['gwuvnɨ bɔ'hatɛr]
autógrafo (m)	autograf (m)	[au'tɔgraf]

conto (m)	opowiadanie (n)	[ɔpɔvʲa'dane]
novela (f)	opowieść (ż)	[ɔ'pɔvɛɕʧ]
romance (m)	powieść (ż)	['pɔvɛʧ]
obra (f)	wypracowanie (n)	[vɨpraʦɔ'vane]
fábula (m)	baśń (ż)	[baɕɲ]
romance (m) policial	kryminał (m)	[kri'minaw]

poesia (obra)	wiersz (m)	[verʃ]
poesia (arte)	poezja (ż)	[pɔ'ɛzʰja]
poema (m)	poemat (m)	[pɔ'ɛmat]
poeta (m)	poeta (m)	[pɔ'ɛta]

ficção (f)	beletrystyka (ż)	[bɛlet'ristika]
ficção (f) científica	fantastyka (ż) naukowa	[fan'tastika nau'kɔva]
aventuras (f pl)	przygody (l.mn.)	[pʃɨ'gɔdɨ]
literatura (f) didática	podręczniki (l.mn.)	[pɔdrɛ̃ʧ'niki]
literatura (f) infantil	literatura (ż) dla dzieci	[litɛra'tura dʎa 'dʒeʧi]

153. Circo

circo (m)	cyrk (m)	[ʦɨrk]
circo (m) ambulante	cyrk (m) wędrowny	[ʦɨrk vɛ̃d'rɔvnɨ]
programa (m)	program (m)	['prɔgram]
apresentação (f)	przedstawienie (n)	[pʃɛtsta'vene]
número (m)	numer (m)	['numɛr]
arena (f)	arena (ż)	[a'rɛna]

| pantomima (f) | pantomima (ż) | [pantɔ'mima] |
| palhaço (m) | klown (m) | ['kʎaun] |

acrobata (m)	akrobata (m)	[akrɔ'bata]
acrobacia (f)	akrobatyka (ż)	[akrɔ'batɨka]
ginasta (m)	gimnastyk (m)	[gim'nastɨk]
ginástica (f)	gimnastyka (ż)	[gim'nastɨka]
salto (m) mortal	salto (n)	['saʎtɔ]

homem forte (m)	atleta (m)	[at'leta]
domador (m)	poskramiacz (m)	[pɔsk'ramʲatʃ]
cavaleiro (m) equilibrista	jeździec (m)	['eʑdʑeʦ]
assistente (m)	asystent (m)	[a'sɨstɛnt]

truque (m)	trik (m)	[trik]
truque (m) de mágica	sztuczka (ż)	['ʃtutʃka]
mágico (m)	sztukmistrz (m)	['ʃtukmistʃ]

malabarista (m)	żongler (m)	['ʒɔŋler]
fazer malabarismos	żonglować	[ʒɔŋ'lɔvatʃ]
domador (m)	treser (m)	['trɛsɛr]
adestramento (m)	tresura (ż)	[trɛ'sura]
adestrar (vt)	tresować	[trɛ'sɔvatʃ]

154. Música. Música popular

música (f)	muzyka (ż)	['muzɨka]
músico (m)	muzyk (m)	['muzɨk]
instrumento (m) musical	instrument (m) muzyczny	[inst'rumɛnt mu'zɨtʃnɨ]
tocar ...	grać na ...	[gratʃ na]

guitarra (f)	gitara (ż)	[gi'tara]
violino (m)	skrzypce (l.mn.)	['skʃɨpʦɛ]
violoncelo (m)	wiolonczela (ż)	[vʰɔlɔnt'ʃɛʎa]
contrabaixo (m)	kontrabas (m)	[kɔnt'rabas]
harpa (f)	harfa (ż)	['harfa]

piano (m)	pianino (n)	[pʰja'ninɔ]
piano (m) de cauda	fortepian (m)	[for'tɛpʰjan]
órgão (m)	organy (l.mn.)	[ɔr'ganɨ]

instrumentos (m pl) de sopro	instrumenty (l.mn.) dęte	[instru'mɛntɨ 'dɛntɛ]
oboé (m)	obój (m)	['ɔbuj]
saxofone (m)	saksofon (m)	[sak'sɔfɔn]
clarinete (m)	klarnet (m)	['kʎarnɛt]
flauta (f)	flet (m)	[flɛt]
trompete (m)	trąba (ż), trąbka (ż)	['trɔ̃ba], ['trɔ̃bka]

| acordeão (m) | akordeon (m) | [akɔr'dɛɔn] |
| tambor (m) | bęben (m) | ['bɛmbɛn] |

duo, dueto (m)	duet (m)	['duɛt]
trio (m)	trio (ż)	['triɔ]
quarteto (m)	kwartet (m)	['kfartɛt]

| coro (m) | chór (m) | [hur] |
| orquestra (f) | orkiestra (ż) | [ɔr'kestra] |

música (f) pop	muzyka (ż) pop	['muzɨka pɔp]
música (f) rock	muzyka (ż) rockowa	['muzɨka rɔ'kɔva]
grupo (m) de rock	zespół (m) rockowy	['zɛspuw rɔ'kɔvɨ]
jazz (m)	jazz (m)	[dʒɛs]

| ídolo (m) | idol (m) | ['idɔʎ] |
| fã, admirador (m) | wielbiciel (m) | [veʎ'bitʃeʎ] |

concerto (m)	koncert (m)	['kɔntsɛrt]
sinfonia (f)	symfonia (ż)	[sim'fɔnja]
composição (f)	utwór (m)	['utfur]
compor (vt)	skomponować	[skɔmpɔ'nɔvatʃ]

canto (m)	śpiew (m)	[ɕpev]
canção (f)	piosenka (ż)	[pɔ'sɛŋka]
melodia (f)	melodia (ż)	[mɛ'lɔdʰja]
ritmo (m)	rytm (m)	[ritm]
blues (m)	blues (m)	[blys]

notas (f pl)	nuty (l.mn.)	['nutɨ]
batuta (f)	batuta (ż)	[ba'tuta]
arco (m)	smyczek (m)	['smitʃɛk]
corda (f)	struna (ż)	['struna]
estojo (m)	futerał (m)	[fu'tɛraw]

Descanso. Entretenimento. Viagens

155. Viagens

turismo (m)	turystyka (ż)	[tu'ristika]
turista (m)	turysta (m)	[tu'rista]
viagem (f)	podróż (ż)	['pɔdruʃ]
aventura (f)	przygoda (ż)	[pʃi'gɔda]
viagem (f)	podróż (ż)	['pɔdruʃ]
férias (f pl)	urlop (m)	['urlɔp]
estar de férias	być na urlopie	[bitʃ na ur'lɔpe]
descanso (m)	wypoczynek (m)	[vipɔt'ʃinɛk]
comboio (m)	pociąg (m)	['pɔtʃɔ̃k]
de comboio (chegar ~)	pociągiem	[pɔtʃɔ̃gem]
avião (m)	samolot (m)	[sa'mɔlɔt]
de avião	samolotem	[samɔ'lɔtɛm]
de carro	samochodem	[samɔ'hɔdɛm]
de navio	statkiem	['statkem]
bagagem (f)	bagaż (m)	['bagaʃ]
mala (f)	walizka (ż)	[va'liska]
carrinho (m)	wózek (m) bagażowy	['vuzɛk baga'ʒɔvi]
passaporte (m)	paszport (m)	['paʃpɔrt]
visto (m)	wiza (ż)	['viza]
bilhete (m)	bilet (m)	['bilet]
bilhete (m) de avião	bilet (m) lotniczy	['bilet lɔt'nitʃi]
guia (m) de viagem	przewodnik (m)	[pʃɛ'vɔdnik]
mapa (m)	mapa (ż)	['mapa]
local (m), area (f)	miejscowość (ż)	[mejs'tsɔvɔɕtʃ]
lugar, sítio (m)	miejsce (n)	['mejstsɛ]
exotismo (m)	egzotyka (ż)	[ɛg'zɔtika]
exótico	egzotyczny	[ɛgzɔ'titʃni]
surpreendente	zadziwiający	[zadʒivjaɔ̃tsi]
grupo (m)	grupa (ż)	['grupa]
excursão (f)	wycieczka (ż)	[vi'tʃetʃka]
guia (m)	przewodnik (ż)	[pʃɛ'vɔdnik]

156. Hotel

hotel (m)	hotel (m)	['hɔtɛʎ]
motel (m)	motel (m)	['mɔtɛʎ]
três estrelas	trzy gwiazdki	[tʃi 'gvⁱaztki]

| cinco estrelas | pięć gwiazdek | [pɛ̃tʃ 'gvʲazdɛk] |
| ficar (~ num hotel) | zatrzymać się | [zat'ʃimatʃ ɕɛ̃] |

quarto (m)	pokój (m)	['pɔkuj]
quarto (m) individual	pokój (m) jednoosobowy	['pɔkuj ednɔːsɔ'bɔvi]
quarto (m) duplo	pokój (m) dwuosobowy	['pɔkuj dvuɔsɔ'bɔvi]
reservar um quarto	rezerwować pokój	[rɛzɛr'vɔvatʃ 'pɔkuj]

| meia pensão (f) | wyżywienie (n) Half Board | [viʒi'vene haf bɔrd] |
| pensão (f) completa | pełne (n) wyżywienie | ['pɛwnɛ viʒivi'ene] |

com banheira	z łazienką	[z wa'ʒenkɔ̃]
com duche	z prysznicem	[z priʃ'nitsɛm]
televisão (m) satélite	telewizja (ż) satelitarna	[tɛle'vizʲja satɛli'tarna]
ar (m) condicionado	klimatyzator (m)	[klimati'zatɔr]
toalha (f)	ręcznik (m)	['rɛntʃnik]
chave (f)	klucz (m)	[klytʃ]

administrador (m)	administrator (m)	[administ'ratɔr]
camareira (f)	pokojówka (ż)	[pɔkɔ'jufka]
bagageiro (m)	tragarz (m)	['tragaʃ]
porteiro (m)	odźwierny (m)	[ɔd'vjerni]

restaurante (m)	restauracja (ż)	[rɛstau'ratsʰja]
bar (m)	bar (m)	[bar]
pequeno-almoço (m)	śniadanie (n)	[ɕɲa'dane]
jantar (m)	kolacja (ż)	[kɔ'ʎatsʰja]
buffet (m)	szwedzki stół (m)	['ʃfɛtski stuw]

elevador (m)	winda (ż)	['vinda]
NÃO PERTURBE	NIE PRZESZKADZAĆ	[ne pʃɛʃ'kadzatʃ]
PROIBIDO FUMAR!	ZAKAZ PALENIA!	['zakas pa'leɲa]

157. Livros. Leitura

livro (m)	książka (ż)	[kɕɔ̃ʃka]
autor (m)	autor (m)	['autɔr]
escritor (m)	pisarz (m)	['pisaʃ]
escrever (vt)	napisać	[na'pisatʃ]

leitor (m)	czytelnik (m)	[tʃi'tɛʎnik]
ler (vt)	czytać	['tʃitatʃ]
leitura (f)	lektura (ż)	[lek'tura]

| para si | po cichu | [pɔ 'tʃihu] |
| em voz alta | na głos | ['na gwɔs] |

publicar (vt)	wydawać	[vi'davatʃ]
publicação (f)	wydanie (n)	[vi'dane]
editor (m)	wydawca (m)	[vi'daftsa]
editora (f)	wydawnictwo (n)	[vidav'nitstfɔ]

| sair (vi) | ukazać się | [u'kazatʃ ɕɛ̃] |
| lançamento (m) | publikacja (ż) | [publi'katsija] |

tiragem (f)	nakład (m)	['nakwat]
livraria (f)	księgarnia (ż)	[kɕɛ̃'garɲa]
biblioteca (f)	biblioteka (ż)	[biblɔ'tɛka]
novela (f)	opowieść (ż)	[ɔ'pɔvɛɕtʃ]
conto (m)	opowiadanie (n)	[ɔpɔvʲa'dane]
romance (m)	powieść (ż)	['pɔvɛɕtʃ]
romance (m) policial	kryminał (m)	[kri'minaw]
memórias (f pl)	wspomnienia (l.mn.)	[fspɔm'neɲa]
lenda (f)	legenda (ż)	[le'gɛnda]
mito (m)	mit (m)	[mit]
poesia (f)	wiersze (l.mn.)	['verʃɛ]
autobiografia (f)	autobiografia (ż)	[autɔbʰɔg'rafʰja]
obras (f pl) escolhidas	wybrane prace (l.mn.)	[vib'ranɛ 'pratsɛ]
ficção (f) científica	fantastyka (ż)	[fan'tastika]
título (m)	tytuł (m)	['tituw]
introdução (f)	wstęp (m)	[fstɛ̃p]
folha (f) de rosto	strona (ż) tytułowa	['strɔna titu'wɔva]
capítulo (m)	rozdział (m)	['rɔzdʑaw]
excerto (m)	fragment (m)	['fragmɛnt]
episódio (m)	epizod (m)	[ɛ'pizɔt]
tema (m)	wątek (m)	['võtɛk]
conteúdo (m)	spis (m) treści	[spis 'trɛɕtʃi]
índice (m)	spis (m) treści	[spis 'trɛɕtʃi]
protagonista (m)	główny bohater (m)	['gwuvnɨ bɔ'hatɛr]
tomo, volume (m)	tom (m)	[tɔm]
capa (f)	okładka (ż)	[ɔk'watka]
encadernação (f)	oprawa (ż)	[ɔp'rava]
marcador (m) de livro	zakładka (ż)	[zak'watka]
página (f)	strona (ż)	['strɔna]
folhear (vt)	kartkować	[kart'kɔvatʃ]
margem (f)	margines (m)	[mar'ginɛs]
anotação (f)	notatki (l.mn.)	[nɔ'tatki]
nota (f) de rodapé	przypis (m)	['pʃɨpis]
texto (m)	tekst (m)	[tɛkst]
fonte (f)	czcionka (ż)	['tʃtʃɔŋka]
gralha (f)	literówka (ż)	[litɛ'rufka]
tradução (f)	przekład (m)	['pʃɛkwat]
traduzir (vt)	tłumaczyć	[twu'matʃitʃ]
original (m)	oryginał (m)	[ɔri'ginaw]
famoso	znany	['znanɨ]
desconhecido	nieznany	[nez'nanɨ]
interessante	ciekawy	[tʃe'kavɨ]
best-seller (m)	bestseller (m)	[bɛs'tseler]
dicionário (m)	słownik (m)	['swɔvnik]
manual (m) escolar	podręcznik (m)	[pɔd'rɛntʃnik]
enciclopédia (f)	encyklopedia (ż)	[ɛntsiklɔ'pɛdʰja]

158. Caça. Pesca

caça (f)	polowanie (n)	[pɔlɜ'vane]
caçar (vi)	polować	[pɔ'lɜvatʃ]
caçador (m)	myśliwy (m)	[miɕ'livɨ]
atirar (vi)	strzelać	['stʃɛʎatʃ]
caçadeira (f)	strzelba (ż)	['stʃɛʎba]
cartucho (m)	nabój (m)	['nabuj]
chumbo (m) de caça	śrut (m)	[ɕryt]
armadilha (f)	potrzask (m)	['pɔtʃask]
armadilha (com corda)	sidła (l.mn.)	['ɕidwa]
pôr a armadilha	zastawiać sidła	[zas'tavjatʃ 'ɕidwa]
caçador (m) furtivo	kłusownik (m)	[kwu'sɔvnik]
caça (f)	zwierzyna łowna (ż)	[zve'ʒina 'wɔvna]
cão (m) de caça	pies (m) myśliwski	[pes miɕ'lifski]
safári (m)	safari (n)	[sa'fari]
animal (m) empalhado	wypchane zwierzę (n)	[vɨp'hanɛ 'zveʒɛ̃]
pescador (m)	rybak (m)	['rɨbak]
pesca (f)	wędkowanie (n)	[vɛ̃tkɔ'vane]
pescar (vt)	wędkować	[vɛ̃t'kɔvatʃ]
cana (f) de pesca	wędka (ż)	['vɛntka]
linha (f) de pesca	żyłka (ż)	['ʒiwka]
anzol (m)	haczyk (m)	['hatʃik]
boia (f)	spławik (m)	['spwavik]
isca (f)	przynęta (ż)	[pʃɨ'nɛnta]
lançar a linha	zarzucić wędkę	[za'ʒutʃitʃ 'vɛtkɛ̃]
morder (vt)	brać	[bratʃ]
pesca (f)	połów (m)	['pɔwuf]
buraco (m) no gelo	przerębel (m)	[pʃɛ'rɛ̃bɛʎ]
rede (f)	sieć (ż)	[ɕetʃ]
barco (m)	łódź (ż)	[wutʃ]
pescar com rede	łowić siecią	['wɔvitʃ 'ɕetʃɔ̃]
lançar a rede	zarzucać sieć	[za'ʒutsatʃ ɕetʃ]
puxar a rede	wyciągać sieć	[vɨtʃɔ̃gatʃ ɕetʃ]
baleeiro (m)	wielorybnik (m)	[velɜ'rɨbnik]
baleeira (f)	statek (m) wielorybniczy	['statɛk velɜrib'nitʃi]
arpão (m)	harpun (m)	['harpun]

159. Jogos. Bilhar

bilhar (m)	bilard (m)	['biʎart]
sala (f) de bilhar	sala (ż) bilardowa	['saʎa biʎar'dɔva]
bola (f) de bilhar	bila (ż)	['biʎa]
embolsar uma bola	wbić bilę	[vbitʃ 'bilɛ̃]
taco (m)	kij (m)	[kij]
caçapa (f)	łuza (ż)	['wuza]

160. Jogos. Jogar cartas

ouros (m pl)	karo (n)	['karɔ]
espadas (f pl)	pik (m)	[pik]
copas (f pl)	kier (m)	[ker]
paus (m pl)	trefl (m)	['trɛfʎ]
ás (m)	as (m)	[as]
rei (m)	król (m)	[kruʎ]
dama (f)	dama (ż)	['dama]
valete (m)	walet (m)	['valɛt]
carta (f) de jogar	karta (ż)	['karta]
cartas (f pl)	karty (l.mn.)	['karti]
trunfo (m)	atut (m)	['atut]
baralho (m)	talia (ż)	['taʎja]
dar, distribuir (vt)	rozdawać karty	[rɔz'davatʃ 'karti]
embaralhar (vt)	tasować	[ta'sɔvatʃ]
vez, jogada (f)	ruch (m)	[ruh]
batoteiro (m)	szuler (m)	['ʃuler]

161. Casino. Roleta

casino (m)	kasyno (n)	[ka'sɨnɔ]
roleta (f)	ruletka (ż)	[ru'letka]
aposta (f)	stawka (ż)	['stafka]
apostar (vt)	stawiać	['staviatʃ]
vermelho (m)	czerwone (n)	[tʃɛr'vɔnɛ]
preto (m)	czarne (n)	['tʃarnɛ]
apostar no vermelho	obstawiać czerwone	[ɔbs'taviatʃ tʃɛr'vɔnɛ]
apostar no preto	obstawiać czarne	[ɔbs'taviatʃ 'tʃarnɛ]
crupiê (m, f)	krupier (m)	['krupʰer]
girar a roda	zakręcić ruletką	[zak'rɛtʃitʃ ru'letkɔ̃]
regras (f pl) do jogo	reguły (l.mn.) gry	[rɛ'guwɨ gri]
ficha (f)	żeton (m)	['ʒɛtɔn]
ganhar (vi, vt)	wygrać	['vɨgratʃ]
ganho (m)	wygrana (ż)	[vɨg'rana]
perder (dinheiro)	przegrać	['pʃɛgratʃ]
perda (f)	strata (ż)	['strata]
jogador (m)	gracz (m)	[gratʃ]
blackjack (m)	blackjack (m)	[blekdʒɛk]
jogo (m) de dados	gra (ż) w kości	[gra v 'kɔɕtʃi]
máquina (f) de jogo	automat (m) do gry	[au'tɔmat dɔ gri]

162. Descanso. Jogos. Diversos

passear (vi)	spacerować	[spatsɛ'rɔvatʃ]
passeio (m)	spacer (m)	['spatsɛr]
viagem (f) de carro	przejażdżka (ż)	[pʃɛ'jaʃtʃka]
aventura (f)	przygoda (ż)	[pʃi'gɔda]
piquenique (m)	piknik (m)	['piknik]
jogo (m)	gra (ż)	[gra]
jogador (m)	gracz (m)	[gratʃ]
partida (f)	partia (ż)	['partʰja]
colecionador (m)	kolekcjoner (m)	[kɔlɛktsʰɜnɛr]
colecionar (vt)	kolekcjonować	[kɔlɛktsʰɜ'nɔvatʃ]
coleção (f)	kolekcja (ż)	[kɔ'lɛktsʰja]
palavras (f pl) cruzadas	krzyżówka (ż)	[kʃi'ʒufka]
hipódromo (m)	hipodrom (m)	[hi'pɔdrɔm]
discoteca (f)	dyskoteka (ż)	[diskɔ'tɛka]
sauna (f)	sauna (ż)	['sauna]
lotaria (f)	loteria (ż)	[lɔ'tɛrʰja]
campismo (m)	wyprawa (ż)	[vip'rava]
acampamento (m)	obóz (m)	['ɔbus]
tenda (f)	namiot (m)	['namɜt]
bússola (f)	kompas (m)	['kɔmpas]
campista (m)	turysta (m)	[tu'rista]
ver (vt), assistir à ...	oglądać	[ɔglɔ̃datʃ]
telespectador (m)	telewidz (m)	[tɛ'levitts]
programa (m) de TV	program (m) telewizyjny	['prɔgram tɛlevi'zijni]

163. Fotografia

máquina (f) fotográfica	aparat (m) fotograficzny	[a'parat fɔtɔgra'fitʃni]
foto, fotografia (f)	fotografia (ż)	[fotɔg'rafʰja]
fotógrafo (m)	fotograf (m)	[fo'tɔgraf]
estúdio (m) fotográfico	studio (n) fotograficzne	['studʰɜ fotɔgra'fitʃnɛ]
álbum (m) de fotografias	album (m) fotograficzny	['aʎbum fotɔgra'fitʃni]
objetiva (f)	obiektyw (m)	[ɔbʰ'ektif]
teleobjetiva (f)	teleobiektyw (m)	[tɛleobʰ'ektif]
filtro (m)	filtr (m)	[fiʎtr]
lente (f)	soczewka (ż)	[sɔt'ʃɛfka]
ótica (f)	optyka (ż)	['ɔptika]
abertura (f)	przysłona (ż)	[pʃis'wɔna]
exposição (f)	czas (m) naświetlania	[tʃas naɕfet'ʎaɲa]
visor (m)	celownik (m)	[tsɛ'lɜvnik]
câmara (f) digital	aparat (m) cyfrowy	[a'parat tsif'rɔvi]
tripé (m)	statyw (m)	['statif]

flash (m)	flesz (m)	[fleʃ]
fotografar (vt)	fotografować	[fɔtɔgra'fɔvatʃ]
tirar fotos	robić zdjęcia	['rɔbitʃ 'zdʰɛ̃tʃa]
fotografar-se	fotografować się	[fɔtɔgra'fɔvatʃ ɕɛ̃]

foco (m)	ostrość (ż)	['ɔstrɔɕtʃ]
focar (vt)	ustawiać ostrość	[us'tavʲatʃ 'ɔstrɔɕtʃ]
nítido	wyraźny	[vɨ'raʑnɨ]
nitidez (f)	ostrość (ż)	['ɔstrɔɕtʃ]

| contraste (m) | kontrast (m) | ['kɔntrast] |
| contrastante | kontrastowy | [kɔntras'tɔvɨ] |

retrato (m)	zdjęcie (n)	['zdʰɛ̃tʃe]
negativo (m)	negatyw (m)	[nɛ'gatɨf]
filme (m)	film (m)	[fiʎm]
fotograma (m)	kadr (m)	[kadr]
imprimir (vt)	robić odbitki	['rɔbitʃ ɔd'bitki]

164. Praia. Natação

praia (f)	plaża (ż)	['pʎaʒa]
areia (f)	piasek (m)	['pʲasɛk]
deserto	pustynny	[pus'tɨɲɨ]

bronzeado (m)	opalenizna (ż)	[ɔpale'nizna]
bronzear-se (vr)	opalać się	[ɔ'paʎatʃ ɕɛ̃]
bronzeado	opalony	[ɔpa'lɔnɨ]
protetor (m) solar	krem (m) do opalania	[krɛm dɔ ɔpa'ʎaɲa]

biquíni (m)	bikini (n)	[bi'kini]
fato (m) de banho	kostium (m) kąpielowy	['kɔstʰjum kɔ̃pelɔvɨ]
calção (m) de banho	kąpielówki (l.mn.)	[kɔ̃pe'lɨfki]

piscina (f)	basen (m)	['basɛn]
nadar (vi)	pływać	['pwivatʃ]
duche (m)	prysznic (m)	['priʃnits]
mudar de roupa	przebierać się	[pʃe'beratʃ ɕɛ̃]
toalha (f)	ręcznik (m)	['rɛntʃnik]

| barco (m) | łódź (ż) | [wutʃ] |
| lancha (f) | motorówka (ż) | [mɔtɔ'rufka] |

esqui (m) aquático	narty (l.mn.) wodne	['nartɨ 'vɔdnɛ]
barco (m) de pedais	rower (m) wodny	['rɔvɛr 'vɔdnɨ]
surf (m)	surfing (m)	['sɛrfiŋk]
surfista (m)	surfer (m)	['surfɛr]

equipamento (m) de mergulho	akwalung (m)	[ak'faʎaŋk]
barbatanas (f pl)	płetwy (l.mn.)	['pwɛtfi]
máscara (f)	maska (ż)	['maska]
mergulhador (m)	nurek (m)	['nurɛk]
mergulhar (vi)	nurkować	[nur'kɔvatʃ]
debaixo d'água	pod wodą	[pɔd 'vɔdɔ̃]

guarda-sol (m)	parasol (m)	[pa'rasɔʎ]
espreguiçadeira (f)	leżak (m)	['leʒak]
óculos (m pl) de sol	okulary (l.mn.)	[ɔku'ʎari]
colchão (m) de ar	materac (m) dmuchany	[ma'tɛrats dmu'hani]

| brincar (vi) | grać | [gratʃ] |
| ir nadar | kąpać się | ['kɔ̃patʃ ɕɛ̃] |

bola (f) de praia	piłka (ż) plażowa	['piwka pʎa'ʒɔva]
encher (vt)	nadmuchiwać	[nadmu'hivatʃ]
inflável, de ar	nadmuchiwany	[nadmuhi'vani]

onda (f)	fala (ż)	['faʎa]
boia (f)	boja (ż)	['bɔja]
afogar-se (pessoa)	tonąć	['tɔ̃ɔɲtʃ]

salvar (vt)	ratować	[ra'tɔvatʃ]
colete (m) salva-vidas	kamizelka (ż) ratunkowa	[kami'zɛʎka ratu'ŋkɔva]
observar (vt)	obserwować	[ɔbsɛr'vɔvatʃ]
nadador-salvador (m)	ratownik (m)	[ra'tɔvnik]

EQUIPAMENTO TÉCNICO. TRANSPORTES

Equipamento técnico. Transportes

165. Computador

computador (m)	komputer (m)	[kɔm'putɛr]
portátil (m)	laptop (m)	['ʎaptɔp]
ligar (vt)	włączyć	['vwɔ̃tʃitʃ]
desligar (vt)	wyłączyć	[vɨ'wɔ̃tʃitʃ]
teclado (m)	klawiatura (ż)	[kʎavʰja'tura]
tecla (f)	klawisz (m)	['kʎaviʃ]
rato (m)	myszka (ż)	['miʃka]
tapete (m) de rato	podkładka (ż) pod myszkę	[pɔtk'watka pɔd 'miʃkɛ]
botão (m)	przycisk (m)	['pʃitʃisk]
cursor (m)	kursor (m)	['kursɔr]
monitor (m)	monitor (m)	[mɔ'nitɔr]
ecrã (m)	ekran (m)	['ɛkran]
disco (m) rígido	dysk (m) twardy	[disk 'tfardi]
capacidade (f) do disco rígido	pojemność (ż) dysku twardego	[pɔ'emnɔçtʃ 'disku tfar'dɛgɔ]
memória (f)	pamięć (ż)	['pamɛ̃tʃ]
memória RAM (f)	pamięć (ż) operacyjna	['pamɛ̃tʃ ɔpɛra'tsijna]
ficheiro (m)	plik (m)	[plik]
pasta (f)	folder (m)	['fɔʎdɛr]
abrir (vt)	otworzyć	[ɔt'fɔʒitʃ]
fechar (vt)	zamknąć	['zamknɔ̃tʃ]
guardar (vt)	zapisać	[za'pisatʃ]
apagar, eliminar (vt)	usunąć	[u'sunɔ̃tʃ]
copiar (vt)	skopiować	[skɔ'pʲɔvatʃ]
ordenar (vt)	segregować	[sɛgrɛ'gɔvatʃ]
copiar (vt)	przepisać	[pʃɛ'pisatʃ]
programa (m)	program (m)	['prɔgram]
software (m)	oprogramowanie (n)	[ɔprɔgramɔ'vane]
programador (m)	programista (m)	[prɔgra'mista]
programar (vt)	zaprogramować	[zaprɔgra'mɔvatʃ]
hacker (m)	haker (m)	['hakɛr]
senha (f)	hasło (n)	['haswɔ]
vírus (m)	wirus (m)	['virus]
detetar (vt)	wykryć	['vikritʃ]

| byte (m) | bajt (m) | [bajt] |
| megabyte (m) | megabajt (m) | [mɛga'bajt] |

| dados (m pl) | dane (l.mn.) | ['danɛ] |
| base (f) de dados | baza (ż) danych | ['baza 'danɨh] |

cabo (m)	kabel (m)	['kabɛʎ]
desconectar (vt)	odłączyć	[ɔd'wɔ̃tʃitʃ]
conetar (vt)	podłączyć	[pɔd'wɔ̃tʃitʃ]

166. Internet. E-mail

internet (f)	Internet (m)	[in'tɛrnɛt]
browser (m)	przeglądarka (ż)	[pʃɛglɔ̃'darka]
motor (m) de busca	wyszukiwarka (ż)	[viʃuki'varka]
provedor (m)	dostawca (m) internetu	[dɔs'taftsa intɛr'nɛtu]

webmaster (m)	webmaster (m)	[vɛb'mastɛr]
website, sítio web (m)	witryna (ż) internetowa	[vit'rɨna intɛrnɛ'tɔva]
página (f) web	strona (ż) internetowa	['strɔna intɛrnɛ'tɔva]

| endereço (m) | adres (m) | ['adrɛs] |
| livro (m) de endereços | książka (ż) adresowa | [kɕɔ̃ʃka adrɛ'sɔva] |

| caixa (f) de correio | skrzynka (ż) pocztowa | ['skʃiŋka pɔtʃ'tɔva] |
| correio (m) | poczta (ż) | ['pɔtʃta] |

mensagem (f)	wiadomość (ż)	[vʲa'dɔmɔɕtʃ]
remetente (m)	nadawca (m)	[na'daftsa]
enviar (vt)	wysłać	['viswatʃ]
envio (m)	wysłanie (n)	[vis'wane]

| destinatário (m) | odbiorca (m) | [ɔd'bɔrtsa] |
| receber (vt) | dostać | ['dɔstatʃ] |

| correspondência (f) | korespondencja (ż) | [kɔrɛspɔn'dɛntsʰja] |
| corresponder-se (vr) | korespondować | [kɔrɛspɔn'dɔvatʃ] |

ficheiro (m)	plik (m)	[plik]
fazer download, baixar	ściągnąć	[ɕtʃɔ̃gnɔntʃ]
criar (vt)	utworzyć	[ut'fɔʒitʃ]
apagar, eliminar (vt)	usunąć	[u'sunɔ̃tʃ]
eliminado	usunięty	[usu'nenti]

conexão (f)	połączenie (n)	[pɔwɔ̃'ʃene]
velocidade (f)	szybkość (ż)	['ʃipkɔɕtʃ]
modem (m)	modem (m)	['mɔdɛm]
acesso (m)	dostęp (m)	['dɔstɛ̃p]
porta (f)	port (m)	[pɔrt]

conexão (f)	połączenie (n)	[pɔwɔ̃'ʃene]
conetar (vi)	podłączyć się	[pɔd'wɔ̃tʃitʃ ɕɛ̃]
escolher (vt)	wybrać	['vibratʃ]
buscar (vt)	szukać	['ʃukatʃ]

167. Eletricidade

eletricidade (f)	elektryczność (ż)	[ɛlekt'riʧnɔɕʧ]
elétrico	elektryczny	[ɛlekt'riʧni]
central (f) elétrica	elektrownia (ż)	[ɛlekt'rɔvɲa]
energia (f)	energia (ż)	[ɛ'nɛrgja]
energia (f) elétrica	prąd (m)	[prɔ̃t]
lâmpada (f)	żarówka (ż)	[ʒa'rufka]
lanterna (f)	latarka (ż)	[ʎa'tarka]
poste (m) de iluminação	latarnia (ż)	[ʎa'tarɲa]
luz (f)	światło (n)	['ɕfʲatwɔ]
ligar (vt)	włączać	['vwɔ̃ʧaʧ]
desligar (vt)	wyłączać	[vi'wɔ̃ʧaʧ]
apagar a luz	zgasić światło	['zgaɕiʧ 'ɕfʲatwɔ]
fundir (vi)	spalić się	['spaliʧ ɕɛ̃]
curto-circuito (m)	krótkie zwarcie (n)	['krutke 'zvarʧe]
rutura (f)	przerwanie (n) przewodu	[pʃɛri'vanie pʃɛ'vɔdu]
contacto (m)	styk (m)	[stik]
interruptor (m)	wyłącznik (m)	[vi'wɔ̃ʧnik]
tomada (f)	gniazdko (n)	['gɲastkɔ]
ficha (f)	wtyczka (ż)	['ftiʧka]
extensão (f)	przedłużacz (m)	[pʃɛd'wuʒaʧ]
fusível (m)	bezpiecznik (m)	[bɛs'peʧnik]
fio, cabo (m)	przewód (m)	['pʃɛvut]
instalação (f) elétrica	instalacja (ż) elektryczna	[insta'ʎaʦʰja ɛlekt'riʧna]
ampere (m)	amper (m)	[am'pɛr]
amperagem (f)	natężenie (n) prądu	[natɛ̃'ʒɛne 'prɔ̃du]
volt (m)	wolt (m)	[vɔʎt]
voltagem (f)	napięcie (n)	[na'pɛ̃ʧe]
aparelho (m) elétrico	przyrząd (m) elektryczny	['pʃiʒɔ̃d ɛlekt'riʧni]
indicador (m)	wskaźnik (m)	['fskaʑnik]
eletricista (m)	elektryk (m)	[ɛ'lektrik]
soldar (vt)	lutować	[ly'tɔvaʧ]
ferro (m) de soldar	lutownica (ż)	[lytɔv'niʦa]
corrente (f) elétrica	prąd (m)	[prɔ̃t]

168. Ferramentas

ferramenta (f)	narzędzie (n)	[na'ʒɛ̃dʒe]
ferramentas (f pl)	narzędzia (l.mn.)	[na'ʒɛ̃dʒʲa]
equipamento (m)	sprzęt (m)	[spʃɛ̃t]
martelo (m)	młotek (m)	['mwɔtɛk]
chave (f) de fendas	śrubokręt (m)	[ɕru'bɔkrɛ̃t]
machado (m)	siekiera (ż)	[ɕe'kera]

serra (f)	piła (ż)	['piwa]
serrar (vt)	piłować	[pi'wɔvatʃ]
plaina (f)	strug (m)	[struk]
aplainar (vt)	heblować	[hɛb'lɜvatʃ]
ferro (m) de soldar	lutownica (ż)	[lytɔv'nitsa]
soldar (vt)	lutować	[ly'tɔvatʃ]

lima (f)	pilnik (m)	['piʎnik]
tenaz (f)	obcęgi (l.mn.)	[ɔp'tsɛɲi]
alicate (m)	kombinerki (l.mn.)	[kɔmbi'nɛrki]˙
formão (m)	dłuto (n) stolarskie	['dwutɔ stɔ'ʎarske]

broca (f)	wiertło (n)	['vertwɔ]
berbequim (f)	wiertarka (ż)	[ver'tarka]
furar (vt)	wiercić	['vertʃitʃ]

faca (f)	nóż (m)	[nuʃ]
lâmina (f)	ostrze (n)	['ɔstʃɛ]

afiado	ostry	['ɔstri]
cego	tępy	['tɛ̃pi]
embotar-se (vr)	stępić się	['stɛmpitʃ ɕɛ̃]
afiar, amolar (vt)	ostrzyć	['ɔstʃitʃ]

parafuso (m)	śruba (ż)	['ɕruba]
porca (f)	nakrętka (ż)	[nak'rɛntka]
rosca (f)	gwint (m)	[gvint]
parafuso (m) para madeira	wkręt (m)	[fkrɛ̃t]

prego (m)	gwóźdź (m)	[gvuɕtʃ]
cabeça (f) do prego	główka (ż)	['gwufka]

régua (f)	linijka (ż)	[li'nijka]
fita (f) métrica	taśma (ż) miernicza	['taɕma mer'nitʃa]
nível (m)	poziomica (ż)	[pɔʒʒ'mitsa]
lupa (f)	lupa (ż)	['lypa]

medidor (m)	miernik (m)	['mernik]
medir (vt)	mierzyć	['meʒitʃ]
escala (f)	skala (ż)	['skaʎa]
indicação (f), registo (m)	odczyt (m)	['ɔdʃtʃit]

compressor (m)	sprężarka (ż)	[sprɛ̃'ʒarka]
microscópio (m)	mikroskop (m)	[mik'rɔskɔp]

bomba (f)	pompa (ż)	['pɔmpa]
robô (m)	robot (m)	['rɔbɔt]
laser (m)	laser (m)	['ʎasɛr]

chave (f) de boca	klucz (m) francuski	[klytʃ fran'tsuski]
fita (f) adesiva	taśma (ż) klejąca	['taɕma kleɔ̃tsa]
cola (f)	klej (m)	[klej]

lixa (f)	papier (m) ścierny	['paper 'ɕtʃerni]
mola (f)	sprężyna (ż)	[sprɛ̃'ʒina]
íman (m)	magnes (m)	['magnɛs]

luvas (f pl)	rękawiczki (l.mn.)	[rɛ̃ka'vitʃki]
corda (f)	sznurek (m)	['ʃnurɛk]
cordel (m)	sznur (m)	[ʃnur]
fio (m)	przewód (m)	['pʃɛvut]
cabo (m)	kabel (m)	['kabɛʎ]

marreta (f)	młot (m)	[mwɔt]
pé de cabra (m)	łom (m)	[wɔm]
escada (f) de mão	drabina (ż)	[dra'bina]
escadote (m)	drabinka (ż) składana	[dra'biŋka skwa'dana]

enroscar (vt)	przekręcać	[pʃɛk'rɛntsatʃ]
desenroscar (vt)	odkręcać	[ɔtk'rɛntsatʃ]
apertar (vt)	zaciskać	[za'tʃiskatʃ]
colar (vt)	przyklejać	[pʃik'lejatʃ]
cortar (vt)	ciąć	[tʃɔ̃jtʃ]

falha (mau funcionamento)	uszkodzenie (n)	[uʃkɔ'dzɛne]
conserto (m)	naprawa (ż)	[nap'rava]
consertar, reparar (vt)	reperować	[rɛpɛ'rɔvatʃ]
regular, ajustar (vt)	regulować	[rɛgu'lɔvatʃ]

verificar (vt)	sprawdzać	['spravdzatʃ]
verificação (f)	kontrola (ż)	[kɔnt'rɔʎa]
indicação (f), registo (m)	odczyt (m)	['ɔdʃtʃit]

| seguro | niezawodny | [neza'vɔdni] |
| complicado | złożony | [zwɔ'ʒɔni] |

enferrujar (vi)	rdzewieć	['rdzɛvetʃ]
enferrujado	zardzewiały	[zardzɛ'vʲawi]
ferrugem (f)	rdza (ż)	[rdza]

149

Transportes

169. Avião

avião (m)	samolot (m)	[sa'mɔlɛt]
bilhete (m) de avião	bilet (m) lotniczy	['bilet lɔt'nitʃi]
companhia (f) aérea	linie (l.mn.) lotnicze	['linje lɔt'nitʃɛ]
aeroporto (m)	port (m) lotniczy	[pɔrt lɔt'nitʃi]
supersónico	ponaddźwiękowy	[pɔnaddʒ'vɛ̃'kɔvi]

comandante (m) do avião	kapitan (m) statku	[ka'pitan 'statku]
tripulação (f)	załoga (ż)	[za'wɔga]
piloto (m)	pilot (m)	['pilɔt]
hospedeira (f) de bordo	stewardessa (ż)	[stʰjuar'dɛsa]
copiloto (m)	nawigator (m)	[navi'gatɔr]

asas (f pl)	skrzydła (l.mn.)	['skʃidwa]
cauda (f)	ogon (m)	['ɔgɔn]
cabine (f) de pilotagem	kabina (ż)	[ka'bina]
motor (m)	silnik (m)	['ɕiʎnik]
trem (m) de aterragem	podwozie (n)	[pɔd'vɔʒe]
turbina (f)	turbina (ż)	[tur'bina]

hélice (f)	śmigło (n)	['ɕmigwɔ]
caixa-preta (f)	czarna skrzynka (ż)	['tʃarna 'skʃiŋka]
coluna (f) de controlo	wolant (m)	['vɔʎant]
combustível (m)	paliwo (n)	[pa'livɔ]

instruções (f pl) de segurança	instrukcja (ż)	[inst'ruktsʰja]
máscara (f) de oxigénio	maska (ż) tlenowa	['maska tle'nɔva]
uniforme (m)	uniform (m)	[u'nifɔrm]

colete (m) salva-vidas	kamizelka (ż) ratunkowa	[kami'zɛʎka ratu'ŋkɔva]
paraquedas (m)	spadochron (m)	[spa'dɔhrɔn]

descolagem (f)	start (m)	[start]
descolar (vi)	startować	[star'tɔvatʃ]
pista (f) de descolagem	pas (m) startowy	[pas star'tɔvi]

visibilidade (f)	widoczność (ż)	[vi'dɔtʃnɔɕtʃ]
voo (m)	lot (m)	['lɔt]

altura (f)	wysokość (ż)	[vi'sɔkɔɕtʃ]
poço (m) de ar	dziura (ż) powietrzna	['dʒyra pɔ'vetʃna]

assento (m)	miejsce (n)	['mejstsɛ]
auscultadores (m pl)	słuchawki (l.mn.)	[swu'hafki]
mesa (f) rebatível	stolik (m) rozkładany	['stɔlik rɔskwa'dani]
vigia (f)	iluminator (m)	[ilymi'natɔr]
passagem (f)	przejście (n)	['pʃɛjɕtʃe]

170. Comboio

comboio (m)	pociąg (m)	['pɔʧɔ̃k]
comboio (m) suburbano	pociąg (m) podmiejski	['pɔʧɔ̃k pɔd'mejski]
comboio (m) rápido	pociąg (m) pośpieszny	['pɔʧɔ̃k pɔɕ'peɕni]
locomotiva (f) diesel	lokomotywa (ż)	[lɔkɔmɔ'tiva]
locomotiva (f) a vapor	parowóz (m)	[pa'rɔvus]
carruagem (f)	wagon (m)	['vagɔn]
carruagem restaurante (f)	wagon (m) restauracyjny	['vagɔn rɛstaura'ʦijni]
carris (m pl)	szyny (l.mn.)	['ʃini]
caminho de ferro (m)	kolej (ż)	['kɔlej]
travessa (f)	podkład (m)	['pɔtkwat]
plataforma (f)	peron (m)	['pɛrɔn]
linha (f)	tor (m)	[tɔr]
semáforo (m)	semafor (m)	[sɛ'mafɔr]
estação (f)	stacja (ż)	['staʦ⁾ʲa]
maquinista (m)	maszynista (m)	[maʃi'nista]
bagageiro (m)	tragarz (m)	['tragaʃ]
hospedeiro, -a	konduktor (m)	[kɔn'duktɔr]
(da carruagem)		
passageiro (m)	pasażer (m)	[pa'saʒɛr]
revisor (m)	kontroler (m)	[kɔnt'rɔler]
corredor (m)	korytarz (m)	[kɔ'ritaʃ]
freio (m) de emergência	hamulec (m)	[ha'mulɛʦ
	bezpieczeństwa	bɛzpet'ʃɛɲstfa]
compartimento (m)	przedział (m)	['pʃɛʤʲaw]
cama (f)	łóżko (n)	['wuʃkɔ]
cama (f) de cima	łóżko (n) górne	['wuʃkɔ 'gurnɛ]
cama (f) de baixo	łóżko (n) dolne	['wuʃkɔ 'dɔʎnɛ]
roupa (f) de cama	pościel (ż)	['pɔɕʧeʎ]
bilhete (m)	bilet (m)	['bilet]
horário (m)	rozkład (m) jazdy	['rɔskwad 'jazdi]
painel (m) de informação	tablica (ż) informacyjna	[tab'liʦa infɔrma'ʦijna]
partir (vt)	odjeżdżać	[ɔdʰ'eʒʤaʧ]
partida (f)	odjazd (m)	['ɔdʰjast]
chegar (vi)	wjeżdżać	['vʰeʒʤaʧ]
chegada (f)	przybycie (n)	[pʃi'biʧe]
chegar de comboio	przyjechać pociągiem	[pʃi'ehaʧ pɔʧɔ̃gem]
apanhar o comboio	wsiąść do pociągu	[fɕɔ̃ɕʧ dɔ pɔʧɔ̃gu]
sair do comboio	wysiąść z pociągu	['viɕɔ̃ɕʧ s pɔʧɔ̃gu]
acidente (m) ferroviário	katastrofa (ż)	[katast'rɔfa]
locomotiva (f) a vapor	parowóz (m)	[pa'rɔvus]
fogueiro (m)	palacz (m)	['paʎaʧ]
fornalha (f)	palenisko (n)	[pale'niskɔ]
carvão (m)	węgiel (m)	['vɛŋeʎ]

171. Barco

navio (m)	statek (m)	['statɛk]
embarcação (f)	okręt (m)	['ɔkrɛ̃t]
vapor (m)	parowiec (m)	[pa'rɔvets]
navio (m)	motorowiec (m)	[mɔtɔ'rɔvets]
transatlântico (m)	liniowiec (m)	[li'ɲjɔvets]
cruzador (m)	krążownik (m)	[krɔ̃'ʒɔvnik]
iate (m)	jacht (m)	[jaht]
rebocador (m)	holownik (m)	[hɔ'lɜvnik]
barcaça (f)	barka (ż)	['barka]
ferry (m)	prom (m)	[prɔm]
veleiro (m)	żaglowiec (m)	[ʒag'lɜvets]
bergantim (m)	brygantyna (ż)	[brigan'tina]
quebra-gelo (m)	lodołamacz (m)	[lɜdɔ'wamatʃ]
submarino (m)	łódź (ż) podwodna	[wutʃ pɔd'vɔdna]
bote, barco (m)	łódź (ż)	[wutʃ]
bote, dingue (m)	szalupa (ż)	[ʃa'lypa]
bote (m) salva-vidas	szalupa (ż)	[ʃa'lypa]
lancha (f)	motorówka (ż)	[mɔtɔ'rufka]
capitão (m)	kapitan (m)	[ka'pitan]
marinheiro (m)	marynarz (m)	[ma'rinaʃ]
marujo (m)	marynarz (m)	[ma'rinaʃ]
tripulação (f)	załoga (ż)	[za'wɔga]
contramestre (m)	bosman (m)	['bɔsman]
grumete (m)	chłopiec (m) okrętowy	['hwɔpets ɔkrɛ̃'tɔvi]
cozinheiro (m) de bordo	kucharz (m) okrętowy	['kuhaʃ ɔkrɛ̃'tɔvi]
médico (m) de bordo	lekarz (m) okrętowy	['lekaʃ ɔkrɛ̃'tɔvi]
convés (m)	pokład (m)	['pɔkwat]
mastro (m)	maszt (m)	[maʃt]
vela (f)	żagiel (m)	['ʒageʎ]
porão (m)	ładownia (ż)	[wa'dɔvɲa]
proa (f)	dziób (m)	[dʒyp]
popa (f)	rufa (ż)	['rufa]
remo (m)	wiosło (n)	['vɜswɔ]
hélice (f)	śruba (ż) napędowa	['ɕruba napɛ̃'dɔva]
camarote (m)	kajuta (ż)	[ka'juta]
sala (f) dos oficiais	mesa (ż)	['mɛsa]
sala (f) das máquinas	maszynownia (ż)	[maʃi'nɔvɲa]
ponte (m) de comando	mostek (m) kapitański	['mɔstɛk kapi'taɲski]
sala (f) de comunicações	radiokabina (ż)	[radʰɔka'bina]
onda (f) de rádio	fala (ż)	['faʎa]
diário (m) de bordo	dziennik (m) pokładowy	['dʒeɲik pɔkwa'dɔvi]
luneta (f)	luneta (ż)	[ly'nɛta]
sino (m)	dzwon (m)	[dzvɔn]

bandeira (f)	bandera (ż)	[ban'dɛra]
cabo (m)	lina (ż)	['lina]
nó (m)	węzeł (m)	['vɛnzɛw]

corrimão (m)	poręcz (ż)	['pɔrɛ̃tʃ]
prancha (f) de embarque	trap (m)	[trap]

âncora (f)	kotwica (ż)	[kɔt'fiťsa]
recolher a âncora	podnieść kotwicę	['pɔdnɛɕtʃ kɔt'fiťsɛ̃]
lançar a âncora	zarzucić kotwicę	[za'ʒutʃiťʃ kɔt'fiťsɛ̃]
amarra (f)	łańcuch (m) kotwicy	['waɲtsuh kɔt'fiťsi]

porto (m)	port (m)	[pɔrt]
cais, amarradouro (m)	nabrzeże (n)	[nab'ʒɛʒɛ]
atracar (vi)	cumować	[ťsu'mɔvatʃ]
desatracar (vi)	odbijać	[ɔd'bijatʃ]

viagem (f)	podróż (ż)	['pɔdruʃ]
cruzeiro (m)	podróż (ż) morska	['pɔdruʃ 'mɔrska]
rumo (m), rota (f)	kurs (m)	[kurs]
itinerário (m)	trasa (ż)	['trasa]

canal (m) navegável	tor (m) wodny	[tɔr 'vɔdni]
banco (m) de areia	mielizna (ż)	[me'lizna]
encalhar (vt)	osiąść na mieliźnie	['ɔɕ͡ɕɕtʃ na me'liʑne]

tempestade (f)	sztorm (m)	[ʃtɔrm]
sinal (m)	sygnał (m)	['signaw]
afundar-se (vr)	tonąć	['tɔɔɲtʃ]
SOS	SOS	[ɛs ɔ ɛs]
boia (f) salva-vidas	koło (n) ratunkowe	['kɔwɔ ratu'ŋkɔvɛ]

172. Aeroporto

aeroporto (m)	port (m) lotniczy	[pɔrt lɔt'nitʃi]
avião (m)	samolot (m)	[sa'mɔlɔt]
companhia (f) aérea	linie (l.mn.) lotnicze	['liɲje lɔt'nitʃɛ]
controlador (m) de tráfego aéreo	kontroler (m) lotów	[kɔnt'rɔler 'lɔtuf]

partida (f)	odlot (m)	['ɔdlɔt]
chegada (f)	przylot (m)	['pʃilɔt]
chegar (~ de avião)	przylecieć	[pʃi'letʃetʃ]

hora (f) de partida	godzina (ż) odlotu	[gɔ'dʒina ɔd'lɔtu]
hora (f) de chegada	godzina (ż) przylotu	[gɔ'dʒina pʃi'lɔtu]

estar atrasado	opóźniać się	[ɔ'puʑɲatʃ ɕɛ̃]
atraso (m) de voo	opóźnienie (n) odlotu	[ɔpuʑ'nene ɔd'lɔtu]

painel (m) de informação	tablica (ż) informacyjna	[tab'liťsa infɔrma'ťsijna]
informação (f)	informacja (ż)	[infɔr'maťsʲja]
anunciar (vt)	ogłaszać	[ɔg'waʃatʃ]
voo (m)	lot (m)	['lɔt]

| alfândega (f) | urząd (m) celny | ['uʒɔ̃t 'tsɛʎni] |
| funcionário (m) da alfândega | celnik (m) | ['tsɛʎnik] |

declaração (f) alfandegária	deklaracja (ż)	[dɛkʎa'ratsʰja]
preencher a declaração	wypełnić deklarację	[vi'pɛwnitʃ dɛkʎa'ratsʰɛ̃]
controlo (m) de passaportes	odprawa (ż) paszportowa	[ɔtp'rava paʃpɔr'tɔva]

bagagem (f)	bagaż (m)	['bagaʃ]
bagagem (f) de mão	bagaż (m) podręczny	['bagaʃ pɔd'rɛntʃni]
carrinho (m)	wózek (m) bagażowy	['vuzɛk baga'ʒɔvi]

aterragem (f)	lądowanie (n)	[lɔ̃dɔ'vane]
pista (f) de aterragem	pas (m) startowy	[pas star'tɔvi]
aterrar (vi)	lądować	[lɔ̃'dɔvatʃ]
escada (f) de avião	schody (l.mn.) do samolotu	['shɔdi dɔ samɔ'lɔtu]

check-in (m)	odprawa (ż) biletowa	[ɔtp'rava bile'tɔva]
balcão (m) do check-in	stanowisko (n) odprawy	[stanɔ'viskɔ ɔtp'ravi]
fazer o check-in	zgłosić się do odprawy	['zgwɔɕitʃ ɕɛ̃ dɔ ɔtp'ravi]
cartão (m) de embarque	karta (ż) pokładowa	['karta pɔkwa'dɔva]
porta (f) de embarque	wyjście (n) do odprawy	['vijɕtʃe dɔ ɔtp'ravi]

trânsito (m)	tranzyt (m)	['tranzit]
esperar (vi, vt)	czekać	['tʃɛkatʃ]
sala (f) de espera	poczekalnia (ż)	[pɔtʃɛ'kaʎna]
despedir-se de ...	odprowadzać	[ɔtprɔ'vadzatʃ]
despedir-se (vr)	żegnać się	['ʒɛgnatʃ ɕɛ̃]

173. Bicicleta. Motocicleta

bicicleta (f)	rower (m)	['rɔvɛr]
scotter, lambreta (f)	skuter (m)	['skutɛr]
mota (f)	motocykl (m)	[mɔ'tɔtsikʎ]

ir de bicicleta	jechać na rowerze	['ehatʃ na rɔ'vɛʒɛ]
guiador (m)	kierownica (ż)	[kerɔv'nitsa]
pedal (m)	pedał (m)	['pɛdaw]
travões (m pl)	hamulce (l.mn.)	[ha'muʎtsɛ]
selim (m)	siodełko (n)	[ɕɔ'dɛwkɔ]

bomba (f) de ar	pompka (ż)	['pɔmpka]
porta-bagagens (m)	bagażnik (m)	[ba'gaʒnik]
lanterna (f)	lampa (ż)	['ʎampa]
capacete (m)	kask (m)	[kask]

roda (f)	koło (n)	['kɔwɔ]
guarda-lamas (m)	błotnik (m)	['bwɔtnik]
aro (m)	obręcz (ż)	['ɔbrɛ̃tʃ]
raio (m)	szprycha (ż)	['ʃpriha]

Carros

174. Tipos de carros

carro, automóvel (m)	samochód (m)	[sa'mɔhut]
carro (m) desportivo	samochód (m) sportowy	[sa'mɔhut spɔr'tɔvi]
limusine (f)	limuzyna (ż)	[limu'zina]
todo o terreno (m)	samochód (m) terenowy	[sa'mɔhut tɛrɛ'nɔvi]
descapotável (m)	kabriolet (m)	[kabrʰɔlet]
minibus (m)	mikrobus (m)	[mik'rɔbus]
ambulância (f)	karetka (ż) pogotowia	[ka'rɛtka pɔgɔ'tɔvʲa]
limpa-neve (m)	odśnieżarka (ż)	[ɔtɕne'ʒarka]
camião (m)	ciężarówka (ż)	[tʃʲɛʒa'rufka]
camião-cisterna (m)	samochód-cysterna (ż)	[sa'mɔhut tsis'tɛrna]
carrinha (f)	furgon (m)	['furgɔn]
camião-trator (m)	ciągnik (m) siodłowy	['tsʲɔgnik sʲɔd'wɔvi]
atrelado (m)	przyczepa (ż)	[pʃit'ʃɛpa]
confortável	komfortowy	[kɔmfɔr'tɔvi]
usado	używany	[uʒi'vani]

175. Carros. Carroçaria

capô (m)	maska (ż)	['maska]
guarda-lamas (m)	błotnik (m)	['bwɔtnik]
tejadilho (m)	dach (m)	[dah]
para-brisa (m)	szyba (ż) przednia	['ʃiba 'pʃɛdɲa]
espelho (m) retrovisor	lusterko (n) wsteczne	[lys'tɛrkɔ 'fstɛtʃnɛ]
lavador (m)	spryskiwacz (m)	[spris'kivatʃ]
limpa-para-brisas (m)	wycieraczki (l.mn.)	[viʧe'ratʃki]
vidro (m) lateral	szyba (ż) boczna	['ʃiba 'bɔʧna]
elevador (m) do vidro	podnośnik (m) szyby	[pɔd'nɔɕnik 'ʃibi]
antena (f)	antena (ż)	[an'tɛna]
teto solar (m)	szyberdach (m)	[ʃiberdah]
para-choques (m pl)	zderzak (m)	['zdɛʒak]
bagageira (f)	bagażnik (m)	[ba'gaʒnik]
porta (f)	drzwi (ż)	[dʒvi]
maçaneta (f)	klamka (ż)	['kʎamka]
fechadura (f)	zamek (m)	['zamɛk]
matrícula (f)	tablica (ż) rejestracyjna	[tab'litsa rejestra'tsijna]
silenciador (m)	tłumik (m)	['twumik]

tanque (m) de gasolina	zbiornik (m) paliwa	['zbɜrnik pa'liva]
tubo (m) de escape	rura (ż) wydechowa	['rura vidɛ'hɔva]
acelerador (m)	gaz (m)	[gas]
pedal (m)	pedał (m)	['pɛdaw]
pedal (m) do acelerador	pedał (m) gazu	['pɛdaw 'gazu]
travão (m)	hamulec (m)	[ha'mulets]
pedal (m) do travão	pedał (m) hamulca	['pɛdaw ha'muʎtsa]
travar (vt)	hamować	[ha'mɔvatʃ]
travão (m) de mão	hamulec (m) postojowy	[ha'mulets pɔstɔɜvi]
embraiagem (f)	sprzęgło (n)	['spʃɛŋwɔ]
pedal (m) da embraiagem	pedał (m) sprzęgła	['pɛdaw 'spʃɛŋwa]
disco (m) de embraiagem	tarcza (ż) sprzęgła	['tartʃa 'spʃɛŋwa]
amortecedor (m)	amortyzator (m)	[amɔrti'zatɔr]
roda (f)	koło (n)	['kɔwɔ]
pneu (m) sobresselente	koło (n) zapasowe	['kɔwɔ zapa'sɔvɛ]
pneu (m)	opona (ż)	[ɔ'pɔna]
tampão (m) de roda	kołpak (m)	['kɔwpak]
rodas (f pl) motrizes	koła (l.mn.) napędowe	['kɔwa napɛ̃'dɔvɛ]
de tração dianteira	z napędem	[z na'pɛndɛm
	na przednie koła	na 'pʃɛdne 'kɔwa]
de tração traseira	z napędem na tylne koła	[z na'pɛndɛm na 'tiʎnɛ 'kɔwa]
de tração às 4 rodas	z napędem na cztery koła	[z na'pɛndɛm na 'tʃtɛri 'kɔwa]
caixa (f) de mudanças	skrzynia (ż) biegów	['skʃiɲa 'beguf]
automático	automatyczny	[autɔma'titʃni]
mecânico	mechaniczny	[mɛha'nitʃni]
alavanca (f) das mudanças	dźwignia (ż) skrzyni biegów	['dʒivigɲa 'skʃini 'beguf]
farol (m)	reflektor (m)	[rɛf'lektɔr]
faróis, luzes	światła (l.mn.)	['ɕfiatwa]
médios (m pl)	światła (l.mn.) mijania	['ɕfiatwa mi'jaɲa]
máximos (m pl)	światła (l.mn.) drogowe	['ɕfiatwa drɔ'gɔvɛ]
luzes (f pl) de stop	światła (l.mn.) hamowania	['ɕfiatwa hamɔ'vaɲa]
mínimos (m pl)	światła (l.mn.) obrysowe	['ɕfiatwa ɔbri'sɔvɛ]
luzes (f pl) de emergência	światła (l.mn.) awaryjne	['ʃfiatwa ava'rijnɛ]
faróis (m pl) antinevoeiro	światła (l.mn.) przeciwmgielne	['ʃfiatwa pʃɛtʃivm'geʎnɛ]
pisca-pisca (m)	migacz (m)	['migatʃ]
luz (f) de marcha atrás	światła (l.mn.) cofania	['ɕfiatwa tsɔ'faɲa]

176. Carros. Habitáculo

interior (m) do carro	wewnątrz (m) samochodu	['vevnɔ̃tʃ samɔ'hɔdu]
de couro, de pele	skórzany	[sku'ʒani]
de veludo	welurowy	[vɛly'rɔvi]
estofos (m pl)	obicie (n)	[ɔ'bitʃe]
indicador (m)	przyrząd (m)	['pʃiʒɔ̃t]

painel (m) de instrumentos	deska (ż) rozdzielcza	['dɛska rɔz'dʒeʌtʃa]
velocímetro (m)	prędkościomierz (m)	[prɛ̃tkɔɕ'tʃomeʃ]
ponteiro (m)	strzałka (ż)	['stʃawka]

conta-quilómetros (m)	licznik (m)	['litʃnik]
sensor (m)	czujnik (m)	['tʃujnik]
nível (m)	poziom (m)	['pɔʒɜm]
luz (f) avisadora	lampka (ż)	['ʌampka]

volante (m)	kierownica (ż)	[kerɔv'nitsa]
buzina (f)	klakson (m)	['kʌaksɔn]
botão (m)	przycisk (m)	['pʃitʃisk]
interruptor (m)	przełącznik (m)	[pʃɛ'wɔ̃tʃnik]

assento (m)	siedzenie (n)	[ɕe'dzɛne]
costas (f pl) do assento	oparcie (n)	[ɔ'partʃe]
cabeceira (f)	zagłówek (m)	[zag'wuvɛk]
cinto (m) de segurança	pas (m) bezpieczeństwa	[pas bɛspet'ʃɛɲstfa]
apertar o cinto	zapiąć pasy	['zapɔ̃itʃ 'pasi]
regulação (f)	regulacja (ż)	[rɛgu'ʌatsʰja]

airbag (m)	poduszka (ż) powietrzna	[pɔ'duʃka pɔ'vetʃna]
ar (m) condicionado	klimatyzator (m)	[klimati'zatɔr]

rádio (m)	radio (n)	['radʰɜ]
leitor (m) de CD	odtwarzacz CD (m)	[ɔtt'vaʒatʃ si di]
ligar (vt)	włączyć	['vwɔ̃tʃitʃ]
antena (f)	antena (ż)	[an'tɛna]
porta-luvas (m)	schowek (m)	['shɔvɛk]
cinzeiro (m)	popielniczka (ż)	[pɔpeʌ'nitʃka]

177. Carros. Motor

motor (m)	silnik (m)	['ɕiʌnik]
motor (m)	motor (m)	['mɔtɔr]
diesel	dieslowy	[diz'lɜvi]
a gasolina	benzynowy	[bɛnzi'nɔvi]

cilindrada (f)	pojemność (ż) silnika	[pɔ'emnɔɕtʃ ɕiʌ'nika]
potência (f)	moc (ż)	[mɔts]
cavalo-vapor (m)	koń (m) mechaniczny	[kɔɲ mɛha'nitʃni]
pistão (m)	tłok (m)	[twɔk]
cilindro (m)	cylinder (m)	[tsi'lindɛr]
válvula (f)	zastawka (ż)	[zas'tafka]

injetor (m)	wtryskiwacz (m)	[ftris'kivatʃ]
gerador (m)	generator (m)	[gɛnɛ'ratɔr]
carburador (m)	gaźnik (m)	['gazʲnik]
óleo (m) para motor	olej (m) silnikowy	['ɔlej ɕiʌni'kɔvi]

radiador (m)	chłodnica (ż)	[hwɔd'nitsa]
refrigerante (m)	płyn (m) chłodniczy	[pwin hwɔ'dzɔntɕi]
ventilador (m)	wentylator (m)	[vɛntiʲʌatɔr]
bateria (f)	akumulator (m)	[akumu'ʌatɔr]

dispositivo (m) de arranque	rozrusznik (m)	[rɔz'ruʃnik]
ignição (f)	zapłon (m)	['zapwɔn]
vela (f) de ignição	świeca (ż) zapłonowa	['ɕfetsa zapwɔ'nɔva]

borne (m)	zacisk (m)	['zatʃisk]
borne (m) positivo	plus (m)	[plys]
borne (m) negativo	minus (m)	['minus]
fusível (m)	bezpiecznik (m)	[bɛs'petʃnik]

filtro (m) de ar	filtr (m) powietrza	[fiʌtr pɔ'vetʃa]
filtro (m) de óleo	filtr (m) oleju	[fiʌtr ɔ'leju]
filtro (m) de combustível	filtr (m) paliwa	[fiʌtr pa'liva]

178. Carros. Batidas. Reparação

acidente (m) de carro	wypadek (m)	[vi'padɛk]
acidente (m) rodoviário	wypadek (m) drogowy	[vi'padɛk drɔ'gɔvi]
ir contra ...	wjechać w ...	['vʰehatʃ v]
sofrer um acidente	stłuc się	[stwuts ɕɛ̃]
danos (m pl)	uszkodzenie (n)	[uʃkɔ'dzɛne]
intato	nietknięty	[nietkni'ɛ̃ti]

avariar (vi)	zepsuć się	['zɛpsutʃ ɕɛ̃]
cabo (m) de reboque	hol (m)	[hɔʌ]

furo (m)	przebita opona (ż)	[pʃɛ'bita ɔ'pɔna]
estar furado	spuścić	['spuɕtʃitʃ]
encher (vt)	napompowywać	[napɔmpɔ'vivatʃ]
pressão (f)	ciśnienie (n)	[tʃiɕ'nene]
verificar (vt)	skontrolować	[skɔntrɔ'lɜvatʃ]

reparação (f)	naprawa (ż)	[nap'rava]
oficina (f) de reparação de carros	warsztat (m) samochodowy	['varʃtat samɔhɔ'dɔvi]
peça (f) sobresselente	część (ż) zamienna	[tʃɛ̃ɕtʃ za'meŋa]
peça (f)	część (ż)	[tʃɛ̃ɕtʃ]

parafuso (m)	śruba (ż)	['ɕruba]
parafuso (m)	wkręt (m)	[fkrɛ̃t]
porca (f)	nakrętka (ż)	[nak'rɛntka]
anilha (f)	podkładka (ż)	[pɔtk'watka]
rolamento (m)	łożysko (n)	[wɔ'ʒiskɔ]

tubo (m)	rura (ż)	['rura]
junta (f)	uszczelka (ż)	[uʃt'ʃɛʌka]
fio, cabo (m)	przewód (m)	['pʃɛvut]

macaco (m)	podnośnik (m)	[pɔd'nɔɕnik]
chave (f) de boca	klucz (m) francuski	[klytʃ fran'tsuski]
martelo (m)	młotek (m)	['mwɔtɛk]
bomba (f)	pompka (ż)	['pɔmpka]
chave (f) de fendas	śrubokręt (m)	[ɕru'bɔkrɛ̃t]
extintor (m)	gaśnica (ż)	[gaɕ'niʦa]
triângulo (m) de emergência	trójkąt (m) odblaskowy	['trujkɔ̃t ɔdbʌas'kɔvi]

parar (vi) (motor)	gasnąć	['gasnɔ̃tʃ]
paragem (f)	wyłączenie (n)	[viwɔ̃t'ʃɛne]
estar quebrado	być złamanym	[bitʃ zwa'manim]

superaquecer-se (vr)	przegrzać się	['pʃɛgʒatʃ ɕɛ̃]
entupir-se (vr)	zapchać się	['zaphatʃ ɕɛ̃]
congelar-se (vr)	zamarznąć	[za'marznɔ̃tʃ]
rebentar (vi)	pęknąć	['pɛŋknɔ̃tʃ]

pressão (f)	ciśnienie (n)	[tʃiɕ'nene]
nível (m)	poziom (m)	['pɔʒɜm]
frouxo	słaby	['swabi]

mossa (f)	wgniecenie (n)	[vgne'tʃene]
ruído (m)	pukanie (n)	[pu'kane]
fissura (f)	rysa (z)	['risa]
arranhão (m)	zadrapanie (n)	[zadra'pane]

179. Carros. Estrada

estrada (f)	droga (z)	['drɔga]
autoestrada (f)	autostrada (z)	[autɔst'rada]
rodovia (f)	szosa (z)	['ʃɔsa]
direção (f)	kierunek (m)	[ke'runɛk]
distância (f)	odległość (z)	[ɔd'legwɔctʃ]

ponte (f)	most (m)	[mɔst]
parque (m) de estacionamento	parking (m)	['parkiŋk]
praça (f)	plac (m)	[pʎats]
nó (m) rodoviário	skrzyżowanie (n)	[skʃiʒɔ'vane]
túnel (m)	tunel (m)	['tunɛʎ]

posto (m) de gasolina	stacja (z) benzynowa	['statsʰja bɛnzi'nɔva]
parque (m) de estacionamento	parking (m)	['parkiŋk]
bomba (f) de gasolina	pompa (z) benzynowa	['pɔmpa bɛnzi'nɔva]
oficina (f)	warsztat (m) samochodowy	['varʃtat samɔhɔ'dɔvi]
de reparação de carros		
abastecer (vt)	zatankować	[zata'ŋkɔvatʃ]
combustível (m)	paliwo (n)	[pa'livɔ]
bidão (m) de gasolina	kanister (m)	[ka'nistɛr]

asfalto (m)	asfalt (m)	['asfaʎt]
marcação (f) de estradas	oznakowanie (n)	[ɔznakɔ'vane]
lancil (m)	krawężnik (m)	[kra'vɛnʒnik]
proteção (f) guard-rail	ogrodzenie (n)	[ɔgrɔ'dzɛne]
valeta (f)	rów (m) boczny	[ruf 'bɔtʃni]
berma (f) da estrada	pobocze (n)	[pɔ'bɔtʃɛ]
poste (m) de luz	słup (m)	[swup]

conduzir, guiar (vt)	prowadzić	[prɔ'vadʒitʃ]
virar (ex. ~ à direita)	skręcać	['skrɛntsatʃ]
dar retorno	zawracać	[zav'ratsatʃ]
marcha-atrás (f)	bieg (m) wsteczny	[bek 'fstɛtʃni]
buzinar (vi)	trąbić	['trɔ̃bitʃ]

buzina (f)	sygnał (m)	['signaw]
atolar-se (vr)	utknąć	['utknɔ̃ʨ]
patinar (na lama)	buksować	[buk'sɔvaʨ]
desligar (vt)	gasić	['gaɕiʨ]

velocidade (f)	szybkość (ż)	['ʃipkɔɕʨ]
exceder a velocidade	przekroczyć prędkość	[pʃɛk'rɔʧiʨ 'prɛntkɔɕʨ]
multar (vt)	karać grzywną	['karaʨ 'gʒivnɔ̃]
semáforo (m)	światła (l.mn.)	['ɕfʲatwa]
carta (f) de condução	prawo (n) jazdy	['pravɔ 'jazdi]

passagem (f) de nível	przejazd (m) kolejowy	['pʃɛjast kɔle'jɔvi]
cruzamento (m)	skrzyżowanie (n)	[skʃiʒɔ'vane]
passadeira (f)	przejście (n) dla pieszych	['pʃɛjɕʨe dʎa 'peʃih]
curva (f)	zakręt (m)	['zakrɛ̃t]
zona (f) pedonal	strefa (ż) dla pieszych	['strɛfa dʎa 'peʃih]

180. Sinais de trânsito

código (m) da estrada	przepisy (l.mn.) ruchu drogowego	[pʃɛ'pisi 'ruhu drɔgɔ'vɛgɔ]
sinal (m) de trânsito	znak (m) drogowy	[znak drɔ'gɔvi]
ultrapassagem (f)	wyprzedzanie (n)	[vipʃɛ'dzane]
curva (f)	zakręt (m)	['zakrɛ̃t]
inversão (f) de marcha	zawracanie (m)	[zavra'ʦane]
rotunda (f)	ruch okrężny (m)	[ruh ɔk'rɛnʒni]

sentido proibido	zakaz wjazdu	['zakaz 'vʲjazdu]
trânsito proibido	zakaz ruchu	['zakaz 'ruhu]
proibição de ultrapassar	zakaz wyprzedzania	['zakaz vipʃɛ'dzaɲa]
estacionamento proibido	zakaz postoju	['zakaz pɔs'tɔju]
paragem proibida	zakaz zatrzymywania się	['zakaz zaʧimi'vaɲa ɕɛ̃]

curva (f) perigosa	niebezpieczny zakręt (m)	[niebes'peʧni 'zakrɛ̃t]
descida (f) perigosa	niebezpieczny zjazd (m)	[niebes'peʧni zʲjast]
trânsito de sentido único	droga jednokierunkowa	['drɔga jednɔkeru'ŋkɔva]
passadeira (f)	przejście (n) dla pieszych	['pʃɛjɕʨe dʎa 'peʃih]
pavimento (m) escorregadio	śliska jezdnia (ż)	['ɕliska 'ezdɲa]
cedência de passagem	ustąp pierwszeństwa	['ustɔ̃p perf'ʃɛɲstva]

PESSOAS. EVENTOS

Eventos

181. Férias. Evento

festa (f)	święto (n)	['ɕfɛntɔ]
festa (f) nacional	święto (n) państwowe	['ɕfɛntɔ paɲst'fɔvɛ]
feriado (m)	dzień (m) świąteczny	[dʑeɲ ɕfɔ'tɛtʃni]
festejar (vt)	świętować	[ɕfɛ̃'tɔvatʃ]
evento (festa, etc.)	wydarzenie (n)	[vida'ʒɛne]
evento (banquete, etc.)	impreza (ż)	[imp'rɛza]
banquete (m)	bankiet (m)	['baŋket]
receção (f)	przyjęcie (n)	[pʃi'ɛtʃe]
festim (m)	uczta (ż)	['utʃta]
aniversário (m)	rocznica (ż)	[rɔtʃ'nitsa]
jubileu (m)	jubileusz (m)	[jubi'leuʃ]
celebrar (vt)	obchodzić	[ɔp'hɔdʑitʃ]
Ano (m) Novo	Nowy Rok (m)	['nɔvi rɔk]
Feliz Ano Novo!	Szczęśliwego Nowego Roku!	[ʃtʃɛɲɕli'vɛgɔ nɔ'vɛgɔ 'rɔku]
Natal (m)	Boże Narodzenie (n)	['bɔʒɛ narɔ'dzɛne]
Feliz Natal!	Wesołych Świąt !	[vɛ'sɔwih ɕfɔ̃t]
árvore (f) de Natal	choinka (ż)	[hɔ'iŋka]
fogo (m) de artifício	sztuczne ognie (l.mn.)	['ʃtutʃnɛ 'ɔgne]
boda (f)	wesele (n)	[vɛ'sɛle]
noivo (m)	narzeczony (m)	[naʒɛt'ʃɔni]
noiva (f)	narzeczona (ż)	[naʒɛt'ʃɔna]
convidar (vt)	zapraszać	[zap'raʃatʃ]
convite (m)	zaproszenie (n)	[zaprɔ'ʃɛne]
convidado (m)	gość (m)	[gɔɕtʃ]
visitar (vt)	iść w gości	[iɕtʃ v 'gɔɕtʃi]
receber os hóspedes	witać gości	['vitatʃ 'gɔɕtʃi]
presente (m)	prezent (m)	['prɛzɛnt]
oferecer (vt)	dawać w prezencie	['davatʃ f prɛ'zɛntʃe]
receber presentes	dostawać prezenty	[dɔs'tavatʃ prɛ'zɛnti]
ramo (m) de flores	bukiet (m)	['buket]
felicitações (f pl)	gratulacje (l.mn.)	[gratu'ʎatsʰe]
felicitar (dar os parabéns)	gratulować	[gratu'lɔvatʃ]
cartão (m) de parabéns	kartka (ż) z życzeniami	['kartka z ʒitʃɛ'ɲami]

| enviar um postal | wysłać kartkę | ['viswatʃ 'kartkɛ̃] |
| receber um postal | dostać kartkę | ['dɔstatʃ kartkɛ̃] |

brinde (m)	toast (m)	['tɔast]
oferecer (vt)	częstować	[tʃɛ̃s'tɔvatʃ]
champanhe (m)	szampan (m)	['ʃampan]

divertir-se (vr)	bawić się	['bavitʃ ɕɛ̃]
diversão (f)	zabawa (ż)	[za'bava]
alegria (f)	radość (ż)	['radɔɕtʃ]

| dança (f) | taniec (m) | ['tanets] |
| dançar (vi) | tańczyć | ['tantʃitʃ] |

| valsa (f) | walc (m) | ['vaʎts] |
| tango (m) | tango (n) | ['taŋɔ] |

182. Funerais. Enterro

cemitério (m)	cmentarz (m)	['tsmɛntaʃ]
sepultura (f), túmulo (m)	grób (m)	[grup]
cruz (f)	krzyż (m)	[kʃiʃ]
lápide (f)	nagrobek (m)	[nag'rɔbɛk]
cerca (f)	ogrodzenie (n)	[ɔgrɔ'dzɛne]
capela (f)	kaplica (ż)	[kap'litsa]

morte (f)	śmierć (ż)	[ɕmertʃ]
morrer (vi)	umrzeć	['umʒɛtʃ]
defunto (m)	zmarły (m)	['zmarvi]
luto (m)	żałoba (ż)	[ʒa'wɔba]

enterrar, sepultar (vt)	chować	['hɔvatʃ]
agência (f) funerária	zakład (m) pogrzebowy	['zakwat pɔgʒɛ'bɔvi]
funeral (m)	pogrzeb (m)	['pɔgʒɛp]

coroa (f) de flores	wieniec (m)	['venets]
caixão (m)	trumna (ż)	['trumna]
carro (m) funerário	karawan (m)	[ka'ravan]
mortalha (f)	całun (m)	['tsawun]

| urna (f) funerária | urna (ż) pogrzebowa | ['urna pɔgʒɛ'bɔva] |
| crematório (m) | krematorium (m) | [krɛma'tɔrʰjum] |

obituário (m), necrologia (f)	nekrolog (m)	[nɛk'rɔlɔk]
chorar (vi)	płakać	['pwakatʃ]
soluçar (vi)	szlochać	['ʃlɔhatʃ]

183. Guerra. Soldados

pelotão (m)	pluton (m)	['plytɔn]
companhia (f)	rota (ż)	['rɔta]
regimento (m)	pułk (m)	[puwk]

exército (m)	armia (ż)	['armʰja]
divisão (f)	dywizja (ż)	[di'vizʰja]
destacamento (m)	oddział (m)	['ɔddʒʲaw]
hoste (f)	wojsko (n)	['vɔjskɔ]
soldado (m)	żołnierz (m)	['ʒɔwneʃ]
oficial (m)	oficer (m)	[ɔ'fitsɛr]
soldado (m) raso	szeregowy (m)	[ʃɛrɛ'govi]
sargento (m)	sierżant (m)	['ɕerʒant]
tenente (m)	podporucznik (m)	[pɔtpɔ'rutʃnik]
capitão (m)	kapitan (m)	[ka'pitan]
major (m)	major (m)	['majɔr]
coronel (m)	pułkownik (m)	[puw'kɔvnik]
general (m)	generał (m)	[gɛ'nɛraw]
marujo (m)	marynarz (m)	[ma'rinaʃ]
capitão (m)	kapitan (m)	[ka'pitan]
contramestre (m)	bosman (m)	['bɔsman]
artilheiro (m)	artylerzysta (m)	[artile'ʒista]
soldado (m) paraquedista	desantowiec (m)	[dɛsan'tɔvets]
piloto (m)	lotnik (m)	['lɔtnik]
navegador (m)	nawigator (m)	[navi'gatɔr]
mecânico (m)	mechanik (m)	[mɛ'hanik]
sapador (m)	saper (m)	['sapɛr]
paraquedista (m)	spadochroniarz (m)	[spadɔh'rɔɲaʃ]
explorador (m)	zwiadowca (m)	[zvʲa'dɔftsa]
franco-atirador (m)	snajper (m)	['snajpɛr]
patrulha (f)	patrol (m)	['patrɔʎ]
patrulhar (vt)	patrolować	[patrɔ'lɔvatʃ]
sentinela (f)	wartownik (m)	[var'tɔvnik]
guerreiro (m)	wojownik (m)	[vɔʒvnik]
patriota (m)	patriota (m)	[patrʰɔta]
herói (m)	bohater (m)	[bɔ'hatɛr]
heroína (f)	bohaterka (ż)	[bɔha'tɛrka]
traidor (m)	zdrajca (m)	['zdrajtsa]
desertor (m)	dezerter (m)	[dɛ'zɛrtɛr]
desertar (vt)	dezerterować	[dɛzɛrtɛ'rɔvatʃ]
mercenário (m)	najemnik (m)	[na'emnik]
recruta (m)	rekrut (m)	['rɛkrut]
voluntário (m)	ochotnik (m)	[ɔ'hɔtnik]
morto (m)	zabity (m)	[za'biti]
ferido (m)	ranny (m)	['raɲi]
prisioneiro (m) de guerra	jeniec (m)	['enets]

184. Guerra. Ações militares. Parte 1

guerra (f)	wojna (ż)	['vɔjna]
guerrear (vt)	wojować	[vɔɔvatʃ]
guerra (f) civil	wojna domowa (ż)	['vɔjna dɔ'mɔva]
perfidamente	wiarołomnie	[vʲarɔ'wɔmne]
declaração (f) de guerra	wypowiedzenie (n)	[vɨpɔve'dzɛne]
declarar (vt) guerra	wypowiedzieć (~ wojnę)	[vɨpɔ'vedʒetʃ 'vɔjnɛ̃]
agressão (f)	agresja (ż)	[ag'rɛsʰja]
atacar (vt)	napadać	[na'padatʃ]
invadir (vt)	najeździać	[na'jezdʒʲatʲ]
invasor (m)	najeźdźca (m)	[na'eɕtsa]
conquistador (m)	zdobywca (m)	[zdɔ'bift̪sa]
defesa (f)	obrona (ż)	[ɔb'rɔna]
defender (vt)	bronić	['brɔnitʃ]
defender-se (vr)	bronić się	['brɔnitʃ ɕɛ̃]
inimigo (m)	wróg (m)	[vruk]
adversário (m)	przeciwnik (m)	[pʃɛ'tʃivnik]
inimigo	wrogi	['vrɔgi]
estratégia (f)	strategia (ż)	[stra'tɛgja]
tática (f)	taktyka (ż)	['taktika]
ordem (f)	rozkaz (m)	['rɔskas]
comando (m)	komenda (ż)	[kɔ'mɛnda]
ordenar (vt)	rozkazywać	[rɔska'zivatʃ]
missão (f)	zadanie (n)	[za'dane]
secreto	tajny	['tajni]
batalha (f)	bitwa (ż)	['bitfa]
combate (m)	bój (m)	[buj]
ataque (m)	atak (m)	['atak]
assalto (m)	szturm (m)	[ʃturm]
assaltar (vt)	szturmować	[ʃtur'mɔvatʃ]
assédio, sítio (m)	oblężenie (n)	[ɔblɛ̃'ʒɛne]
ofensiva (f)	ofensywa (ż)	[ɔfɛn'siva]
passar à ofensiva	nacierać	[na'tʃeratʃ]
retirada (f)	odwrót (m)	['ɔdvrut]
retirar-se (vr)	wycofywać się	[vɨtsɔ'fivatʃ ɕɛ̃]
cerco (m)	okrążenie (n)	[ɔkrɔ̃'ʒɛne]
cercar (vt)	okrążyć	[ɔk'rɔ̃ʒitʲ]
bombardeio (m)	bombardowanie (n)	[bɔmbardɔ'vane]
lançar uma bomba	zrzucić bombę	['zʒutʃitʃ 'bɔmbɛ̃]
bombardear (vt)	bombardować	[bɔmbar'dɔvatʃ]
explosão (f)	wybuch (m)	['vɨbuh]
tiro (m)	strzał (m)	[stʃaw]

| disparar um tiro | wystrzelić | [vist'ɕɛliʧ] |
| tiroteio (m) | strzelanina (ż) | [stʃɛʎa'nina] |

apontar para ...	celować	[ʦɛ'lɔvaʧ]
apontar (vt)	wycelować	[viʦɛ'lɔvaʧ]
acertar (vt)	trafić	['trafiʧ]

afundar (um navio)	zatopić	[za'tɔpiʧ]
brecha (f)	dziura (ż)	['dʒyra]
afundar-se (vr)	iść na dno	[iɕʧ na dnɔ]

frente (m)	front (m)	[frɔnt]
evacuação (f)	ewakuacja (ż)	[ɛvaku'aʦʰja]
evacuar (vt)	ewakuować	[ɛvaku'ɔvaʧ]

arame (m) farpado	drut (m) kolczasty	[drut kɔʎt'ʃasti]
obstáculo (m) anticarro	zapora (ż)	[za'pɔra]
torre (f) de vigia	wieża (ż)	['veʒa]

hospital (m)	szpital (m)	['ʃpitaʎ]
ferir (vt)	ranić	['raniʧ]
ferida (f)	rana (ż)	['rana]
ferido (m)	ranny (m)	['raɲi]
ficar ferido	zostać rannym	['zɔstaʧ 'raɲim]
grave (ferida ~)	ciężki	['ʨenʃki]

185. Guerra. Ações militares. Parte 2

cativeiro (m)	niewola (ż)	[ne'vɔʎa]
capturar (vt)	wziąć do niewoli	[vʒɔ̃iʧ dɔ ne'vɔli]
estar em cativeiro	być w niewoli	[biʧ v ne'vɔli]
ser aprisionado	dostać się do niewoli	['dɔstaʧ ɕɛ̃ dɔ ne'vɔli]

campo (m) de concentração	obóz (m) koncentracyjny	['ɔbus kɔnʦɛntra'ʦijni]
prisioneiro (m) de guerra	jeniec (m)	['eneʦ]
escapar (vi)	uciekać	[u'ʧekaʧ]

trair (vt)	zdradzić	['zdradʒiʧ]
traidor (m)	zdrajca (m)	['zdrajʦa]
traição (f)	zdrada (ż)	['zdrada]

| fuzilar, executar (vt) | rozstrzelać | [rɔst'ʃɛʎaʧ] |
| fuzilamento (m) | rozstrzelanie (n) | [rɔstʃɛ'ʎane] |

equipamento (m)	umundurowanie (n)	[umundurɔ'vane]
platina (f)	pagon (m)	['pagɔn]
máscara (f) antigás	maska (ż) przeciwgazowa	['maska pʃɛʧivga'zɔva]

rádio (m)	radiostacja (ż) przenośna	[radiɔs'taʦʰja pʃɛ'nɔɕna]
cifra (f), código (m)	szyfr (m)	[ʃifr]
conspiração (f)	konspiracja (ż)	[kɔnspi'raʦʰja]
senha (f)	hasło (n)	['haswɔ]
mina (f)	mina (ż)	['mina]
minar (vt)	zaminować	[zami'nɔvaʧ]

campo (m) minado	pole (n) minowe	['pɔle mi'nɔvɛ]
alarme (m) aéreo	alarm (m) przeciwlotniczy	['aʎarm pʃɛʧiflɜt'niʧi]
alarme (m)	alarm (m)	['aʎarm]
sinal (m)	sygnał (m)	['signaw]
sinalizador (m)	rakieta (ż) sygnalizacyjna	[ra'keta signaliza'ʦijna]

estado-maior (m)	sztab (m)	[ʃtap]
reconhecimento (m)	rekonesans (m)	[rɛkɔ'nɛsans]
situação (f)	sytuacja (ż)	[situ'aʦʰja]
relatório (m)	raport (m)	['rapɔrt]
emboscada (f)	zasadzka (ż)	[za'satska]
reforço (m)	posiłki (l.mn.)	[pɔ'ɕiwki]

alvo (m)	cel (m)	[ʦɛʎ]
campo (m) de tiro	poligon (m)	[pɔ'ligɔn]
manobras (f pl)	manewry (l.mn.)	[ma'nɛvri]

pânico (m)	panika (ż)	['panika]
devastação (f)	ruina (ż)	[ru'ina]
ruínas (f pl)	zniszczenia (l.mn.)	[zniʃ'ʧɛɲa]
destruir (vt)	niszczyć	['niʃʧiʧ]

sobreviver (vi)	przeżyć	['pʃɛʒiʧ]
desarmar (vt)	rozbroić	[rɔzb'rɔiʧ]
manusear (vt)	obchodzić się	[ɔp'hɔʤiʧ ɕɛ̃]

Firmes!	Baczność!	['baʧnɔɕʧ]
Descansar!	Spocznij!	['spɔʧnij]

façanha (f)	czyn (m) bohaterski	[ʧin bɔha'tɛrski]
juramento (m)	przysięga (ż)	[pʃi'ɕeŋa]
jurar (vi)	przysięgać	[pʃi'ɕeŋaʧ]

condecoração (f)	odznaczenie (n)	[ɔdznat'ʃɛne]
condecorar (vt)	nagradzać	[nag'radzaʧ]
medalha (f)	medal (m)	['mɛdaʎ]
ordem (f)	order (m)	['ɔrdɛr]

vitória (f)	zwycięstwo (n)	[zvi'ʧenstfɔ]
derrota (f)	klęska (ż)	['klenska]
armistício (m)	rozejm (m)	['rɔzɛjm]

bandeira (f)	sztandar (m)	['ʃtandar]
glória (f)	chwała (ż)	['hfawa]
desfile (m) militar	defilada (ż)	[dɛfi'ʎada]
marchar (vi)	maszerować	[maʃɛ'rɔvaʧ]

186. Armas

arma (f)	broń (ż)	[brɔɲ]
arma (f) de fogo	broń (ż) palna	[brɔɲ 'paʎna]
arma (f) branca	broń (ż) biała	[brɔɲ 'bʲawa]
arma (f) química	broń (ż) chemiczna	[brɔɲ hɛ'miʧna]
nuclear	nuklearny	[nukle'arni]

arma (f) nuclear	broń (ż) nuklearna	[brɔɲ nukle'arna]
bomba (f)	bomba (ż)	['bɔmba]
bomba (f) atómica	bomba atomowa (ż)	['bɔmba atɔ'mɔva]
pistola (f)	pistolet (m)	[pis'tɔlet]
caçadeira (f)	strzelba (ż)	['stʃɛʎba]
pistola-metralhadora (f)	automat (m)	[au'tɔmat]
metralhadora (f)	karabin (m) maszynowy	[ka'rabin maʃi'nɔvi]
boca (f)	wylot (m)	['viɫɔt]
cano (m)	lufa (ż)	['lyfa]
calibre (m)	kaliber (m)	[ka'libɛr]
gatilho (m)	spust (m)	[spust]
mira (f)	celownik (m)	[tsɛ'lɔvnik]
carregador (m)	magazynek (m)	[maga'zinɛk]
coronha (f)	kolba (ż)	['kɔʎba]
granada (f) de mão	granat (m)	['granat]
explosivo (m)	ładunek (m) wybuchowy	[wa'dunɛk vibu'hɔvi]
bala (f)	kula (ż)	['kuʎa]
cartucho (m)	nabój (m)	['nabuj]
carga (f)	ładunek (m)	[wa'dunɛk]
munições (f pl)	amunicja (ż)	[amu'nitsʰja]
bombardeiro (m)	bombowiec (m)	[bɔm'bɔvets]
avião (m) de caça	myśliwiec (m)	[miɕ'livets]
helicóptero (m)	helikopter (m)	[hɛli'kɔptɛr]
canhão (m) antiaéreo	działo (n) przeciwlotnicze	['dʑawɔ pʃɛtʃiflɔt'nitʃɛ]
tanque (m)	czołg (m)	[tʃɔwk]
canhão (de um tanque)	działo (n)	['dʑawɔ]
artilharia (f)	artyleria (ż)	[arti'lerʰja]
fazer a pontaria	wycelować	[vitsɛ'lɔvatʃ]
obus (m)	pocisk (m)	['pɔtʃisk]
granada (f) de morteiro	pocisk (m) moździerzowy	['pɔtʃisk mɔzdʑi'ʒɔvi]
morteiro (m)	moździerz (m)	['mɔʑdʑeʃ]
estilhaço (m)	odłamek (m)	[ɔd'wamɛk]
submarino (m)	łódź (ż) podwodna	[wutʃ pɔd'vɔdna]
torpedo (m)	torpeda (ż)	[tɔr'pɛda]
míssil (m)	rakieta (ż)	[ra'keta]
carregar (uma arma)	ładować	[wa'dɔvatʃ]
atirar, disparar (vi)	strzelać	['stʃɛʎatʃ]
apontar para ...	celować	[tsɛ'lɔvatʃ]
baioneta (f)	bagnet (m)	['bagnɛt]
espada (f)	szpada (ż)	['ʃpada]
sabre (m)	szabla (ż)	['ʃabʎa]
lança (f)	kopia (ż), włócznia (ż)	['kɔpʰja], ['vwɔtʃɲa]
arco (m)	łuk (m)	[wuk]
flecha (f)	strzała (ż)	['stʃawa]

| mosquete (m) | muszkiet (m) | ['muʃket] |
| besta (f) | kusza (ż) | ['kuʃa] |

187. Povos da antiguidade

primitivo	pierwotny	[per'vɔtni]
pré-histórico	prehistoryczny	[prɛhistɔ'riʧni]
antigo	dawny	['davni]

Idade (f) da Pedra	Epoka (ż) kamienna	[ɛ'pɔka ka'mɛɲa]
Idade (f) do Bronze	Epoka (ż) brązu	[ɛ'pɔka 'brõzu]
período (m) glacial	Epoka (ż) lodowcowa	[ɛ'pɔka lɔdɔf'tsɔva]

tribo (f)	plemię (n)	['plemɛ̃]
canibal (m)	kanibal (m)	[ka'nibaʎ]
caçador (m)	myśliwy (m)	[miɕ'livi]
caçar (vi)	polować	[pɔ'lɔvaʧ]
mamute (m)	mamut (m)	['mamut]

caverna (f)	jaskinia (ż)	[jas'kiɲa]
fogo (m)	ogień (m)	['ɔgeɲ]
fogueira (f)	ognisko (n)	[ɔg'niskɔ]
pintura (f) rupestre	malowidło (n) naskalne	[malɜ'vidwɔ nas'kaʎnɛ]

ferramenta (f)	narzędzie (n) pracy	[na'ʒɛ̃dʒe 'pratsi]
lança (f)	kopia (ż), włócznia (ż)	['kɔpʰja], ['vwɔʧɲa]
machado (m) de pedra	topór (m) kamienny	['tɔpur ka'mɛɲi]
guerrear (vt)	wojować	[vɔɔvaʧ]
domesticar (vt)	oswajać zwierzęta	[ɔs'fajaʧ zve'ʒɛnta]
ídolo (m)	bożek (m)	['bɔʒɛk]
adorar, venerar (vt)	czcić	[ʧʧiʧ]
superstição (f)	przesąd (m)	['pʃɛsõt]
ritual (m)	obrzęd (m)	['ɔbʒɛ̃t]

evolução (f)	ewolucja (ż)	[ɛvɔ'lytsʰja]
desenvolvimento (m)	rozwój (m)	['rɔzvuj]
desaparecimento (m)	zniknięcie (n)	[znik'nɛ̃ʧe]
adaptar-se (vr)	adaptować się	[adap'tɔvaʧ ɕɛ̃]

arqueologia (f)	archeologia (ż)	[arhɛɔ'lɔgʰja]
arqueólogo (m)	archeolog (m)	[arhɛ'ɔlɔk]
arqueológico	archeologiczny	[arhɛɔlɜ'giʧni]

local (m) das escavações	wykopaliska (l.mn.)	[viкɔpa'liska]
escavações (f pl)	prace (l.mn.) wykopaliskowe	['pratsɛ viкɔpalis'kɔvɛ]
achado (m)	znalezisko (n)	[znale'ʒiskɔ]
fragmento (m)	fragment (m)	['fragmɛnt]

188. Idade média

| povo (m) | naród (m) | ['narut] |
| povos (m pl) | narody (l.mn.) | [na'rɔdi] |

| tribo (f) | plemię (n) | ['plemɛ̃] |
| tribos (f pl) | plemiona (l.mn.) | [ple'mɜna] |

bárbaros (m pl)	Barbarzyńcy (l.mn.)	[barba'ʒiɲtsi]
gauleses (m pl)	Gallowie (l.mn.)	[gal'lɜve]
godos (m pl)	Goci (l.mn.)	['gɔʧi]
eslavos (m pl)	Słowianie (l.mn.)	[swɔ'vʲane]
víquingues (m pl)	Wikingowie (l.mn.)	[viki'ŋɔve]

| romanos (m pl) | Rzymianie (l.mn.) | [ʒi'mʲane] |
| romano | rzymski | ['ʒimski] |

bizantinos (m pl)	Bizantyjczycy (l.mn.)	[bizantijt'ʃitsi]
Bizâncio	Bizancjum (n)	[bi'zantsʰjum]
bizantino	bizantyjski	[bizan'tijski]

imperador (m)	cesarz (m)	['ʦɛsaʃ]
líder (m)	wódz (m)	[vuʦ]
poderoso	potężny	[pɔ'tɛnʒni]
rei (m)	król (m)	[kruʎ]
governante (m)	władca (m)	['vwatʦa]

cavaleiro (m)	rycerz (m)	['riʦɛʃ]
senhor feudal (m)	feudał (m)	[fɛ'udaw]
feudal	feudalny	[fɛu'daʎni]
vassalo (m)	wasal (m)	['vasaʎ]

duque (m)	książę (m)	[kɕɔ̃ʒɛ̃]
conde (m)	hrabia (m)	['hrabʲa]
barão (m)	baron (m)	['barɔn]
bispo (m)	biskup (m)	['biskup]

armadura (f)	zbroja (ż)	['zbrɔja]
escudo (m)	tarcza (ż)	['tarʧa]
espada (f)	miecz (m)	[meʧ]
viseira (f)	przyłbica (ż)	[pʃiw'biʦa]
cota (f) de malha	kolczuga (ż)	[kɔʎt'ʃuga]

| cruzada (f) | wyprawa (ż) krzyżowa | [vip'rava kʃi'ʒɔva] |
| cruzado (m) | krzyżak (m) | ['kʃiʒak] |

território (m)	terytorium (n)	[tɛri'tɔrʰjum]
atacar (vt)	napadać	[na'padaʧ]
conquistar (vt)	zawojować	[zavɔɜvaʧ]
ocupar, invadir (vt)	zająć	['zaɔ̃ʧ]

assédio, sítio (m)	oblężenie (n)	[ɔblɛ̃'ʒɛne]
sitiado	oblężony	[ɔblɛ̃'ʒɔni]
assediar, sitiar (vt)	oblegać	[ɔb'legaʧ]

inquisição (f)	inkwizycja (ż)	[iŋkfi'ziʦʰja]
inquisidor (m)	inkwizytor (m)	[iŋkfi'zitɔr]
tortura (f)	tortury (l.mn.)	[tɔr'turi]
cruel	okrutny	[ɔk'rutni]
herege (m)	heretyk (m)	[hɛ'rɛtik]
heresia (f)	herezja (ż)	[hɛ'rɛzʰja]

navegação (f) marítima	nawigacja (ż)	[navi'gatsʰja]
pirata (m)	pirat (m)	['pirat]
pirataria (f)	piractwo (n)	[pi'ratstfɔ]
abordagem (f)	abordaż (m)	[a'bɔrdaʃ]
presa (f), butim (m)	łup (m)	[wup]
tesouros (m pl)	skarby (l.mn.)	['skarbi]

descobrimento (m)	odkrycie (n)	[ɔtk'ritʃe]
descobrir (novas terras)	odkryć	['ɔtkritʃ]
expedição (f)	ekspedycja (ż)	[ɛkspɛ'ditsʰja]

mosqueteiro (m)	muszkieter (m)	[muʃ'ketɛr]
cardeal (m)	kardynał (m)	[kar'dinaw]
heráldica (f)	heraldyka (ż)	[hɛ'raʎdika]
heráldico	heraldyczny	[hɛraʎ'ditʃni]

189. Líder. Chefe. Autoridades

rei (m)	król (m)	[kruʎ]
rainha (f)	królowa (ż)	[kru'lɔva]
real	królewski	[kru'lefski]
reino (m)	królestwo (n)	[kru'lestfɔ]

| príncipe (m) | książę (m) | [kɕɔ̃ʒɛ̃] |
| princesa (f) | księżniczka (ż) | [kɕɛ̃ʒ'nitʃka] |

presidente (m)	prezydent (m)	[prɛ'zidɛnt]
vice-presidente (m)	wiceprezydent (m)	[vitsɛprɛ'zidɛnt]
senador (m)	senator (m)	[sɛ'natɔr]

monarca (m)	monarcha (m)	[mɔ'narha]
governante (m)	władca (m)	['vwattsa]
ditador (m)	dyktator (m)	[dik'tatɔr]
tirano (m)	tyran (m)	['tiran]
magnata (m)	magnat (m)	['magnat]

diretor (m)	dyrektor (m)	[di'rɛktɔr]
chefe (m)	szef (m)	[ʃɛf]
dirigente (m)	kierownik (m)	[ke'rɔvnik]
patrão (m)	szef (m)	[ʃɛf]
dono (m)	właściciel (m)	[vwaɕ'tʃitʃeʎ]

chefe (~ de delegação)	głowa (ż)	['gwɔva]
autoridades (f pl)	władze (l.mn.)	['vwadzɛ]
superiores (m pl)	kierownictwo (n)	[kerɔv'nitstfɔ]

governador (m)	gubernator (m)	[gubɛr'natɔr]
cônsul (m)	konsul (m)	['kɔnsuʎ]
diplomata (m)	dyplomata (m)	[diplɔ'mata]
Presidente (m) da Câmara	mer (m)	[mɛr]
xerife (m)	szeryf (m)	['ʃɛrif]

| imperador (m) | cesarz (m) | ['tsɛsaʃ] |
| czar (m) | car (m) | [tsar] |

| faraó (m) | faraon (m) | [fa'raɔn] |
| cã (m) | chan (m) | [han] |

190. Estrada. Caminho. Direções

| estrada (f) | droga (ż) | ['drɔga] |
| caminho (m) | droga (ż) | ['drɔga] |

rodovia (f)	szosa (ż)	['ʃɔsa]
autoestrada (f)	autostrada (ż)	[autɔst'rada]
estrada (f) nacional	droga (ż) krajowa	['drɔga kraɜva]

| estrada (f) principal | główna droga (ż) | ['gwuvna 'drɔga] |
| caminho (m) de terra batida | polna droga (ż) | ['pɔʎna 'drɔga] |

| trilha (f) | ścieżka (ż) | ['ɕtɕeʃka] |
| vereda (f) | ścieżka (ż) | ['ɕtɕeʃka] |

Onde?	Gdzie?	[gdʑe]
Para onde?	Dokąd?	['dɔkɔ̃t]
De onde?	Skąd?	[skɔ̃t]

| direção (f) | kierunek (m) | [ke'runɛk] |
| indicar (orientar) | pokazać | [pɔ'kazatɕ] |

para esquerda	w lewo	[v 'levɔ]
para direita	w prawo	[f 'pravɔ]
em frente	prosto	['prɔstɔ]
para trás	do tyłu	[dɔ 'tiwu]

curva (f)	zakręt (m)	['zakrɛ̃t]
virar (ex. ~ à direita)	skręcać	['skrɛntsatɕ]
dar retorno	zawracać	[zav'ratsatɕ]

| estar visível | być widocznym | [bitɕ vi'dɔtʃnim] |
| aparecer (vi) | ukazać się | [u'kazatɕ ɕɛ̃] |

paragem (pausa)	postój (m)	['pɔstuj]
descansar (vi)	odpocząć	[ɔt'pɔtʃɔ̃tɕ]
descanso (m)	odpoczynek (m)	[ɔtpɔt'ʃinɛk]

perder-se (vr)	zabłądzić	[zab'wɔ̃dʑitɕ]
conduzir (caminho)	prowadzić	[prɔ'vadʑitɕ]
chegar a ...	wyjść do ...	['vijɕtɕ dɔ]
trecho (m)	odcinek (m)	[ɔ'tɕinɛk]

asfalto (m)	asfalt (m)	['asfaʎt]
lancil (m)	krawężnik (m)	[kra'vɛnʒnik]
valeta (f)	rów (m)	[ruf]
tampa (f) de esgoto	właz (m)	[vwas]
berma (f) da estrada	pobocze (m)	[pɔ'bɔtɕɛ]
buraco (m)	dziura (ż)	['dʑyra]
ir (a pé)	iść	[iɕtɕ]
ultrapassar (vt)	wyprzedzić	[vip'ʃɛdʑitɕ]

| passo (m) | krok (m) | [krɔk] |
| a pé | na piechotę | [na pe'hɔtɛ̃] |

bloquear (vt)	zamknąć przejazd	['zamknɔ̃tʃ 'pʃɛjast]
cancela (f)	szlaban (m)	['ʃʎaban]
beco (m) sem saída	ślepa uliczka (ż)	['ɕlepa u'litʃka]

191. Viloação da lei. Criminosos. Parte 1

bandido (m)	bandyta (m)	[ban'dita]
crime (m)	przestępstwo (n)	[pʃɛs'tɛ̃pstfɔ]
criminoso (m)	przestępca (m)	[pʃɛs'tɛ̃ptsa]

ladrão (m)	złodziej (m)	['zwɔdʒej]
roubar (vt)	kraść	[kraɕtʃ]
furto (m)	złodziejstwo (n)	[zwɔ'dʒejstfɔ]
furto (m)	kradzież (ż)	['kradʒeʃ]

raptar (ex. ~ uma criança)	porwać	['pɔrvatʃ]
rapto (m)	porwanie (n)	[pɔr'vane]
raptor (m)	porywacz (m)	[pɔ'rivatʃ]

| resgate (m) | okup (m) | ['ɔkup] |
| pedir resgate | żądać okupu | ['ʒɔ̃datʃ ɔ'kupu] |

| roubar (vt) | rabować | [ra'bɔvatʃ] |
| assaltante (m) | rabuś (m) | ['rabuɕ] |

extorquir (vt)	wymuszać	[vi'muʃatʃ]
extorsionário (m)	szantażysta (m)	[ʃanta'ʒista]
extorsão (f)	wymuszanie (n)	[vimu'ʃane]

matar, assassinar (vt)	zabić	['zabitʃ]
homicídio (m)	zabójstwo (n)	[za'bujstfɔ]
homicida, assassino (m)	zabójca (m)	[za'bujtsa]

tiro (m)	strzał (m)	[stʃaw]
dar um tiro	wystrzelić	[vist'ʃɛlitʃ]
matar a tiro	zastrzelić	[zast'ʃɛlitʃ]
atirar, disparar (vi)	strzelać	['stʃɛʎatʃ]
tiroteio (m)	strzelanina (ż)	[stʃɛʎa'nina]

incidente (m)	wypadek (m)	[vi'padɛk]
briga (~ de rua)	bójka (ż)	['bujka]
vítima (f)	ofiara (ż)	[ɔ'fʲara]

danificar (vt)	uszkodzić	[uʃ'kɔdʒitʃ]
dano (m)	uszczerbek (m)	[uʃt'ʃɛrbɛk]
cadáver (m)	zwłoki (l.mn.)	['zvwɔki]
grave	ciężki	['tʃenʃki]

atacar (vt)	napaść	['napaɕtʃ]
bater (espancar)	bić	[bitʃ]
espancar (vt)	pobić	['pɔbitʃ]

tirar, roubar (dinheiro)	zabrać	['zabratʃ]
esfaquear (vt)	zadźgać	['zʲadzgatʃ]
mutilar (vt)	okaleczyć	[ɔka'letʃitʃ]
ferir (vt)	zranić	['zranitʃ]
chantagem (f)	szantaż (m)	['ʃantaʃ]
chantagear (vt)	szantażować	[ʃanta'ʒɔvatʃ]
chantagista (m)	szantażysta (m)	[ʃanta'ʒista]
extorsão (em troca de proteção)	wymuszania (l.mn.)	[vimu'ʃaɲa]
extorsionário (m)	kanciarz (m)	['kantʃaʃ]
gângster (m)	gangster (m)	['gaŋstɛr]
máfia (f)	mafia (ż)	['mafʰja]
carteirista (m)	kieszonkowiec (m)	[keʃɔ'ŋkɔvets]
assaltante, ladrão (m)	włamywacz (m)	[vwa'mivatʃ]
contrabando (m)	przemyt (m)	['pʃɛmit]
contrabandista (m)	przemytnik (m)	[pʃɛ'mitnik]
falsificação (f)	falsyfikat (m)	[faʌsi'fikat]
falsificar (vt)	podrabiać	[pɔd'rabʲatʃ]
falsificado	fałszywy	[faw'ʃivi]

192. Viloação da lei. Criminosos. Parte 2

violação (f)	gwałt (m)	[gvawt]
violar (vt)	zgwałcić	['gvawtʃitʃ]
violador (m)	gwałciciel (m)	[gvaw'tʃitʃeʌ]
maníaco (m)	maniak (m)	['maɲjak]
prostituta (f)	prostytutka (ż)	[prɔsti'tutka]
prostituição (f)	prostytucja (ż)	[prɔsti'tutsʰja]
chulo (m)	sutener (m)	[su'tɛnɛr]
toxicodependente (m)	narkoman (m)	[nar'kɔman]
traficante (m)	handlarz narkotyków (m)	['handʌaʒ narkɔ'tikuʃ]
explodir (vt)	wysadzić w powietrze	[vi'sadʒitʃ f pɔ'vetʃɛ]
explosão (f)	wybuch (m)	['vibuh]
incendiar (vt)	podpalić	[pɔt'palitʃ]
incendiário (m)	podpalacz (m)	[pɔt'paʌatʃ]
terrorismo (m)	terroryzm (m)	[tɛ'rɔrizm]
terrorista (m)	terrorysta (m)	[tɛrɔ'rista]
refém (m)	zakładnik (m)	[zak'wadnik]
enganar (vt)	oszukać	[ɔ'ʃukatʃ]
engano (m)	oszustwo (n)	[ɔ'ʃustfɔ]
vigarista (m)	oszust (m)	['ɔʃust]
subórnar (vt)	przekupić	[pʃɛ'kupitʃ]
suborno (atividade)	przekupstwo (n)	[pʃɛ'kupstfɔ]
suborno (dinheiro)	łapówka (ż)	[wa'pufka]

173

veneno (m)	trucizna (ż)	[tru'tʃizna]
envenenar (vt)	otruć	['ɔtrutʃ]
envenenar-se (vr)	otruć się	['ɔtrutʃ ɕɛ̃]

| suicídio (m) | samobójstwo (ż) | [samɔ'bujstfɔ] |
| suicida (m) | samobójca (m) | [samɔ'bujtsa] |

ameaçar (vt)	grozić	['grɔʑitʃ]
ameaça (f)	groźba (ż)	['grɔʑ'ba]
atentar contra a vida de ...	targnąć się	['targnɔ̃tʃ ɕɛ̃]
atentado (m)	zamach (m)	['zamah]

| roubar (o carro) | ukraść | ['ukraɕtʃ] |
| desviar (o avião) | porwać | ['pɔrvatʃ] |

| vingança (f) | zemsta (ż) | ['zɛmsta] |
| vingar (vt) | mścić się | [mɕtʃitʃ ɕɛ̃] |

torturar (vt)	torturować	[tɔrtu'rɔvatʃ]
tortura (f)	tortury (l.mn.)	[tɔr'turi]
atormentar (vt)	znęcać się	['znɛntsatʃ ɕɛ̃]

pirata (m)	pirat (m)	['pirat]
desordeiro (m)	chuligan (m)	[hu'ligan]
armado	uzbrojony	[uzbrɔɔni]
violência (f)	przemoc (ż)	['pʃɛmɔts]

| espionagem (f) | szpiegostwo (n) | [ʃpe'gɔstfɔ] |
| espionar (vi) | szpiegować | [ʃpe'gɔvatʃ] |

193. Polícia. Lei. Parte 1

| justiça (f) | sprawiedliwość (ż) | [spraved'livɔɕtʃ] |
| tribunal (m) | sąd (m) | [sɔ̃t] |

juiz (m)	sędzia (m)	['sɛ̃dʑ'a]
jurados (m pl)	przysięgli (l.mn.)	[pʃi'ɕeŋli]
tribunal (m) do júri	sąd (m) przysięgłych	[sɔ̃t pʃi'ɕeŋwih]
julgar (vt)	sądzić	['sɔ̃'dʑitʃ]

advogado (m)	adwokat (m)	[ad'vɔkat]
réu (m)	oskarżony (m)	[ɔskar'ʒɔni]
banco (m) dos réus	ława (ż) oskarżonych	['wava ɔskar'ʒɔnih]

| acusação (f) | oskarżenie (n) | [ɔskar'ʒɛne] |
| acusado (m) | oskarżony (m) | [ɔskar'ʒɔni] |

| sentença (f) | wyrok (m) | ['virɔk] |
| sentenciar (vt) | skazać | ['skazatʃ] |

culpado (m)	sprawca (m), winny (m)	['spraftsa], ['viɲi]
punir (vt)	ukarać	[u'karatʃ]
punição (f)	kara (ż)	['kara]
multa (f)	kara (ż)	['kara]

prisão (f) perpétua	dożywocie (n)	[dɔʒi'vɔtʃe]
pena (f) de morte	kara śmierci (ż)	['kara 'ɕmertʃi]
cadeira (f) elétrica	krzesło (n) elektryczne	['kʃɛswɔ ɛlekt'ritʃnɛ]
forca (f)	szubienica (ż)	[ʃube'nitsa]

| executar (vt) | stracić | ['stratʃitʃ] |
| execução (f) | egzekucja (ż) | [ɛgzɛ'kutsʰja] |

| prisão (f) | więzienie (n) | [vɛ̃'ʒene] |
| cela (f) de prisão | cela (ż) | ['tsɛʎa] |

escolta (f)	konwój (m)	['kɔnvuj]
guarda (m) prisional	nadzorca (m)	[na'dzɔrtsa]
preso (m)	więzień (m)	['veŋʒɛ̃]

| algemas (f pl) | kajdanki (l.mn.) | [kaj'daŋki] |
| algemar (vt) | założyć kajdanki | [za'wɔʒitʃ kaj'daŋki] |

fuga, evasão (f)	ucieczka (ż)	[u'tʃetʃka]
fugir (vi)	uciec	['utʃets]
desaparecer (vi)	zniknąć	['zniknɔ̃tʃ]
soltar, libertar (vt)	zwolnić	['zvɔʎnitʃ]
amnistia (f)	amnestia (ż)	[am'nɛstʰja]

polícia (instituição)	policja (ż)	[pɔ'litsʰja]
polícia (m)	policjant (m)	[pɔ'litsʰjant]
esquadra (f) de polícia	komenda (ż)	[kɔ'mɛnda]
cassetete (m)	pałka (ż) gumowa	['pawka gu'mɔva]
megafone (m)	głośnik (m)	['gwɔɕnik]

carro (m) de patrulha	samochód (m) patrolowy	[sa'mɔhut patrɔ'lɔvɨ]
sirene (f)	syrena (ż)	[si'rɛna]
ligar a sirene	włączyć syrenę	['vwɔ̃tʃitʃ si'rɛnɛ̃]
toque (m) da sirene	wycie (n) syreny	['vitʃe si'rɛni]

cena (f) do crime	miejsce (n) zdarzenia	['mejstsɛ zda'ʒɛɲa]
testemunha (f)	świadek (m)	['ɕfʲadɛk]
liberdade (f)	wolność (ż)	['vɔʎnɔɕtʃ]
cúmplice (m)	współsprawca (m)	[fspuwsp'raftsa]
escapar (vi)	ukryć się	['ukritʃ ɕɛ̃]
traço (não deixar ~s)	ślad (m)	[ɕʎat]

194. Polícia. Lei. Parte 2

procura (f)	poszukiwania (l.mn.)	[pɔʃuki'vaɲa]
procurar (vt)	poszukiwać	[pɔʃu'kivatʃ]
suspeita (f)	podejrzenie (n)	[pɔdɛj'ʒɛne]
suspeito	podejrzany	[pɔdɛj'ʒani]
parar (vt)	zatrzymać	[zat'ʃimatʃ]
deter (vt)	zatrzymać	[zat'ʃimatʃ]

caso (criminal)	sprawa (ż)	['sprava]
investigação (f)	śledztwo (n)	['ɕletstfɔ]
detetive (m)	detektyw (m)	[dɛ'tɛktiv]

| investigador (m) | śledczy (m) | ['ɕletʧi] |
| versão (f) | wersja (ż) | ['vɛrsʰja] |

motivo (m)	motyw (m)	['mɔtif]
interrogatório (m)	przesłuchanie (n)	[pʃɛswu'hane]
interrogar (vt)	przesłuchiwać	[pʃɛswu'hivaʧ]
questionar (vt)	przesłuchiwać	[pʃɛswu'hivaʧ]
verificação (f)	kontrola (ż)	[kɔnt'rɔʎa]

batida (f) policial	obława (ż)	[ɔb'wava]
busca (f)	rewizja (ż)	[rɛ'vizʰja]
perseguição (f)	pogoń (ż)	['pɔgɔɲ]
perseguir (vt)	ścigać	['ɕʧigaʧ]
seguir (vt)	śledzić	['ɕledʑiʧ]

prisão (f)	areszt (m)	['arɛʃt]
prender (vt)	aresztować	[arɛʃ'tɔvaʧ]
pegar, capturar (vt)	złapać	['zwapaʧ]
captura (f)	pojmanie (n)	[pɔj'manie]

documento (m)	dokument (m)	[dɔ'kumɛnt]
prova (f)	dowód (m)	['dɔvut]
provar (vt)	udowadniać	[udɔ'vadɲaʧ]
pegada (f)	ślad (m)	[ɕʎat]
impressões (f pl) digitais	odciski (l.mn.) palców	[ɔ'ʧiski 'paʎtsuf]
prova (f)	poszlaka (ż)	[pɔʃ'ʎaka]

álibi (m)	alibi (n)	[a'libi]
inocente	niewinny	[ne'viɲi]
injustiça (f)	niesprawiedliwość (ż)	[nespraved'livɔɕʧ]
injusto	niesprawiedliwy	[nespraved'livi]

criminal	kryminalny	[krimi'naʎni]
confiscar (vt)	konfiskować	[kɔnfis'kɔvaʧ]
droga (f)	narkotyk (m)	[nar'kɔtik]
arma (f)	broń (ż)	[brɔɲ]
desarmar (vt)	rozbroić	[rɔzb'rɔiʧ]
ordenar (vt)	rozkazywać	[rɔska'zivaʧ]
desaparecer (vi)	zniknąć	['zniknɔ̃ʧ]

lei (f)	prawo (n)	['pravɔ]
legal	legalny	[le'gaʎni]
ilegal	nielegalny	[nele'gaʎni]

| responsabilidade (f) | odpowiedzialność (ż) | [ɔtpɔve'dʑaʎnɔɕʧ] |
| responsável | odpowiedzialny | [ɔtpɔve'dʑaʎni] |

NATUREZA

A Terra. Parte 1

195. Espaço sideral

cosmos (m)	kosmos (m)	['kɔsmɔs]
cósmico	kosmiczny	[kɔs'mitʃni]
espaço (m) cósmico	przestrzeń (ż) kosmiczna	['pʃɛstʃɛɲ kɔs'mitʃna]
mundo (m)	świat (m)	[ɕfʲat]
universo (m)	wszechświat (m)	['fʃɛhɕfʲat]
galáxia (f)	galaktyka (ż)	[ga'ʎaktika]
estrela (f)	gwiazda (ż)	['gvʲazda]
constelação (f)	gwiazdozbiór (m)	[gvʲaz'dɔzbyr]
planeta (m)	planeta (ż)	[pʎa'nɛta]
satélite (m)	satelita (m)	[satɛ'lita]
meteorito (m)	meteoryt (m)	[mɛtɛ'ɔrit]
cometa (m)	kometa (ż)	[kɔ'mɛta]
asteroide (m)	asteroida (ż)	[astɛrɔ'ida]
órbita (f)	orbita (ż)	[ɔr'bita]
girar (vi)	obracać się	[ɔb'ratsatʃ ɕɛ̃]
atmosfera (f)	atmosfera (ż)	[atmɔs'fɛra]
Sol (m)	Słońce (n)	['swɔɲtsɛ]
Sistema (m) Solar	Układ (m) Słoneczny	['ukwad swɔ'nɛtʃni]
eclipse (m) solar	zaćmienie (n) słońca	[zatʃ'mene 'swɔɲtsa]
Terra (f)	Ziemia (ż)	['ʒemʲa]
Lua (f)	Księżyc (m)	['kɕenʒits]
Marte (m)	Mars (m)	[mars]
Vénus (f)	Wenus (ż)	['vɛnus]
Júpiter (m)	Jowisz (m)	[ʒviʃ]
Saturno (m)	Saturn (m)	['saturn]
Mercúrio (m)	Merkury (m)	[mɛr'kuri]
Urano (m)	Uran (m)	['uran]
Neptuno (m)	Neptun (m)	['nɛptun]
Plutão (m)	Pluton (m)	['plytɔn]
Via Láctea (f)	Droga (ż) Mleczna	['drɔga 'mletʃna]
Ursa Maior (f)	Wielki Wóz (m)	['veʎki vus]
Estrela Polar (f)	Gwiazda (ż) Polarna	['gvʲazda pɔ'ʎarna]
marciano (m)	Marsjanin (m)	[marsʰʲanin]
extraterrestre (m)	kosmita (m)	[kɔs'mita]

| alienígena (m) | obcy (m) | ['ɔbtsɨ] |
| disco (m) voador | talerz (m) latający | ['taleʃ ʎataɔ̃tsɨ] |

nave (f) espacial	statek (m) kosmiczny	['statɛk kɔs'mitʃni]
estação (f) orbital	stacja (ż) kosmiczna	['statsʰja kɔs'mitʃna]
lançamento (m)	start (m)	[start]

motor (m)	silnik (m)	['ɕiʎnik]
bocal (m)	dysza (ż)	['diʃa]
combustível (m)	paliwo (n)	[pa'livɔ]

cabine (f)	kabina (ż)	[ka'bina]
antena (f)	antena (ż)	[an'tɛna]
vigia (f)	iluminator (m)	[ilymi'natɔr]
bateria (f) solar	bateria (ż) słoneczna	[ba'tɛrʰja swɔ'nɛtʃna]
traje (m) espacial	skafander (m)	[ska'fandɛr]

| imponderabilidade (f) | nieważkość (ż) | [ne'vaʃkɔɕtʃ] |
| oxigénio (m) | tlen (m) | [tlen] |

| acoplagem (f) | połączenie (n) | [pɔwɔ̃t'ʃene] |
| fazer uma acoplagem | łączyć się | ['wɔ̃tʃitʃ ɕɛ̃] |

observatório (m)	obserwatorium (n)	[ɔbsɛrva'tɔrʰjum]
telescópio (m)	teleskop (m)	[tɛ'leskɔp]
observar (vt)	obserwować	[ɔbsɛr'vɔvatʃ]
explorar (vt)	badać	['badatʃ]

196. A Terra

Terra (f)	Ziemia (ż)	['ʒemʲa]
globo terrestre (Terra)	kula (ż) ziemska	['kuʎa 'ʒemska]
planeta (m)	planeta (ż)	[pʎa'nɛta]

atmosfera (f)	atmosfera (ż)	[atmɔs'fɛra]
geografia (f)	geografia (ż)	[gɛɔg'rafʰja]
natureza (f)	przyroda (ż)	[pʃi'rɔda]

globo (mapa esférico)	globus (m)	['glɔbus]
mapa (m)	mapa (ż)	['mapa]
atlas (m)	atlas (m)	['atʎas]

| Europa (f) | Europa (ż) | [ɛu'rɔpa] |
| Ásia (f) | Azja (ż) | ['azʰja] |

| África (f) | Afryka (ż) | ['afrika] |
| Austrália (f) | Australia (ż) | [aust'raʎja] |

América (f)	Ameryka (ż)	[a'mɛrika]
América (f) do Norte	Ameryka (ż) Północna	[a'mɛrika puw'nɔtsna]
América (f) do Sul	Ameryka (ż) Południowa	[a'mɛrika pɔwud'nɔva]

| Antártida (f) | Antarktyda (ż) | [antark'tida] |
| Ártico (m) | Arktyka (ż) | ['arktika] |

197. Pontos cardeais

norte (m)	północ (ż)	['puwnɔts]
para norte	na północ	[na 'puwnɔts]
no norte	na północy	[na puw'nɔtsi]
do norte	północny	[puw'nɔtsni]

sul (m)	południe (n)	[pɔ'wudne]
para sul	na południe	[na pɔ'wudne]
no sul	na południu	[na pɔ'wudny]
do sul	południowy	[pɔwud'nɔvi]

oeste, ocidente (m)	zachód (m)	['zahut]
para oeste	na zachód	[na 'zahut]
no oeste	na zachodzie	[na za'hɔdʒe]
ocidental	zachodni	[za'hɔdni]

leste, oriente (m)	wschód (m)	[fshut]
para leste	na wschód	['na fshut]
no leste	na wschodzie	[na 'fshɔdʒe]
oriental	wschodni	['fshɔdni]

198. Mar. Oceano

mar (m)	morze (n)	['mɔʒɛ]
oceano (m)	ocean (m)	[ɔ'tsɛan]
golfo (m)	zatoka (ż)	[za'tɔka]
estreito (m)	cieśnina (ż)	[tɕeɕ'nina]

terra (f) firme	ląd (m)	[lɔ̃t]
continente (m)	kontynent (m)	[kɔn'tinɛnt]
ilha (f)	wyspa (ż)	['vispa]
península (f)	półwysep (m)	[puw'visɛp]
arquipélago (m)	archipelag (m)	[arhi'pɛʎak]

baía (f)	zatoka (ż)	[za'tɔka]
porto (m)	port (m)	[pɔrt]
lagoa (f)	laguna (ż)	[ʎa'guna]
cabo (m)	przylądek (m)	[pʃilɔ̃dɛk]

atol (m)	atol (m)	['atɔʎ]
recife (m)	rafa (ż)	['rafa]
coral (m)	koral (m)	['kɔral]
recife (m) de coral	rafa (ż) koralowa	['rafa kɔra'lɔva]

profundo	głęboki	[gwɛ̃'bɔki]
profundidade (f)	głębokość (ż)	[gwɛ̃'bɔkɔɕtʃ]
abismo (m)	otchłań (ż)	['ɔthwaɲ]
fossa (f) oceânica	rów (m)	[ruf]

corrente (f)	prąd (m)	[prɔ̃t]
banhar (vt)	omywać	[ɔ'mivatʃ]
litoral (m)	brzeg (m)	[bʒɛk]

costa (f)	wybrzeże (n)	[vib'ʒɛʒe]
maré (f) alta	przypływ (m)	['pʃipwiʃ]
refluxo (m), maré (f) baixa	odpływ (m)	['ɔtpwiʃ]
restinga (f)	mielizna (ż)	[me'lizna]
fundo (m)	dno (n)	[dnɔ]

onda (f)	fala (ż)	['faʎa]
crista (f) da onda	grzywa (ż) fali	['gʒiva 'fali]
espuma (f)	piana (ż)	['pʲana]

tempestade (f)	burza (ż)	['buʒa]
furacão (m)	huragan (m)	[hu'ragan]
tsunami (m)	tsunami (n)	[tsu'nami]
calmaria (f)	cisza (ż) morska	['tʃiʃa 'mɔrska]
calmo	spokojny	[spɔ'kɔjnɨ]

polo (m)	biegun (m)	['begun]
polar	polarny	[pɔ'ʎarnɨ]

latitude (f)	szerokość (ż)	[ʃɛ'rɔkɔɕtʃ]
longitude (f)	długość (ż)	['dwugɔɕtʃ]
paralela (f)	równoleżnik (m)	[ruvnɔ'leʒnik]
equador (m)	równik (m)	['ruvnik]

céu (m)	niebo (n)	['nebɔ]
horizonte (m)	horyzont (m)	[hɔ'rizɔnt]
ar (m)	powietrze (n)	[pɔ'vetʃɛ]

farol (m)	latarnia (ż) morska	[ʎa'tarɲa 'mɔrska]
mergulhar (vi)	nurkować	[nur'kɔvatʃ]
afundar-se (vr)	zatonąć	[za'tɔɔɲtʃ]
tesouros (m pl)	skarby (l.mn.)	['skarbɨ]

199. Nomes de Mares e Oceanos

Oceano (m) Atlântico	Ocean (m) Atlantycki	[ɔ'tsɛan atlan'titski]
Oceano (m) Índico	Ocean (m) Indyjski	[ɔ'tsɛan in'dijski]
Oceano (m) Pacífico	Ocean (m) Spokojny	[ɔ'tsɛan spɔ'kɔjnɨ]
Oceano (m) Ártico	Ocean (m) Lodowaty Północny	[ɔ'tsɛan lɔdɔ'vati puw'nɔtsnɨ]

Mar (m) Negro	Morze (n) Czarne	['mɔʒɛ 'tʃarnɛ]
Mar (m) Vermelho	Morze (n) Czerwone	['mɔʒɛ tʃɛr'vɔnɛ]
Mar (m) Amarelo	Morze (n) Żółte	['mɔʒɛ 'ʒuwtɛ]
Mar (m) Branco	Morze (n) Białe	['mɔʒɛ 'bʲawɛ]

Mar (m) Cáspio	Morze (n) Kaspijskie	['mɔʒɛ kas'pijske]
Mar (m) Morto	Morze (n) Martwe	['mɔʒɛ 'martfɛ]
Mar (m) Mediterrâneo	Morze (n) Śródziemne	['mɔʒɛ ɕry'dʑemnɛ]

Mar (m) Egeu	Morze (n) Egejskie	['mɔʒɛ ɛ'gejske]
Mar (m) Adriático	Morze (n) Adriatyckie	['mɔʒɛ adrʲja'titske]
Mar (m) Arábico	Morze (n) Arabskie	['mɔʒɛ a'rabske]
Mar (m) do Japão	Morze (n) Japońskie	['mɔʒɛ ja'pɔɲske]

Mar (m) de Bering	Morze (n) Beringa	['mɔʒɛ bɛ'riŋa]
Mar (m) da China Meridional	Morze (n) Południowochińskie	['mɔʒɛ powud'nɜvɔ 'hiɲske]

Mar (m) de Coral	Morze (n) Koralowe	['mɔʒɛ kɔra'lɜvɛ]
Mar (m) de Tasman	Morze (n) Tasmana	['mɔʒɛ tas'mana]
Mar (m) do Caribe	Morze (n) Karaibskie	['mɔʒɛ kara'ipske]

Mar (m) de Barents	Morze (n) Barentsa	['mɔʒɛ ba'rɛntsa]
Mar (m) de Kara	Morze (n) Karskie	['mɔʒɛ 'karske]

Mar (m) do Norte	Morze (n) Północne	['mɔʒɛ puw'nɔtsnɛ]
Mar (m) Báltico	Morze (n) Bałtyckie	['mɔʒɛ baw'titske]
Mar (m) da Noruega	Morze (n) Norweskie	['mɔʒɛ nɔr'vɛske]

200. Montanhas

montanha (f)	góra (ż)	['gura]
cordilheira (f)	łańcuch (m) górski	['waɲtsuh 'gurski]
serra (f)	grzbiet (m) górski	[gʒbet 'gurski]

cume (m)	szczyt (m)	[ʃtʃit]
pico (m)	szczyt (m)	[ʃtʃit]
sopé (m)	podnóże (n)	[pod'nuʒɛ]
declive (m)	zbocze (n)	['zbotʃɛ]

vulcão (m)	wulkan (m)	['vuʎkan]
vulcão (m) ativo	czynny (m) wulkan	['tʃiɲi 'vuʎkan]
vulcão (m) extinto	wygasły (m) wulkan	[vi'gaswɨ 'vuʎkan]

erupção (f)	wybuch (m)	['vɨbuh]
cratera (f)	krater (m)	['kratɛr]
magma (m)	magma (ż)	['magma]
lava (f)	lawa (ż)	['ʎava]
fundido (lava ~a)	rozżarzony	[rɔzʒa'ʒɔnɨ]

desfiladeiro (m)	kanion (m)	['kaɲjɔn]
garganta (f)	wąwóz (m)	['võvus]
fenda (f)	rozpadlina (m)	[rɔspad'lina]

passo, colo (m)	przełęcz (ż)	['pʃɛwɛ̃tʃ]
planalto (m)	płaskowyż (m)	[pwas'kɔviʃ]
falésia (f)	skała (ż)	['skawa]
colina (f)	wzgórze (ż)	['vzguʒɛ]

glaciar (m)	lodowiec (m)	[lɔ'dɔvets]
queda (f) d'água	wodospad (m)	[vɔ'dɔspat]
géiser (m)	gejzer (m)	['gɛjzɛr]
lago (m)	jezioro (m)	[e'ʒɜrɔ]

planície (f)	równina (ż)	[ruv'nina]
paisagem (f)	pejzaż (m)	['pɛjzaʃ]
eco (m)	echo (n)	['ɛhɔ]
alpinista (m)	alpinista (m)	[aʎpi'nista]

escalador (m)	wspinacz (m)	['fspinatʃ]
conquistar (vt)	pokonywać	[pɔkɔ'nivatʃ]
subida, escalada (f)	wspinaczka (ż)	[fspi'natʃka]

201. Nomes de montanhas

Alpes (m pl)	Alpy (l.mn.)	['aʎpi]
monte Branco (m)	Mont Blanc (m)	[mɔn blan]
Pirineus (m pl)	Pireneje (l.mn.)	[pirɛ'nɛe]

Cárpatos (m pl)	Karpaty (l.mn.)	[kar'pati]
montes (m pl) Urais	Góry Uralskie (l.mn.)	['guri u'raʎske]
Cáucaso (m)	Kaukaz (m)	['kaukas]
Elbrus (m)	Elbrus (m)	['ɛʎbrus]

Altai (m)	Ałtaj (m)	['awtaj]
Pamir (m)	Pamir (m)	['pamir]
Himalaias (m pl)	Himalaje (l.mn.)	[hima'lae]
monte (m) Everest	Mont Everest (m)	[mɔnt ɛ'vɛrɛst]

| Cordilheira (f) dos Andes | Andy (l.mn.) | ['andi] |
| Kilimanjaro (m) | Kilimandżaro (ż) | [kiliman'dʒarɔ] |

202. Rios

rio (m)	rzeka (m)	['ʒɛka]
fonte, nascente (f)	źródło (n)	['ʑrudwɔ]
leito (m) do rio	koryto (n)	[kɔ'ritɔ]
bacia (f)	dorzecze (n)	[dɔ'ʒɛtʃɛ]
desaguar no ...	wpadać	['fpadatʃ]

| afluente (m) | dopływ (m) | ['dɔpwif] |
| margem (do rio) | brzeg (m) | [bʒɛk] |

corrente (f)	prąd (m)	[prɔ̃t]
rio abaixo	z prądem	[s 'prɔ̃dɛm]
rio acima	pod prąd	[pɔt prɔ̃t]

inundação (f)	powódź (ż)	['pɔvutʃ]
cheia (f)	wylew (m) rzeki	['vilef 'ʒɛki]
transbordar (vi)	rozlewać się	[rɔz'levatʃ ɕɛ̃]
inundar (vt)	zatapiać	[za'tapʲatʃ]

| banco (m) de areia | mielizna (ż) | [me'lizna] |
| rápidos (m pl) | próg (m) | [pruk] |

barragem (f)	tama (ż)	['tama]
canal (m)	kanał (m)	['kanaw]
reservatório (m) de água	zbiornik (m) wodny	['zbɜrnik 'vɔdni]
eclusa (f)	śluza (ż)	['ɕlyza]
corpo (m) de água	zbiornik (m) wodny	['zbɜrnik 'vɔdni]
pântano (m)	bagno (n)	['bagnɔ]

| tremedal (m) | grzęzawisko (n) | [gʒɛ̃za'viskɔ] |
| remoinho (m) | wir (m) wodny | [vir 'vɔdnɨ] |

arroio, regato (m)	potok (m)	['pɔtɔk]
potável	pitny	['pitnɨ]
doce (água)	słodki	['swɔtki]

| gelo (m) | lód (m) | [lyt] |
| congelar-se (vr) | zamarznąć | [za'marznɔ̃ʨ] |

203. Nomes de rios

| rio Sena (m) | Sekwana (ż) | [sɛk'fana] |
| rio Loire (m) | Loara (ż) | [lɜ'ara] |

rio Tamisa (m)	Tamiza (ż)	[ta'miza]
rio Reno (m)	Ren (m)	[rɛn]
rio Danúbio (m)	Dunaj (m)	['dunaj]

rio Volga (m)	Wołga (ż)	['vɔwga]
rio Don (m)	Don (m)	[dɔn]
rio Lena (m)	Lena (ż)	['lena]

rio Amarelo (m)	Huang He (ż)	[hu'aŋ hɛ]
rio Yangtzé (m)	Jangcy (ż)	['jaɲʦɨ]
rio Mekong (m)	Mekong (m)	['mɛkɔŋ]
rio Ganges (m)	Ganges (m)	['gaŋɛs]

rio Nilo (m)	Nil (m)	[niʎ]
rio Congo (m)	Kongo (ż)	['kɔŋɔ]
rio Cubango (m)	Okawango (ż)	[ɔka'vaŋɔ]
rio Zambeze (m)	Zambezi (ż)	[zam'bɛzi]
rio Limpopo (m)	Limpopo (ż)	[lim'pɔpɔ]
rio Mississípi (m)	Mississipi (ż)	[missis'sipi]

204. Floresta

| floresta (f), bosque (m) | las (m) | [ʎas] |
| florestal | leśny | ['leɕnɨ] |

mata (f) cerrada	gąszcz (ż)	[gɔ̃ʃʧ]
arvoredo (m)	gaj (m), lasek (m)	[gaj], ['ʎasɛk]
clareira (f)	polana (ż)	[pɔ'ʎana]

| matagal (m) | zarośla (l.mn.) | [za'rɔɕʎa] |
| mato (m) | krzaki (l.mn.) | ['kʃaki] |

| vereda (f) | ścieżka (ż) | ['ɕʨeʃka] |
| ravina (f) | wąwóz (m) | ['vɔ̃vus] |

| árvore (f) | drzewo (n) | ['dʒɛvɔ] |
| folha (f) | liść (m) | [liɕʨ] |

folhagem (f)	listowie (n)	[lis'tɔve]
queda (f) das folhas	opadanie (n) liści	[ɔpa'dane 'liɕt͡ʃi]
cair (vi)	opadać	[ɔ'padat͡ɕ]
topo (m)	wierzchołek (m)	[veʃ'hɔwɛk]

ramo (m)	gałąź (ż)	['gawɔ̃ɕ]
galho (m)	sęk (m)	[sɛ̃k]
botão, rebento (m)	pączek (m)	['pɔ̃t͡ʃɛk]
agulha (f)	igła (ż)	['igwa]
pinha (f)	szyszka (ż)	['ʃɨʃka]

buraco (m) de árvore	dziupla (ż)	['d͡ʑyp⁄a]
ninho (m)	gniazdo (n)	['gɲazdɔ]
toca (f)	nora (ż)	['nɔra]

tronco (m)	pień (m)	[peɲ]
raiz (f)	korzeń (m)	['kɔʒɛɲ]
casca (f) de árvore	kora (ż)	['kɔra]
musgo (m)	mech (m)	[mɛh]

arrancar pela raiz	karczować	[kart'ʃɔvat͡ɕ]
cortar (vt)	ścinać	['ɕt͡ɕinat͡ɕ]
desflorestar (vt)	wycinać	[vi't͡ɕinat͡ɕ]
toco, cepo (m)	pieniek (m)	['penek]

fogueira (f)	ognisko (n)	[ɔg'niskɔ]
incêndio (m) florestal	pożar (m)	['pɔʒar]
apagar (vt)	gasić	['gaɕit͡ɕ]

guarda-florestal (m)	leśnik (m)	['leɕnik]
proteção (f)	ochrona (ż)	[ɔh'rɔna]
proteger (a natureza)	chronić	['hrɔnit͡ɕ]
caçador (m) furtivo	kłusownik (m)	[kwu'sɔvnik]
armadilha (f)	potrzask (m)	['pɔt͡ʃask]

| colher (cogumelos, bagas) | zbierać | ['zberat͡ɕ] |
| perder-se (vr) | zabłądzić | [zab'wɔ̃d͡ʑit͡ɕ] |

205. Recursos naturais

recursos (m pl) naturais	zasoby (l.mn.) naturalne	[za'sɔbɨ natu'ra⁄nɛ]
minerais (m pl)	kopaliny (l.mn.) użyteczne	[kɔpa'linɨ uʒi'tɛt͡ʃnɛ]
depósitos (m pl)	złoża (l.mn.)	['zwɔʒa]
jazida (f)	złoże (n)	['zwɔʒɛ]

extrair (vt)	wydobywać	[vɨdɔ'bɨvat͡ɕ]
extração (f)	wydobywanie (n)	[vɨdɔbi'vane]
minério (m)	ruda (ż)	['ruda]
mina (f)	kopalnia (ż) rudy	[kɔ'pa⁄ɲa 'rudɨ]
poço (m) de mina	szyb (m)	[ʃɨb]
mineiro (m)	górnik (m)	['gurnik]

| gás (m) | gaz (m) | [gas] |
| gasoduto (m) | gazociąg (m) | [ga'zɔt͡ʃɔ̃k] |

petróleo (m)	ropa (ż) naftowa	['rɔpa naf'tɔva]
oleoduto (m)	rurociąg (m)	[ru'rɔʧ̃ɔ̃k]
poço (m) de petróleo	szyb (m) naftowy	[ʃip naf'tɔvi]
torre (f) petrolífera	wieża (ż) wiertnicza	['veʒa vert'niʧa]
petroleiro (m)	tankowiec (m)	[ta'ŋkɔveʦ]

areia (f)	piasek (m)	['pʲasɛk]
calcário (m)	wapień (m)	['vapeɲ]
cascalho (m)	żwir (m)	[ʒvir]
turfa (f)	torf (m)	[tɔrf]
argila (f)	glina (ż)	['glina]
carvão (m)	węgiel (m)	['vɛŋeʎ]

ferro (m)	żelazo (n)	[ʒɛ'ʎazɔ]
ouro (m)	złoto (n)	['zwɔtɔ]
prata (f)	srebro (n)	['srɛbrɔ]
níquel (m)	nikiel (n)	['nikeʎ]
cobre (m)	miedź (ż)	[meʧ]

zinco (m)	cynk (m)	[ʦiŋk]
manganês (m)	mangan (m)	['maŋan]
mercúrio (m)	rtęć (ż)	[rtɛ̃ʧ]
chumbo (m)	ołów (m)	['ɔwuf]

mineral (m)	minerał (m)	[mi'nɛraw]
cristal (m)	kryształ (m)	['kriʃtaw]
mármore (m)	marmur (m)	['marmur]
urânio (m)	uran (m)	['uran]

A Terra. Parte 2

206. Tempo

tempo (m)	pogoda (ż)	[pɔ'gɔda]
previsão (f) do tempo	prognoza (ż) pogody	[prɔg'nɔza pɔ'gɔdi]
temperatura (f)	temperatura (ż)	[tɛmpɛra'tura]
termómetro (m)	termometr (m)	[tɛr'mɔmɛtr]
barómetro (m)	barometr (m)	[ba'rɔmɛtr]
humidade (f)	wilgoć (ż)	['viʎgɔʧ]
calor (m)	żar (m)	[ʒar]
cálido	upalny, gorący	[u'paʎni], [gɔ'rɔ̃ʦi]
está muito calor	gorąco	[gɔ'rɔ̃ʦɔ]
está calor	ciepło	['ʨepwɔ]
quente	ciepły	['ʨepwi]
está frio	zimno	['ʒimnɔ]
frio	zimny	['ʒimni]
sol (m)	słońce (n)	['swɔɲʦɛ]
brilhar (vi)	świecić	['ɕfeʧiʧ]
de sol, ensolarado	słoneczny	[swɔ'nɛʧni]
nascer (vi)	wzejść	[vzɛjɕʧ]
pôr-se (vr)	zajść	[zajɕʧ]
nuvem (f)	obłok (m)	['ɔbwɔk]
nublado	zachmurzony	[zahmu'ʒɔni]
nuvem (f) preta	chmura (ż)	['hmura]
escuro, cinzento	pochmurny	[pɔh'murni]
chuva (f)	deszcz (m)	[dɛʃʧ]
está a chover	pada deszcz	['pada dɛʃʧ]
chuvoso	deszczowy	[dɛʃt'ʃɔvi]
chuviscar (vi)	mżyć	[mʒiʧ]
chuva (f) torrencial	ulewny deszcz (m)	[u'levni dɛʃʧ]
chuvada (f)	ulewa (ż)	[u'leva]
forte (chuva)	silny	['ɕiʎni]
poça (f)	kałuża (ż)	[ka'wuʒa]
molhar-se (vr)	moknąć	['mɔknɔ̃ʧ]
nevoeiro (m)	mgła (ż)	[mgwa]
de nevoeiro	mglisty	['mglisti]
neve (f)	śnieg (m)	[ɕnek]
está a nevar	pada śnieg	['pada ɕnek]

207. Tempo extremo. Catástrofes naturais

trovoada (f)	burza (ż)	['buʒa]
relâmpago (m)	błyskawica (ż)	[bwiska'vitsa]
relampejar (vi)	błyskać	['bwiskatʃ]
trovão (m)	grzmot (m)	[gʒmɔt]
trovejar (vi)	grzmieć	[gʒmetʃ]
está a trovejar	grzmi	[gʒmi]
granizo (m)	grad (m)	[grat]
está a cair granizo	pada grad	['pada grat]
inundar (vt)	zatopić	[za'tɔpitʃ]
inundação (f)	powódź (ż)	['pɔvutʃ]
terremoto (m)	trzęsienie (n) ziemi	[tʃɛ̃'ɕene 'ʒemi]
abalo, tremor (m)	wstrząs (m)	[fstʃɔ̃s]
epicentro (m)	epicentrum (n)	[ɛpi'tsɛntrum]
erupção (f)	wybuch (m)	['vibuh]
lava (f)	lawa (ż)	['ʎava]
turbilhão (m)	trąba (ż) powietrzna	['trɔ̃ba pɔ'vetʃna]
tornado (m)	tornado (n)	[tɔr'nadɔ]
tufão (m)	tajfun (m)	['tajfun]
furacão (m)	huragan (m)	[hu'ragan]
tempestade (f)	burza (ż)	['buʒa]
tsunami (m)	tsunami (n)	[tsu'nami]
ciclone (m)	cyklon (m)	['tsiklɔn]
mau tempo (m)	niepogoda (ż)	[nepɔ'gɔda]
incêndio (m)	pożar (m)	['pɔʒar]
catástrofe (f)	katastrofa (ż)	[katast'rɔfa]
meteorito (m)	meteoryt (m)	[mɛtɛ'ɔrit]
avalanche (f)	lawina (ż)	[ʎa'vina]
deslizamento (m) de neve	lawina (ż)	[ʎa'vina]
nevasca (f)	zamieć (ż)	['zametʃ]
tempestade (f) de neve	śnieżyca (ż)	[ɕne'ʒitsa]

208. Ruídos. Sons

silêncio (m)	cisza (ż)	['tʃiʃa]
som (m)	dźwięk (m)	['dʒveŋk]
ruído, barulho (m)	hałas (m)	['hawas]
fazer barulho	hałasować	[hawa'sɔvatʃ]
ruidoso, barulhento	hałaśliwy	[hawaɕ'livi]
alto (adv)	głośno	['gwɔɕnɔ]
alto (adj)	głośny	['gwɔɕni]
constante (ruído, etc.)	ciągły	[tʃɔ̃gwi]

grito (m)	krzyk (m)	[kʃik]
gritar (vi)	krzyczeć	['kʃitʃɛtʃ]
sussurro (m)	szept (m)	[ʃɛpt]
sussurrar (vt)	szeptać	['ʃɛptatʃ]

| latido (m) | szczekanie (n) | [ʃtʃɛ'kane] |
| latir (vi) | szczekać | ['ʃtʃɛkatʃ] |

gemido (m)	jęk (m)	[jɛ̃k]
gemer (vi)	jęczeć	['jentʃɛtʃ]
tosse (f)	kaszel (m)	['kaʃɛʎ]
tossir (vi)	kaszleć	['kaʃletʃ]

assobio (m)	gwizd (m)	[gvist]
assobiar (vi)	gwizdać	['gvizdatʃ]
batida (f)	pukanie (n)	[pu'kane]
bater (vi)	pukać	['pukatʃ]

| estalar (vi) | trzeszczeć | ['tʃɛʃtʃɛtʃ] |
| estalido (m) | trzask (m) | [tʃask] |

sirene (f)	syrena (ż)	[si'rɛna]
apito (m)	sygnał (m), gwizdek (m)	['signaw], ['gvizdɛk]
apitar (vi)	huczeć	['hutʃɛtʃ]
buzina (f)	klakson (m)	['kʎaksɔn]
buzinar (vi)	trąbić	['trɔ̃bitʃ]

209. Inverno

inverno (m)	zima (ż)	['ʒima]
de inverno	zimowy	[ʒi'mɔvi]
no inverno	zimą	['ʒimɔ̃]

neve (f)	śnieg (m)	[ɕnek]
está a nevar	pada śnieg	['pada ɕnek]
queda (f) de neve	opady (l.mn.) śniegu	[ɔ'padɨ 'ɕnegu]
amontoado (m) de neve	zaspa (ż)	['zaspa]

floco (m) de neve	śnieżynka (ż)	[ɕne'ʒɨŋka]
bola (f) de neve	śnieżka (ż)	['ɕneʃka]
boneco (m) de neve	bałwan (m)	['bawvan]
sincelo (m)	sopel (m)	['sɔpɛʎ]

dezembro (m)	grudzień (m)	['grudʑɛɲ]
janeiro (m)	styczeń (m)	['stitʃɛɲ]
fevereiro (m)	luty (m)	['lɨti]

| gelo (m) | mróz (m) | [mrus] |
| gelado, glacial | mroźny | ['mrɔʑnɨ] |

abaixo de zero	poniżej zera	[pɔ'niʒɛj 'zɛra]
geada (f)	przymrozki (l.mn.)	[pʃim'rɔski]
geada (f) branca	szron (m)	[ʃrɔn]
frio (m)	zimno (n)	['ʒimnɔ]

está frio	**zimno**	['ʒimnɔ]
casaco (m) de peles	**futro** (n)	['futrɔ]
mitenes (f pl)	**rękawiczki** (l.mn.)	[rɛ̃ka'vitʃki]
adoecer (vi)	**zachorować**	[zahɔ'rɔvatʃ]
constipação (f)	**przeziębienie** (n)	[pʃɛʒɛ̃'bene]
constipar-se (vr)	**przeziębić się**	[pʃɛ'ʒembitʃ ɕɛ̃]
gelo (m)	**lód** (m)	[lyt]
gelo (m) na estrada	**gołoledź** (ż)	[gɔ'wɔletʃ]
congelar-se (vr)	**zamarznąć**	[za'marznɔ̃tʃ]
bloco (m) de gelo	**kra** (ż)	[kra]
esqui (m)	**narty** (l.mn.)	['narti]
esquiador (m)	**narciarz** (m)	['nartʃaʃ]
esquiar (vi)	**jeździć na nartach**	['eʑʲdʑitʃ na 'nartah]
patinar (vi)	**jeździć na łyżwach**	['eʑʲdʑitʃ na 'wiʒvah]

Fauna

210. Mamíferos. Predadores

predador (m)	drapieżnik (m)	[dra'pɛʒnik]
tigre (m)	tygrys (m)	['tigris]
leão (m)	lew (m)	[lef]
lobo (m)	wilk (m)	[viʎk]
raposa (f)	lis (m)	[lis]

jaguar (m)	jaguar (m)	[ja'guar]
leopardo (m)	lampart (m)	['ʎampart]
chita (f)	gepard (m)	['gɛpart]

pantera (f)	pantera (ż)	[pan'tɛra]
puma (m)	puma (ż)	['puma]
leopardo-das-neves (m)	irbis (m)	['irbis]
lince (m)	ryś (m)	[riɕ]

coiote (m)	kojot (m)	['kɔʒt]
chacal (m)	szakal (m)	['ʃakaʎ]
hiena (f)	hiena (ż)	['hʰena]

211. Animais selvagens

animal (m)	zwierzę (n)	['zveʒɛ̃]
besta (f)	dzikie zwierzę (n)	['dʒike 'zveʒɛ̃]

esquilo (m)	wiewiórka (ż)	[ve'vyrka]
ouriço (m)	jeż (m)	[eʃ]
lebre (f)	zając (m)	['zaɔ̃ts]
coelho (m)	królik (m)	['krulik]

texugo (m)	borsuk (m)	['bɔrsuk]
guaxinim (m)	szop (m)	[ʃɔp]
hamster (m)	chomik (m)	['hɔmik]
marmota (f)	świstak (m)	['ɕfistak]

toupeira (f)	kret (m)	[krɛt]
rato (m)	mysz (ż)	[miʃ]
ratazana (f)	szczur (m)	[ʃtʃur]
morcego (m)	nietoperz (m)	[ne'tɔpɛʃ]

arminho (m)	gronostaj (m)	[grɔ'nɔstaj]
zibelina (f)	soból (m)	['sɔbuʎ]
marta (f)	kuna (ż)	['kuna]
doninha (f)	łasica (ż)	[wa'ɕitsa]
vison (m)	norka (ż)	['nɔrka]

| castor (m) | bóbr (m) | [bubr] |
| lontra (f) | wydra (ż) | ['vɨdra] |

cavalo (m)	koń (m)	[kɔɲ]
alce (m)	łoś (m)	[wɔɕ]
veado (m)	jeleń (m)	['eleɲ]
camelo (m)	wielbłąd (m)	['veʎbwɔ̃t]

bisão (m)	bizon (m)	['bizɔn]
auroque (m)	żubr (m)	[ʒubr]
búfalo (m)	bawół (m)	['bavuw]

zebra (f)	zebra (ż)	['zɛbra]
antílope (m)	antylopa (ż)	[anti'lɔpa]
corça (f)	sarna (ż)	['sarna]
gamo (m)	łania (ż)	['waɲa]
camurça (f)	kozica (ż)	[kɔ'ʒiʦa]
javali (m)	dzik (m)	[dʑik]

baleia (f)	wieloryb (m)	[ve'lɔrɨp]
foca (f)	foka (ż)	['fɔka]
morsa (f)	mors (m)	[mɔrs]
urso-marinho (m)	kot (m) morski	[kɔt 'mɔrski]
golfinho (m)	delfin (m)	['dɛʎfin]

urso (m)	niedźwiedź (m)	['nedʑ'vetʃ]
urso (m) branco	niedźwiedź (m) polarny	['nedʑ'vetʃ pɔ'ʎarni]
panda (m)	panda (ż)	['panda]

macaco (em geral)	małpa (ż)	['mawpa]
chimpanzé (m)	szympans (m)	['ʃimpans]
orangotango (m)	orangutan (m)	[ɔra'ŋutan]
gorila (m)	goryl (m)	['gɔriʎ]
macaco (m)	makak (m)	['makak]
gibão (m)	gibon (m)	['gibɔn]

elefante (m)	słoń (m)	['swɔɲ]
rinoceronte (m)	nosorożec (m)	[nɔsɔ'rɔʒɛʦ]
girafa (f)	żyrafa (ż)	[ʒi'rafa]
hipopótamo (m)	hipopotam (m)	[hipɔ'pɔtam]

| canguru (m) | kangur (m) | ['kaŋur] |
| coala (m) | koala (ż) | [kɔ'aʎa] |

mangusto (m)	mangusta (ż)	[ma'ŋusta]
chinchila (m)	szynszyla (ż)	[ʃin'ʃiʎa]
doninha-fedorenta (f)	skunks (m)	[skuŋks]
porco-espinho (m)	jeżozwierz (m)	[e'ʒɔzveʃ]

212. Animais domésticos

gata (f)	kotka (ż)	['kɔtka]
gato (m) macho	kot (m)	[kɔt]
cão (m)	pies (m)	[pes]

cavalo (m)	koń (m)	[kɔɲ]
garanhão (m)	źrebak (m), ogier (m)	['ʑrɛbak], ['ɔgjer]
égua (f)	klacz (ż)	[kʎatʃ]

vaca (f)	krowa (ż)	['krɔva]
touro (m)	byk (m)	[bɨk]
boi (m)	wół (m)	[vuw]

ovelha (f)	owca (ż)	['ɔftsa]
carneiro (m)	baran (m)	['baran]
cabra (f)	koza (ż)	['kɔza]
bode (m)	kozioł (m)	['kɔʒɛw]

| burro (m) | osioł (m) | ['ɔɕɛw] |
| mula (f) | muł (m) | [muw] |

porco (m)	świnia (ż)	['ɕfiɲa]
leitão (m)	prosiak (m)	['prɔɕak]
coelho (m)	królik (m)	['krulik]

| galinha (f) | kura (ż) | ['kura] |
| galo (m) | kogut (m) | ['kɔgut] |

pata (f)	kaczka (ż)	['katʃka]
pato (macho)	kaczor (m)	['katʃɔr]
ganso (m)	gęś (ż)	[gɛ̃ɕ]

| peru (m) | indyk (m) | ['indɨk] |
| perua (f) | indyczka (ż) | [in'ditʃka] |

animais (m pl) domésticos	zwierzęta (l.mn.) domowe	[zve'ʒɛnta dɔ'mɔvɛ]
domesticado	oswojony	[ɔsfɔɔni]
domesticar (vt)	oswajać	[ɔs'fajatʃ]
criar (vt)	hodować	[hɔ'dɔvatʃ]

quinta (f)	ferma (ż)	['fɛrma]
aves (f pl) domésticas	drób (m)	[drup]
gado (m)	bydło (n)	['bɨdwɔ]
rebanho (m), manada (f)	stado (n)	['stadɔ]

estábulo (m)	stajnia (ż)	['stajɲa]
pocilga (f)	chlew (m)	[hlef]
estábulo (m)	obora (ż)	[ɔ'bɔra]
coelheira (f)	klatka (ż) dla królików	['klatka dʎa krɔ'likɔf]
galinheiro (m)	kurnik (m)	['kurnik]

213. Cães. Raças de cães

cão (m)	pies (m)	[pes]
cão pastor (m)	owczarek (m)	[ɔft'ʃarɛk]
caniche (m)	pudel (m)	['pudɛʎ]
teckel (m)	jamnik (m)	['jamnik]
buldogue (m)	buldog (m)	['buʎdɔk]
boxer (m)	bokser (m)	['bɔksɛr]

mastim (m)	mastyf (m)	['mastif]
rottweiler (m)	rottweiler (m)	[rɔt'vajler]
dobermann (m)	doberman (m)	[dɔ'bɛrman]

basset (m)	basset (m)	['basɛt]
pastor inglês (m)	owczarek (m) staroangielski	[ɔft'farɛk starɔa'ŋeʎski]
dálmata (m)	dalmatyńczyk (m)	[daʎma'tiɲtʃik]
cocker spaniel (m)	cocker spaniel (m)	['kɔkɛr 'spaneʎ]

| terra-nova (m) | nowofundland (m) | [nɔvɔ'fundʎant] |
| são-bernardo (m) | bernardyn (m) | [bɛr'nardin] |

husky (m)	husky (m)	['haski]
Chow-chow (m)	chow-chow (m)	[tʃau tʃau]
spitz alemão (m)	szpic (m)	[ʃpits]
carlindogue (m)	mops (m)	[mɔps]

214. Sons produzidos pelos animais

latido (m)	szczekanie (n)	[ʃtʃɛ'kane]
latir (vi)	szczekać	['ʃtʃɛkatʃ]
miar (vi)	miauczeć	[mʲa'utʃetʃ]
ronronar (vi)	mruczeć	['mrutʃetʃ]

mugir (vaca)	muczeć	['mutʃetʃ]
bramir (touro)	ryczeć	['ritʃetʃ]
rosnar (vi)	warczeć	['vartʃetʃ]

uivo (m)	wycie (n)	['vitʃe]
uivar (vi)	wyć	['vitʃ]
ganir (vi)	skomleć	['skɔmletʃ]

balir (vi)	beczeć	['bɛtʃetʃ]
grunhir (porco)	chrząkać	['hʃɔ̃katʃ]
guinchar (vi)	kwiczeć	['kfitʃetʃ]

coaxar (sapo)	kwakać	['kfakatʃ]
zumbir (inseto)	bzyczeć	['bzitʃetʃ]
estridular, ziziar (vi)	cykać	['tsikatʃ]

215. Animais jovens

cria (f), filhote (m)	małe (n)	['mawɛ]
gatinho (m)	kotek (m)	['kɔtɛk]
ratinho (m)	mała myszka (ż)	['mawa 'miʃka]
cãozinho (m)	małe piesek (m)	['mawɛ 'pʲɛsɛk]

filhote (m) de lebre	zajączek (m)	[zaɔ̃tʃɛk]
coelhinho (m)	króliczek (m)	[kru'litʃɛk]
lobinho (m)	wilczek (m)	['viʎtʃɛk]
raposinho (m)	lisek (m)	['lisɛk]
ursinho (m)	niedźwiadek (m)	[nedʑʲ'vʲadɛk]

leãozinho (m)	lwiątko (n)	[ʎvɔ̃tkɔ]
filhote (m) de tigre	tygrysiątko (n)	[tigriɕɔ̃tkɔ]
filhote (m) de elefante	słoniątko (n)	[swɔnɔ̃tkɔ]

leitão (m)	prosiak (m)	[ˈprɔɕak]
bezerro (m)	cielę (n), cielak (m)	[ˈtɕelɛ̃], [ˈtɕeʎak]
cabrito (m)	koźlątko (n)	[kɔʑ'lɔ̃tkɔ]
cordeiro (m)	jagniątko (n)	[jagnɔ̃tkɔ]
cria (f) de veado	jelonek (m)	[eˈlɔnɛk]
cria (f) de camelo	młody wielbłąd (m)	[ˈmwɔdɨ ˈvewⁱbwɔ̃t]

| filhote (m) de serpente | żmijka (ż) | [ˈʒmijka] |
| cria (f) de rã | żabka (ż) | [ˈʒapka] |

cria (f) de ave	pisklę (n)	[ˈpisklɛ̃]
pinto (m)	kurczątko (n)	[kurtˈʃɔ̃tkɔ]
patinho (m)	kaczątko (n)	[katˈʃɔ̃tkɔ]

216. Pássaros

pássaro (m), ave (f)	ptak (m)	[ptak]
pombo (m)	gołąb (m)	[ˈgɔwɔ̃p]
pardal (m)	wróbel (m)	[ˈvrubɛʎ]
chapim-real (m)	sikorka (ż)	[ɕiˈkɔrka]
pega-rabuda (f)	sroka (ż)	[ˈsrɔka]

corvo (m)	kruk (m)	[kruk]
gralha (f) cinzenta	wrona (ż)	[ˈvrɔna]
gralha-de-nuca-cinzenta (f)	kawka (ż)	[ˈkafka]
gralha-calva (f)	gawron (m)	[ˈgavrɔn]

pato (m)	kaczka (ż)	[ˈkatʃka]
ganso (m)	gęś (ż)	[gɛ̃ɕ]
faisão (m)	bażant (m)	[ˈbaʒant]

águia (f)	orzeł (m)	[ˈɔʒɛw]
açor (m)	jastrząb (m)	[ˈjastʃɔ̃p]
falcão (m)	sokół (m)	[ˈsɔkuw]
abutre (m)	sęp (m)	[sɛ̃p]
condor (m)	kondor (m)	[ˈkɔndɔr]

cisne (m)	łabędź (m)	[ˈwabɛ̃tʃ]
grou (m)	żuraw (m)	[ˈʒuraf]
cegonha (f)	bocian (m)	[ˈbɔtɕⁱan]

papagaio (m)	papuga (ż)	[paˈpuga]
beija-flor (m)	koliber (m)	[kɔˈlibɛr]
pavão (m)	paw (m)	[paf]

avestruz (m)	struś (m)	[struɕ]
garça (f)	czapla (ż)	[ˈtʃapʎa]
flamingo (m)	flaming (m)	[ˈfʎamiŋ]
pelicano (m)	pelikan (m)	[pɛˈlikan]
rouxinol (m)	słowik (m)	[ˈswɔvik]

andorinha (f)	jaskółka (ż)	[jas'kuwka]
tordo-zornal (m)	drozd (m)	[drɔst]
tordo-músico (m)	drozd śpiewak (m)	[drɔst 'ɕpevak]
melro-preto (m)	kos (m)	[kɔs]

andorinhão (m)	jerzyk (m)	['eʒik]
cotovia (f)	skowronek (m)	[skɔv'rɔnɛk]
codorna (f)	przepiórka (ż)	[pʃɛ'pyrka]

pica-pau (m)	dzięcioł (m)	['dʑɛ̃tʃɔw]
cuco (m)	kukułka (ż)	[ku'kuwka]
coruja (f)	sowa (ż)	['sɔva]
corujão, bufo (m)	puchacz (m)	['puhatʃ]
tetraz-grande (m)	głuszec (m)	['gwuʃɛts]
tetraz-lira (m)	cietrzew (m)	['tʃetʃɛf]
perdiz-cinzenta (f)	kuropatwa (ż)	[kurɔ'patfa]

estorninho (m)	szpak (m)	[ʃpak]
canário (m)	kanarek (m)	[ka'narɛk]
galinha-do-mato (f)	jarząbek (m)	[ja'ʒɔ̃bɛk]
tentilhão (m)	zięba (ż)	['ʒɛ̃ba]
dom-fafe (m)	gil (m)	[giʎ]

gaivota (f)	mewa (ż)	['mɛva]
albatroz (m)	albatros (m)	[aʎ'batrɔs]
pinguim (m)	pingwin (m)	['piŋvin]

217. Pássaros. Canto e sons

cantar (vi)	śpiewać	['ɕpevatʃ]
gritar (vi)	krzyczeć	['kʃitʃɛtʃ]
cantar (o galo)	piać	[pʲatʃ]
cocorocó (m)	kukuryku	[kuku'riku]

cacarejar (vi)	gdakać	['gdakatʃ]
crocitar (vi)	krakać	['krakatʃ]
grasnar (vi)	kwakać	['kfakatʃ]
piar (vi)	piszczeć	['piʃtʃatʃ]
chilrear, gorjear (vi)	ćwierkać	['tʃferkatʃ]

218. Peixes. Animais marinhos

brema (f)	leszcz (m)	[leʃtʃ]
carpa (f)	karp (m)	[karp]
perca (f)	okoń (m)	['ɔkɔɲ]
siluro (m)	sum (m)	[sum]
lúcio (m)	szczupak (m)	['ʃtʃupak]

salmão (m)	łosoś (m)	['wɔsɔɕ]
esturjão (m)	jesiotr (m)	['eɕɔtr]
arenque (m)	śledź (m)	[ɕletʃ]
salmão (m)	łosoś (m)	['wɔsɔɕ]

| cavala, sarda (f) | makrela (ż) | [mak'rɛla] |
| solha (f) | flądra (ż) | [flɔ̃dra] |

lúcio perca (m)	sandacz (m)	['sandatʃ]
bacalhau (m)	dorsz (m)	[dɔrʃ]
atum (m)	tuńczyk (m)	['tuɲtʃik]
truta (f)	pstrąg (m)	[pstrɔ̃k]

enguia (f)	węgorz (m)	['vɛŋɔʃ]
raia elétrica (f)	drętwa (ż)	['drɛntfa]
moreia (f)	murena (ż)	[mu'rɛna]
piranha (f)	pirania (ż)	[pi'raɲja]

tubarão (m)	rekin (m)	['rɛkin]
golfinho (m)	delfin (m)	['dɛʎfin]
baleia (f)	wieloryb (m)	[ve'lɔrip]

caranguejo (m)	krab (m)	[krap]
medusa, alforreca (f)	meduza (ż)	[mɛ'duza]
polvo (m)	ośmiornica (ż)	[ɔɕmɔr'nitsa]

estrela-do-mar (f)	rozgwiazda (ż)	[rɔzg'vʲazda]
ouriço-do-mar (m)	jeżowiec (m)	[e'ʒɔveʦ]
cavalo-marinho (m)	konik (m) morski	['kɔnik 'mɔrski]

ostra (f)	ostryga (ż)	[ɔst'riga]
camarão (m)	krewetka (ż)	[krɛ'vɛtka]
lavagante (m)	homar (m)	['hɔmar]
lagosta (f)	langusta (ż)	[ʎa'ŋusta]

219. Amfíbios. Répteis

| serpente, cobra (f) | wąż (m) | [vɔ̃ʃ] |
| venenoso | jadowity | [jadɔ'viti] |

víbora (f)	żmija (ż)	['ʒmija]
cobra-capelo, naja (f)	kobra (ż)	['kɔbra]
pitão (m)	pyton (m)	['pitɔn]
jiboia (f)	wąż dusiciel (m)	[vɔ̃ʒ du'ɕitʃeʎ]
cobra-de-água (f)	zaskroniec (m)	[zask'rɔneʦ]
cascavel (f)	grzechotnik (m)	[gʒɛ'hɔtnik]
anaconda (f)	anakonda (ż)	[ana'kɔnda]

lagarto (m)	jaszczurka (ż)	[jaʃt'ʃurka]
iguana (f)	legwan (m)	['legvan]
varano (m)	waran (m)	['varan]
salamandra (f)	salamandra (ż)	[saʎa'mandra]
camaleão (m)	kameleon (m)	[kamɛ'leɔn]
escorpião (m)	skorpion (m)	['skɔrpʰɜn]

tartaruga (f)	żółw (m)	[ʒuwf]
rã (f)	żaba (ż)	['ʒaba]
sapo (m)	ropucha (ż)	[rɔ'puha]
crocodilo (m)	krokodyl (m)	[krɔ'kɔdiʎ]

220. Insetos

inseto (m)	owad (m)	['ɔvat]
borboleta (f)	motyl (m)	['mɔtiʎ]
formiga (f)	mrówka (ż)	['mrufka]
mosca (f)	mucha (ż)	['muha]
mosquito (m)	komar (m)	['kɔmar]
escaravelho (m)	żuk (m), chrząszcz (m)	[ʒuk], [hʃɔ̃ʃʧ]
vespa (f)	osa (ż)	['ɔsa]
abelha (f)	pszczoła (ż)	['pʃʧɔwa]
mamangava (f)	trzmiel (m)	[ʧmeʎ]
moscardo (m)	giez (m)	[ges]
aranha (f)	pająk (m)	['paɔ̃k]
teia (f) de aranha	pajęczyna (ż)	[paɛ̃t'ʃina]
libélula (f)	ważka (ż)	['vaʃka]
gafanhoto-do-campo (m)	konik (m) polny	['kɔnik 'pɔʎni]
traça (f)	omacnica (ż)	[ɔmats'nitsa]
barata (f)	karaluch (m)	[ka'ralyh]
carraça (f)	kleszcz (m)	[kleʃʧ]
pulga (f)	pchła (ż)	[phwa]
borrachudo (m)	meszka (ż)	['mɛʃka]
gafanhoto (m)	szarańcza (ż)	[ʃa'raɲʧa]
caracol (m)	ślimak (m)	['ɕlimak]
grilo (m)	świerszcz (m)	[ɕferʃʧ]
pirilampo (m)	robaczek (m) świętojański	[rɔ'baʧɛk ɕfɛ̃tɔ'jaɲski]
joaninha (f)	biedronka (ż)	[bed'rɔŋka]
besouro (m)	chrabąszcz (m) majowy	['hrabɔ̃ʃʧ maʒvi]
sanguessuga (f)	pijawka (ż)	[pi'jafka]
lagarta (f)	gąsienica (ż)	[gɔ̃ɕe'nitsa]
minhoca (f)	robak (m)	['rɔbak]
larva (f)	poczwarka (ż)	[pɔʧ'farka]

221. Animais. Partes do corpo

bico (m)	dziób (m)	[dʒyp]
asas (f pl)	skrzydła (l.mn.)	['skʃidwa]
pata (f)	łapa (ż)	['wapa]
plumagem (f)	upierzenie (n)	[upe'ʒɛne]
pena, pluma (f)	pióro (n)	['pyrɔ]
crista (f)	czubek (m)	['ʧubɛk]
brânquias, guelras (f pl)	skrzela (l.mn.)	['skʃɛʎa]
ovas (f pl)	ikra (ż)	['ikra]
larva (f)	larwa (ż)	['ʎarva]
barbatana (f)	płetwa (ż)	['pwɛtfa]
escama (f)	łuska (ż)	['wuska]
canino (m)	kieł (m)	[kew]

197

pata (f)	łapa (ż)	['wapa]
focinho (m)	pysk (m)	[pɨsk]
boca (f)	paszcza (ż)	['paʃʧa]
cauda (f), rabo (m)	ogon (m)	['ɔgɔn]
bigodes (m pl)	wąsy (l.mn.)	['võsɨ]

casco (m)	kopyto (n)	[kɔ'pɨtɔ]
corno (m)	róg (m)	[ruk]

carapaça (f)	pancerz (m)	['panʦɛʃ]
concha (f)	muszla (ż)	['muʃʎa]
casca (f) de ovo	skorupa (ż)	[skɔ'rupa]

pelo (m)	sierść (ż)	[ɕerɕʧ]
pele (f), couro (m)	skóra (ż)	['skura]

222. Ações dos animais

voar (vi)	latać	['ʎataʧ]
dar voltas	krążyć	['krõʒiʧ]
voar (para longe)	odlecieć	[ɔd'leʧeʧ]
bater as asas	machać	['mahaʧ]

bicar (vi)	dziobać	['ʤɔbaʧ]
incubar (vt)	wysiadywać jajka	[viɕa'divaʧ 'jajka]
sair do ovo	wykluwać się	[vik'lyvaʧ ɕɛ̃]
fazer o ninho	wić	[viʧ]

rastejar (vi)	pełznąć	['pɛwznõʧ]
picar (vt)	żądlić	['ʒõdliʧ]
morder (vt)	gryźć	[griɕʧ]

cheirar (vt)	wąchać	['võhaʧ]
latir (vi)	szczekać	['ʃʧɛkaʧ]
silvar (vi)	syczeć	['sɨʧɛʧ]
assustar (vt)	straszyć	['straʃiʧ]
atacar (vt)	napadać	[na'padaʧ]

roer (vt)	gryźć	[griɕʧ]
arranhar (vt)	drapać	['drapaʧ]
esconder-se (vr)	chować się	['hɔvaʧ ɕɛ̃]

brincar (vi)	bawić się	['baviʧ ɕɛ̃]
caçar (vi)	polować	[pɔ'lɔvaʧ]
hibernar (vi)	zapadać w sen zimowy	[za'padaʧ f sɛn ʒi'mɔvi]
extinguir-se (vr)	wymrzeć	['vimʒɛʧ]

223. Animais. Habitats

hábitat	siedlisko (n)	[ɕed'liskɔ]
migração (f)	migracja (ż)	[mig'raʦʰja]
montanha (f)	góra (ż)	['gura]

| recife (m) | rafa (ż) | ['rafa] |
| falésia (f) | skała (ż) | ['skawa] |

floresta (f)	las (m)	[ʎas]
selva (f)	dżungla (ż)	['dʒuŋʎa]
savana (f)	sawanna (ż)	[sa'vaŋa]
tundra (f)	tundra (ż)	['tundra]

estepe (f)	step (m)	[stɛp]
deserto (m)	pustynia (ż)	[pus'tiɲa]
oásis (m)	oaza (ż)	[ɔ'aza]

mar (m)	morze (n)	['mɔʒɛ]
lago (m)	jezioro (n)	[e'ʒɘrɔ]
oceano (m)	ocean (m)	[ɔ'ʦɛan]

pântano (m)	bagno (n)	['bagnɔ]
de água doce	słodkowodny	[swɔtkɔ'vɔdni]
lagoa (f)	staw (m)	[staf]
rio (m)	rzeka (ż)	['ʒɛka]

toca (f) do urso	barłóg (m)	['barwuk]
ninho (m)	gniazdo (n)	['gɲazdɔ]
buraco (m) de árvore	dziupla (ż)	['dʒypʎa]
toca (f)	nora (ż)	['nɔra]
formigueiro (m)	mrowisko (n)	[mrɔ'viskɔ]

224. Cuidados com os animais

| jardim (m) zoológico | zoo (n) | ['zɔ:] |
| reserva (f) natural | rezerwat (m) | [rɛ'zɛrvat] |

viveiro (m)	hodowca (m)	[hɔ'dɔvʦʲa]
jaula (f) de ar livre	woliera (ż)	[vɔ'ʎjera]
jaula, gaiola (f)	klatka (ż)	['kʎatka]
casinha (f) de cão	buda (ż) dla psa	['buda dʎa psa]

pombal (m)	gołębnik (m)	[gɔ'wɛ̃bnik]
aquário (m)	akwarium (n)	[ak'farʰjum]
delfinário (m)	delfinarium (n)	[dɛʎfi'narʰjum]

criar (vt)	hodować	[hɔ'dɔvaʧ]
ninhada (f)	miot (m)	['miɔt]
domesticar (vt)	oswajać	[ɔs'fajaʧ]
adestrar (vt)	tresować	[trɛ'sɔvaʧ]

| ração (f) | pokarm (m) | ['pɔkarm] |
| alimentar (vt) | karmić | ['karmiʧ] |

loja (f) de animais	sklep (m) zoologiczny	[sklep zɔ:lɔ'giʧɲi]
açaime (m)	kaganiec (m)	[ka'ganɛʦ]
coleira (f)	obroża (ż)	[ɔb'rɔʒa]
nome (m)	imię (n)	['imɛ̃]
pedigree (m)	rodowód (m)	[rɔ'dɔvut]

225. Animais. Diversos

alcateia (f)	wataha (ż)	[va'taha]
bando (pássaros)	stado (n)	['stadɔ]
cardume (peixes)	ławica (ż)	[wa'viʦa]
manada (cavalos)	tabun (m)	['tabun]
macho (m)	samiec (m)	['sameʦ]
fêmea (f)	samica (ż)	[sa'miʦa]
faminto	głodny	['gwɔdni]
selvagem	dziki	['dʒiki]
perigoso	niebezpieczny	[nebɛs'peʧni]

226. Cavalos

cavalo (m)	koń (m)	[kɔɲ]
raça (f)	rasa (ż)	['rasa]
potro (m)	źrebię (n)	['zʲrɛbɛ̃]
égua (f)	klacz (ż)	[kʎaʧ]
mustangue (m)	mustang (m)	['mustaŋk]
pónei (m)	kucyk (m)	['kuʦik]
cavalo (m) de tiro	koń (m) pociągowy	[kɔɲ pɔʧɔ̃'gɔvi]
crina (f)	grzywa (ż)	['gʒɨva]
cauda (f)	ogon (m)	['ɔgɔn]
casco (m)	kopyto (n)	[kɔ'pitɔ]
ferradura (f)	podkowa (ż)	[pɔt'kɔva]
ferrar (vt)	podkuć	['pɔtkuʧ]
ferreiro (m)	kowal (m)	['kɔvaʎ]
sela (f)	siodło (n)	['ɕɔdwɔ]
estribo (m)	strzemię (n)	['sʧɛmɛ̃]
brida (f)	uzda (ż)	['uzda]
rédeas (f pl)	lejce (l.mn.)	['lejʦɛ]
chicote (m)	bat (m)	[bat]
cavaleiro (m)	jeździec (m)	['eʑdʑeʦ]
colocar sela	osiodłać	[ɔ'ɕɔdwaʧ]
montar no cavalo	usiąść w siodle	['uɕɔ̃ɕʧ v 'ɕɔdle]
galope (m)	cwał (m)	[ʦfaw]
galopar (vi)	galopować	[galɔ'pɔvaʧ]
trote (m)	kłus (m)	[kwus]
a trote	kłusem	['kwusɛm]
cavalo (m) de corrida	koń (m) wyścigowy	[kɔɲ viɕʧi'gɔvi]
corridas (f pl)	wyścigi (l.mn.) konne	[viɕ'ʧigi 'kɔɲɛ]
estábulo (m)	stajnia (ż)	['stajɲa]
alimentar (vt)	karmić	['karmiʧ]

feno (m)	siano (n)	['ɕanɔ]
dar água	poić	['pɔiʧ]
limpar (vt)	czyścić	['ʧiɕʧiʨ]

pastar (vi)	paść się	[paɕʨ ɕɛ̃]
relinchar (vi)	rżeć	[rʒɛʨ]
dar um coice	wierzgnąć	['veʒɡnɔ̃ʨ]

Flora

227. Árvores

árvore (f)	drzewo (n)	['dʒɛvɔ]
decídua	liściaste	[liɕ'tʃastɛ]
conífera	iglaste	[ig'ʎastɛ]
perene	wiecznie zielony	[vetʃnɛʒe'lɔnʲi]
macieira (f)	jabłoń (ż)	['jabwɔɲ]
pereira (f)	grusza (ż)	['gruʃa]
cerejeira (f)	czereśnia (ż)	[tʃɛ'rɛɕɲa]
ginjeira (f)	wiśnia (ż)	['viɕɲa]
ameixeira (f)	śliwa (ż)	['ɕliva]
bétula (f)	brzoza (ż)	['bʒɔza]
carvalho (m)	dąb (m)	[dɔ̃p]
tília (f)	lipa (ż)	['lipa]
choupo-tremedor (m)	osika (ż)	[ɔ'ɕika]
bordo (m)	klon (m)	['klɔn]
espruce-europeu (m)	świerk (m)	['ɕferk]
pinheiro (m)	sosna (ż)	['sɔsna]
alerce, lariço (m)	modrzew (m)	['mɔdʒɛf]
abeto (m)	jodła (ż)	[ɜdwa]
cedro (m)	cedr (m)	[tsɛdr]
choupo, álamo (m)	topola (ż)	[tɔ'pɔʎa]
tramazeira (f)	jarzębina (ż)	[jaʒɛ̃'bina]
salgueiro (m)	wierzba iwa (ż)	['veʒba 'iva]
amieiro (m)	olcha (ż)	['ɔʎha]
faia (f)	buk (m)	[buk]
ulmeiro (m)	wiąz (m)	[vɔ̃z]
freixo (m)	jesion (m)	['eɕɔn]
castanheiro (m)	kasztan (m)	['kaʃtan]
magnólia (f)	magnolia (ż)	[mag'nɔʎja]
palmeira (f)	palma (ż)	['paʎma]
cipreste (m)	cyprys (m)	['tsipris]
mangue (m)	drzewo (n) mangrowe	['dʒɛvɔ maŋ'rɔvɛ]
embondeiro, baobá (m)	baobab (m)	[ba'ɔbap]
eucalipto (m)	eukaliptus (m)	[ɛuka'liptus]
sequoia (f)	sekwoja (ż)	[sɛk'fɔja]

228. Arbustos

arbusto (m)	krzew (m)	[kʃɛf]
arbusto (m), moita (f)	krzaki (l.mn.)	['kʃaki]

videira (f)	winorośl (ż)	[vi'nɔrɔɕʎ]
vinhedo (m)	winnica (ż)	[vi'ɲitsa]
framboeseira (f)	malina (ż)	[ma'lina]
groselheira-vermelha (f)	porzeczka (ż) czerwona	[pɔ'ʒɛt͡ʃka t͡ʃɛr'vɔna]
groselheira (f) espinhosa	agrest (m)	['agrɛst]
acácia (f)	akacja (ż)	[a'kats^hja]
bérberis (f)	berberys (m)	[bɛr'bɛris]
jasmim (m)	jaśmin (m)	['jaɕmin]
junípero (m)	jałowiec (m)	[ja'wɔvets]
roseira (f)	róża (ż)	['ruʒa]
roseira (f) brava	dzika róża (ż)	['d͡ʑika 'ruʒa]

229. Cogumelos

cogumelo (m)	grzyb (m)	[gʒip]
cogumelo (m) comestível	grzyb (m) jadalny	[gʒip ja'daʎni]
cogumelo (m) venenoso	grzyb (m) trujący	[gʒip truɔ̃t͡si]
chapéu (m)	kapelusz (m)	[ka'pɛlyʃ]
pé, caule (m)	nóżka (ż)	['nuʃka]
boleto (m)	prawdziwek (m)	[prav'd͡ʑivɛk]
boleto (m) alaranjado	koźlarz (m) czerwony	['kɔʑ/ʎaʃ t͡ʃɛr'vɔni]
míscaro (m) das bétulas	koźlarz (m)	['kɔʑ/ʎaʃ]
cantarela (f)	kurka (ż)	['kurka]
rússula (f)	gołąbek (m)	[gɔ'wɔ̃bɛk]
morchella (f)	smardz (m)	[smart͡s]
agário-das-moscas (m)	muchomor (m)	[mu'hɔmɔr]
cicuta (f) verde	psi grzyb (m)	[pɕi gʒip]

230. Frutos. Bagas

fruta (f)	owoc (m)	['ɔvɔt͡s]
frutas (f pl)	owoce (l.mn.)	[ɔ'vɔt͡sɛ]
maçã (f)	jabłko (n)	['jabkɔ]
pera (f)	gruszka (ż)	['gruʃka]
ameixa (f)	śliwka (ż)	['ɕlifka]
morango (m)	truskawka (ż)	[trus'kafka]
ginja (f)	wiśnia (ż)	['viɕɲa]
cereja (f)	czereśnia (ż)	[t͡ʃɛ'rɛɕɲa]
uva (f)	winogrona (l.mn.)	[vinɔg'rɔna]
framboesa (f)	malina (ż)	[ma'lina]
groselha (f) preta	czarna porzeczka (ż)	['t͡ʃarna pɔ'ʒɛt͡ʃka]
groselha (f) vermelha	czerwona porzeczka (ż)	[t͡ʃɛr'vɔna pɔ'ʒɛt͡ʃka]
groselha (f) espinhosa	agrest (m)	['agrɛst]
oxicoco (m)	żurawina (ż)	[ʒura'vina]
laranja (f)	pomarańcza (ż)	[pɔma'raɲt͡ʃa]

203

tangerina (f)	mandarynka (ż)	[manda'riŋka]
ananás (m)	ananas (ż)	[a'nanas]
banana (f)	banan (m)	['banan]
tâmara (f)	daktyl (m)	['daktɨl]

limão (m)	cytryna (ż)	[tsit'rina]
damasco (m)	morela (ż)	[mɔ'rɛʎa]
pêssego (m)	brzoskwinia (ż)	[bʒɔsk'fiɲa]
kiwi (m)	kiwi (n)	['kivi]
toranja (f)	grejpfrut (m)	['grɛjpfrut]

baga (f)	jagoda (ż)	[ja'gɔda]
bagas (f pl)	jagody (l.mn.)	[ja'gɔdɨ]
arando (m) vermelho	borówka (ż)	[bɔ'rufka]
morango-silvestre (m)	poziomka (ż)	[pɔ'ʒɔmka]
mirtilo (m)	borówka (ż) czarna	[bɔ'rɔfka 'tʃarna]

231. Flores. Plantas

| flor (f) | kwiat (m) | [kfʲat] |
| ramo (m) de flores | bukiet (m) | ['buket] |

rosa (f)	róża (ż)	['ruʒa]
tulipa (f)	tulipan (m)	[tu'lipan]
cravo (m)	goździk (m)	['gɔʑʲdʒik]
gladíolo (m)	mieczyk (m)	['metʃik]

centáurea (f)	bławatek (m)	[bwa'vatɛk]
campânula (f)	dzwonek (m)	['dzvɔnɛk]
dente-de-leão (m)	dmuchawiec (m)	[dmu'havets]
camomila (f)	rumianek (m)	[ru'mʲanɛk]

aloé (m)	aloes (m)	[a'lɜɛs]
cato (m)	kaktus (m)	['kaktus]
fícus (m)	fikus (m)	['fikus]

lírio (m)	lilia (ż)	['liʎja]
gerânio (m)	pelargonia (ż)	[pɛʎar'gɔɲja]
jacinto (m)	hiacynt (m)	['hʰjatsint]

mimosa (f)	mimoza (ż)	[mi'mɔza]
narciso (m)	narcyz (m)	['nartsis]
capuchinha (f)	nasturcja (ż)	[nas'turtsʰja]

orquídea (f)	orchidea (ż)	[ɔrhi'dɛa]
peónia (f)	piwonia (ż)	[pi'vɔɲja]
violeta (f)	fiołek (m)	[fʰʒwɛk]

amor-perfeito (m)	bratek (m)	['bratɛk]
não-me-esqueças (m)	niezapominajka (ż)	[nezapɔmi'najka]
margarida (f)	stokrotka (ż)	[stɔk'rɔtka]

| papoula (f) | mak (m) | [mak] |
| cânhamo (m) | konopie (l.mn.) | [kɔ'nɔpje] |

hortelã (f)	mięta (ż)	['menta]
lírio-do-vale (m)	konwalia (ż)	[kɔn'vaʎja]
campânula-branca (f)	przebiśnieg (m)	[pʃɛ'biɕnek]

urtiga (f)	pokrzywa (ż)	[pɔk'ʃiva]
azeda (f)	szczaw (m)	[ʃtʃaf]
nenúfar (m)	lilia wodna (ż)	['liʎja 'vɔdna]
feto (m), samambaia (f)	paproć (ż)	['paprɔtɕ]
líquen (m)	porost (m)	['pɔrɔst]

estufa (f)	szklarnia (ż)	['ʃkʎarɲa]
relvado (m)	trawnik (m)	['travnik]
canteiro (m) de flores	klomb (m)	['klɔmp]

planta (f)	roślina (ż)	[rɔɕ'lina]
erva (f)	trawa (ż)	['trava]
folha (f) de erva	źdźbło (n)	[zʲdʑʲbwɔ]

folha (f)	liść (m)	[liɕtɕ]
pétala (f)	płatek (m)	['pwatɛk]
talo (m)	łodyga (ż)	[wɔ'diga]
tubérculo (m)	bulwa (ż)	['buʎva]

broto, rebento (m)	kiełek (m)	['kewɛk]
espinho (m)	kolec (m)	['kɔlets]

florescer (vi)	kwitnąć	['kfitnɔ̃tɕ]
murchar (vi)	więdnąć	['vendnɔ̃tɕ]
cheiro (m)	zapach (m)	['zapah]
cortar (flores)	ściąć	[ɕtɕɔ̃itɕ]
colher (uma flor)	zerwać	['zɛrvatɕ]

232. Cereais, grãos

grão (m)	zboże (n)	['zbɔʒɛ]
cereais (plantas)	zboża (l.mn.)	['zbɔʒa]
espiga (f)	kłos (m)	[kwɔs]

trigo (m)	pszenica (ż)	[pʃɛ'nitsa]
centeio (m)	żyto (n)	['ʒitɔ]
aveia (f)	owies (m)	['ɔves]

milho-miúdo (m)	proso (n)	['prɔsɔ]
cevada (f)	jęczmień (m)	['entʃmɛ̃]

milho (m)	kukurydza (ż)	[kuku'ridza]
arroz (m)	ryż (m)	[riʃ]
trigo-sarraceno (m)	gryka (ż)	['grika]

ervilha (f)	groch (m)	[grɔh]
feijão (m)	fasola (ż)	[fa'sɔʎa]
soja (f)	soja (ż)	['sɔja]
lentilha (f)	soczewica (ż)	[sɔtʃɛ'vitsa]
fava (f)	bób (m)	[bup]

233. Vegetais. Verduras

| legumes (m pl) | warzywa (l.mn.) | [va'ʒiva] |
| verduras (f pl) | włoszczyzna (ż) | [vwɔʃt'ʃizna] |

tomate (m)	pomidor (m)	[pɔ'midɔr]
pepino (m)	ogórek (m)	[ɔ'gurɛk]
cenoura (f)	marchew (ż)	['marhɛf]
batata (f)	ziemniak (m), kartofel (m)	[ʒem'ɲak], [kar'tɔfɛʎ]
cebola (f)	cebula (ż)	[ʦɛ'buʎa]
alho (m)	czosnek (m)	['ʧɔsnɛk]

couve (f)	kapusta (ż)	[ka'pusta]
couve-flor (f)	kalafior (m)	[ka'ʎafɜr]
couve-de-bruxelas (f)	brukselka (ż)	[bruk'sɛʎka]

beterraba (f)	burak (m)	['burak]
beringela (f)	bakłażan (m)	[bak'waʒan]
curgete (f)	kabaczek (m)	[ka'baʧɛk]
abóbora (f)	dynia (ż)	['diɲa]
nabo (m)	rzepa (ż)	['ʒɛpa]

salsa (f)	pietruszka (ż)	[pet'ruʃka]
funcho, endro (m)	koperek (m)	[kɔ'pɛrɛk]
alface (f)	sałata (ż)	[sa'wata]
aipo (m)	seler (m)	['sɛler]
espargo (m)	szparag (m)	['ʃparag]
espinafre (m)	szpinak (m)	['ʃpinak]

ervilha (f)	groch (m)	[grɔh]
fava (f)	bób (m)	[bup]
milho (m)	kukurydza (ż)	[kuku'ridza]
feijão (m)	fasola (ż)	[fa'sɔʎa]

pimentão (m)	słodka papryka (ż)	['swɔdka pap'rika]
rabanete (m)	rzodkiewka (ż)	[ʒɔt'kefka]
alcachofra (f)	karczoch (m)	['karʧɔh]

GEOGRAFIA REGIONAL

Países. Nacionalidades

234. Europa Ocidental

Europa (f)	Europa (ż)	[ɛu'rɔpa]
União (f) Europeia	Unia (ż) Europejska	['uɲja ɛurɔ'pɛjska]
europeu (m)	Europejczyk (m)	[ɛurɔ'pɛjtʃik]
europeu	europejski	[ɛurɔ'pɛjski]
Áustria (f)	Austria (ż)	['austrʰja]
austríaco (m)	Austriak (m)	['austrʰjak]
austríaca (f)	Austriaczka (ż)	[austrʰ'jatʃka]
austríaco	austriacki	[austrʰ'jatski]
Grã-Bretanha (f)	Wielka Brytania (ż)	['vɛʎka bri'taɲja]
Inglaterra (f)	Anglia (ż)	['aŋʎja]
inglês (m)	Anglik (m)	['aŋlik]
inglesa (f)	Angielka (ż)	[a'ŋɛʎka]
inglês	angielski	[a'ŋɛʎski]
Bélgica (f)	Belgia (ż)	['bɛʎgʰja]
belga (m)	Belg (m)	['bɛʎk]
belga (f)	Belgijka (ż)	[bɛʎ'gijka]
belga	belgijski	[bɛʎ'gijski]
Alemanha (f)	Niemcy (l.mn.)	['nemtsi]
alemão (m)	Niemiec (m)	['nemets]
alemã (f)	Niemka (ż)	['nemka]
alemão	niemiecki	[ne'metski]
Países (m pl) Baixos	Niderlandy (l.mn.)	[nidɛr'ʎandi]
Holanda (f)	Holandia (ż)	[hɔ'ʎandʰja]
holandês (m)	Holender (m)	[hɔ'lendɛr]
holandesa (f)	Holenderka (ż)	[hɔlen'dɛrka]
holandês	holenderski	[hɔlen'dɛrski]
Grécia (f)	Grecja (ż)	['grɛtsʰja]
grego (m)	Grek (m)	[grɛk]
grega (f)	Greczynka (ż)	[grɛt'ʃiŋka]
grego	grecki	['grɛtski]
Dinamarca (f)	Dania (ż)	['daɲja]
dinamarquês (m)	Duńczyk (m)	['duɲtʃik]
dinamarquesa (f)	Dunka (ż)	['duŋka]
dinamarquês	duński	['duɲski]
Irlanda (f)	Irlandia (ż)	[ir'ʎandʰja]
irlandês (m)	Irlandczyk (m)	[ir'ʎantʃik]

| irlandesa (f) | Irlandka (ż) | [ir'ʎantka] |
| irlandês | irlandzki | [ir'ʎantski] |

Islândia (f)	Islandia (ż)	[is'ʎandʰja]
islandês (m)	Islandczyk (m)	[is'ʎantʃik]
islandesa (f)	Islandka (ż)	[is'ʎantka]
islandês	islandzki	[is'ʎantski]

Espanha (f)	Hiszpania (ż)	[hiʃ'paɲja]
espanhol (m)	Hiszpan (m)	['hiʃpan]
espanhola (f)	Hiszpanka (ż)	[hiʃ'paŋka]
espanhol	hiszpański	[hiʃ'paɲski]

Itália (f)	Włochy (l.mn.)	['vwɔhi]
italiano (m)	Włoch (m)	[vwɔh]
italiana (f)	Włoszka (ż)	['vwɔʃka]
italiano	włoski	['vwɔski]

Chipre (m)	Cypr (m)	[tsipr]
cipriota (m)	Cypryjczyk (m)	[tsip'rijtʃik]
cipriota (f)	Cypryjka (ż)	[tsip'rijka]
cipriota	cypryjski	[tsip'rijski]

Malta (f)	Malta (ż)	['maʎta]
maltês (m)	Maltańczyk (m)	[maʎ'taɲtʃik]
maltesa (f)	Maltanka (ż)	[maʎ'taŋka]
maltês	maltański	[maʎ'taɲski]

Noruega (f)	Norwegia (ż)	[nɔr'vɛgʰja]
norueguês (m)	Norweg (m)	['nɔrvɛk]
norueguesa (f)	Norweżka (ż)	[nɔr'vɛʒka]
norueguês	norweski	[nɔr'vɛski]

Portugal (m)	Portugalia (ż)	[pɔrtu'gaʎja]
português (m)	Portugalczyk (m)	[pɔrtu'gaʎtʃik]
portuguesa (f)	Portugalka (ż)	[pɔrtu'gaʎka]
português	portugalski	[pɔrtu'gaʎski]

Finlândia (f)	Finlandia (ż)	[fin'ʎandʰja]
finlandês (m)	Fin (m)	[fin]
finlandesa (f)	Finka (ż)	['fiŋka]
finlandês	fiński	['fiɲski]

França (f)	Francja (ż)	['frantsʰja]
francês (m)	Francuz (m)	['frantsus]
francesa (f)	Francuzka (ż)	[fran'tsuska]
francês	francuski	[fran'tsuski]

Suécia (f)	Szwecja (ż)	['ʃfɛtsʰja]
sueco (m)	Szwed (m)	[ʃfɛt]
sueca (f)	Szwedka (ż)	['ʃfɛtka]
sueco	szwedzki	['ʃfɛtski]

Suíça (f)	Szwajcaria (ż)	[ʃfaj'tsarʰja]
suíço (m)	Szwajcar (m)	['ʃfajtsar]
suíça (f)	Szwajcarka (ż)	[ʃfaj'tsarka]

suíço	szwajcarski	[ʃfajˈtsarski]
Escócia (f)	Szkocja (ż)	[ˈʃkɔtsʲja]
escocês (m)	Szkot (m)	[ʃkɔt]
escocesa (f)	Szkotka (ż)	[ˈʃkɔtka]
escocês	szkocki	[ˈʃkɔtski]

Vaticano (m)	Watykan (m)	[vaˈtikan]
Liechtenstein (m)	Liechtenstein (m)	[ˈlihtɛnʃtajn]
Luxemburgo (m)	Luksemburg (m)	[ˈlyksɛmburk]
Mónaco (m)	Monako (n)	[mɔˈnakɔ]

235. Europa Central e de Leste

Albânia (f)	Albania (ż)	[aʎˈbaɲja]
albanês (m)	Albańczyk (m)	[aʎˈbantʃik]
albanesa (f)	Albanka (ż)	[aʎˈbaŋka]
albanês	albański	[aʎˈbaɲski]

Bulgária (f)	Bułgaria (ż)	[buwˈgarʲja]
búlgaro (m)	Bułgar (m)	[ˈbuwgar]
búlgara (f)	Bułgarka (ż)	[buwˈgarka]
búlgaro	bułgarski	[buwˈgarski]

Hungria (f)	Węgry (l.mn.)	[ˈvɛŋri]
húngaro (m)	Węgier (m)	[ˈvɛŋer]
húngara (f)	Węgierka (ż)	[vɛ̃ˈgerka]
húngaro	węgierski	[vɛ̃ˈgerski]

Letónia (f)	Łotwa (ż)	[ˈwɔtfa]
letão (m)	Łotysz (m)	[ˈwɔtiʃ]
letã (f)	Łotyszka (ż)	[wɔˈtiʃka]
letão	łotewski	[wɔˈtɛfski]

Lituânia (f)	Litwa (ż)	[ˈlitfa]
lituano (m)	Litwin (m)	[ˈlitfin]
lituana (f)	Litwinka (ż)	[litˈfiŋka]
lituano	litewski	[liˈtɛfski]

Polónia (f)	Polska (ż)	[ˈpɔʎska]
polaco (m)	Polak (m)	[ˈpɔʎak]
polaca (f)	Polka (ż)	[ˈpɔʎka]
polaco	polski	[ˈpɔʎski]

Roménia (f)	Rumunia (ż)	[ruˈmuɲja]
romeno (m)	Rumun (m)	[ˈrumun]
romena (f)	Rumunka (ż)	[ruˈmuŋka]
romeno	rumuński	[ruˈmuɲski]

Sérvia (f)	Serbia (ż)	[ˈsɛrbʲja]
sérvio (m)	Serb (m)	[sɛrp]
sérvia (f)	Serbka (m)	[ˈsɛrpka]
sérvio	serbski	[ˈsɛrpski]
Eslováquia (f)	Słowacja (ż)	[swɔˈvatsʲja]
eslovaco (m)	Słowak (m)	[ˈswɔvak]

eslovaca (f)	Słowaczka (ż)	[swɔ'vatʃka]
eslovaco	słowacki	[swɔ'vatski]
Croácia (f)	Chorwacja (ż)	[hɔr'vatsʰja]
croata (m)	Chorwat (m)	['hɔrvat]
croata (f)	Chorwatka (ż)	[hɔr'vatka]
croata	chorwacki	[hɔr'vatski]
República (f) Checa	Czechy (l.mn.)	['tʃɛhi]
checo (m)	Czech (m)	[tʃɛh]
checa (f)	Czeszka (ż)	['tʃɛʃka]
checo	czeski	['tʃɛski]
Estónia (f)	Estonia (ż)	[ɛs'tɔɲja]
estónio (m)	Estończyk (m)	[ɛs'tɔɲtʃik]
estónia (f)	Estonka (ż)	[ɛs'tɔŋka]
estónio	estoński	[ɛs'tɔɲski]
Bósnia e Herzegovina (f)	Bośnia i Hercegowina (ż)	['bɔɕɲa i hɛrtsɛgɔ'vina]
Macedónia (f)	Macedonia (ż)	[matsɛ'dɔɲja]
Eslovénia (f)	Słowenia (ż)	[swɔ'vɛɲja]
Montenegro (m)	Czarnogóra (ż)	[tʃarnɔ'gura]

236. Países da ex-URSS

Azerbaijão (m)	Azerbejdżan (m)	[azɛr'bɛjdʒan]
azeri (m)	Azerbejdżanin (m)	[azɛrbɛj'dʒanin]
azeri (f)	Azerbejdżanka (ż)	[azɛrbɛj'dʒaŋka]
azeri, azerbaijano	azerbejdżański	[azɛrbɛj'dʒaɲski]
Arménia (f)	Armenia (ż)	[ar'mɛɲja]
arménio (m)	Ormianin (m)	[ɔr'mʲanin]
arménia (f)	Ormianka (ż)	[ɔr'mʲaŋka]
arménio	ormiański	[ɔr'mʲaɲski]
Bielorrússia (f)	Białoruś (ż)	[bʲa'wɔruɕ]
bielorrusso (m)	Białorusin (m)	[bʲawɔ'ruɕin]
bielorrussa (f)	Białorusinka (ż)	[bʲawɔru'ɕiŋka]
bielorrusso	białoruski	[bʲawɔ'ruski]
Geórgia (f)	Gruzja (ż)	['gruzʰja]
georgiano (m)	Gruzin (m)	['gruʒin]
georgiana (f)	Gruzinka (ż)	[gru'ʒiŋka]
georgiano	gruziński	[gru'ʒiɲski]
Cazaquistão (m)	Kazachstan (m)	[ka'zahstan]
cazaque (m)	Kazach (m)	['kazah]
cazaque (f)	Kazaszka (ż)	[ka'zaʃka]
cazaque	kazachski	[ka'zahski]
Quirguistão (m)	Kirgizja (ż), Kirgistan (m)	[kir'gizʰja], [kir'gistan]
quirguiz (m)	Kirgiz (m)	['kirgis]
quirguiz (f)	Kirgizka (ż)	[kir'giska]
quirguiz	kirgiski	[kir'giski]

Moldávia (f)	Mołdawia (ż)	[mɔw'davʰja]
moldavo (m)	Mołdawianin (m)	[mɔw'davʲanin]
moldava (f)	Mołdawianka (ż)	[mɔwda'vʲaŋka]
moldavo	mołdawski	[mɔw'dafski]
Rússia (f)	Rosja (ż)	['rɔsʰja]
russo (m)	Rosjanin (m)	[rɔsʰʲanin]
russa (f)	Rosjanka (ż)	[rɔsʰʲaŋka]
russo	rosyjski	[rɔ'sijski]
Tajiquistão (m)	Tadżykistan (m)	[tadʒi'kistan]
tajique (m)	Tadżyk (m)	['tadʒik]
tajique (f)	Tadżyjka (ż)	[ta'dʒijka]
tajique	tadżycki	[ta'dʒitski]
Turquemenistão (m)	Turkmenia (ż)	[turk'mɛɲja]
turcomeno (m)	Turkmen (m)	['turkmɛn]
turcomena (f)	Turkmenka (ż)	[turk'mɛŋka]
turcomeno	turkmeński	[turk'mɛɲski]
Uzbequistão (f)	Uzbekistan (m)	[uzbɛ'kistan]
uzbeque (m)	Uzbek (m)	['uzbɛk]
uzbeque (f)	Uzbeczka (ż)	[uz'bɛtʃka]
uzbeque	uzbecki	[uz'bɛtski]
Ucrânia (f)	Ukraina (ż)	[ukra'ina]
ucraniano (m)	Ukrainiec (m)	[ukra'inets]
ucraniana (f)	Ukrainka (ż)	[ukra'iŋka]
ucraniano	ukraiński	[ukra'iɲski]

237. Asia

Ásia (f)	Azja (ż)	['azʰja]
asiático	azjatycki	[azʰja'titski]
Vietname (m)	Wietnam (m)	['vʰetnam]
vietnamita (m)	Wietnamczyk (m)	[vʰet'namtʃik]
vietnamita (f)	Wietnamka (ż)	[vʰet'namka]
vietnamita	wietnamski	[vʰet'namski]
Índia (f)	Indie (l.mn.)	['indʰe]
indiano (m)	Hindus (m)	['hindus]
indiana (f)	Hinduska (ż)	[hin'duska]
indiano	indyjski	[in'dijski]
Israel (m)	Izrael (m)	[iz'raɛʎ]
israelita (m)	Izraelczyk (m)	[izra'ɛʎtʃik]
israelita (f)	Izraelka (ż)	[izra'ɛʎka]
israelita	izraelski	[izra'ɛʎski]
judeu (m)	Żyd (m)	[ʒit]
judia (f)	Żydówka (ż)	[ʒiˈdufka]
judeu	żydowski	[ʒiˈdɔfski]
China (f)	Chiny (l.mn.)	['hini]

chinês (m)	Chińczyk (m)	['hiɲʧik]
chinesa (f)	Chinka (ż)	['hiŋka]
chinês	chiński	['hiɲski]

coreano (m)	Koreańczyk (m)	[kɔrɛ'aɲʧik]
coreana (f)	Koreanka (ż)	[kɔrɛ'aŋka]
coreano	koreański	[kɔrɛ'aɲski]

Líbano (m)	Liban (m)	['liban]
libanês (m)	Libańczyk (m)	[li'baɲʧik]
libanesa (f)	Libanka (ż)	[li'baŋka]
libanês	libański	[li'baɲski]

Mongólia (f)	Mongolia (ż)	[mɔ'ŋɔʎja]
mongol (m)	Mongoł (m)	['mɔŋɔw]
mongol (f)	Mongołka (ż)	[mɔ'ŋɔwka]
mongol	mongolski	[mɔ'ŋɔʎski]

Malásia (f)	Malezja (ż)	[ma'lezʰja]
malaio (m)	Malezyjczyk (m)	[male'zijʧik]
malaia (f)	Malezyjka (ż)	[male'zijka]
malaio	malajski	[ma'ʎajski]

Paquistão (m)	Pakistan (m)	[pa'kistan]
paquistanês (m)	Pakistańczyk (m)	[pakis'taɲʧik]
paquistanesa (f)	Pakistanka (ż)	[pakis'taŋka]
paquistanês	pakistański	[pakis'taɲski]

Arábia (f) Saudita	Arabia (ż) Saudyjska	[a'rabʰja sau'dijska]
árabe (m)	Arab (m)	['arap]
árabe (f)	Arabka (ż)	[a'rapka]
árabe	arabski	[a'rapski]

Tailândia (f)	Tajlandia (ż)	[taj'ʎandʰja]
tailandês (m)	Taj (m)	[taj]
tailandesa (f)	Tajka (ż)	['tajka]
tailandês	tajski	['tajski]

Taiwan (m)	Tajwan (m)	['tajvan]
taiwanês (m)	Tajwańczyk (m)	[taj'vaɲʧik]
taiwanesa (f)	Tajwanka (ż)	[taj'vaŋka]
taiwanês	tajwański	[taj'vaɲski]

Turquia (f)	Turcja (ż)	['turʦʰja]
turco (m)	Turek (m)	['turɛk]
turca (f)	Turczynka (ż)	[turt'ʃiŋka]
turco	turecki	[tu'rɛʦki]

Japão (m)	Japonia (ż)	[ja'pɔɲja]
japonês (m)	Japończyk (m)	[ja'pɔɲʧik]
japonesa (f)	Japonka (ż)	[ja'pɔŋka]
japonês	japoński	[ja'pɔɲski]

Afeganistão (m)	Afganistan (n)	[avga'nistan]
Bangladesh (m)	Bangladesz (m)	[baŋʎa'dɛʃ]
Indonésia (f)	Indonezja (ż)	[indɔ'nɛzʰja]

Jordânia (f)	Jordania (ż)	[ɜr'daɲja]
Iraque (m)	Irak (m)	['irak]
Irão (m)	Iran (m)	['iran]
Camboja (f)	Kambodża (ż)	[kam'bɔdʒa]
Kuwait (m)	Kuwejt (m)	['kuvɛjt]

Laos (m)	Laos (m)	['ʎaɔs]
Myanmar (m), Birmânia (f)	Mjanma (ż)	['mjanma]
Nepal (m)	Nepal (m)	['nɛpaʎ]
Emirados Árabes Unidos	Zjednoczone Emiraty Arabskie	[zʰednɔt'ʃɔnɛ ɛmi'ratɨ a'rapskɛ]

Síria (f)	Syria (ż)	['sɨrʰja]
Palestina (f)	Autonomia (ż) Palestyńska	[autɔ'nɔmʰja pales'tɨɲska]
Coreia do Sul (f)	Korea (ż) Południowa	[kɔ'rɛa pɔwud'nɜva]
Coreia do Norte (f)	Korea (ż) Północna	[kɔ'rɛa puw'nɔtsna]

238. América do Norte

Estados Unidos da América	Stany (l.mn.) Zjednoczone Ameryki	['stanɨ zʰednɔt'ʃɔnɛ a'mɛrɨki]
americano (m)	Amerykanin (m)	[amɛri'kanin]
americana (f)	Amerykanka (ż)	[amɛri'kaŋka]
americano	amerykański	[amɛri'kaɲski]

Canadá (m)	Kanada (ż)	[ka'nada]
canadiano (m)	Kanadyjczyk (m)	[kana'dijtʃik]
canadiana (f)	Kanadyjka (ż)	[kana'dɨjka]
canadiano	kanadyjski	[kana'dijski]

México (m)	Meksyk (m)	['mɛksɨk]
mexicano (m)	Meksykanin (m)	[mɛksɨ'kanin]
mexicana (f)	Meksykanka (ż)	[mɛksɨ'kaŋka]
mexicano	meksykański	[mɛksɨ'kaɲski]

239. América Central do Sul

Argentina (f)	Argentyna (ż)	[argɛn'tɨna]
argentino (m)	Argentyńczyk (m)	[argɛn'tɨɲtʃik]
argentina (f)	Argentynka (ż)	[argɛn'tɨŋka]
argentino	argentyński	[argɛn'tɨɲski]

Brasil (m)	Brazylia (ż)	[bra'zɨʎja]
brasileiro (m)	Brazylijczyk (m)	[brazi'lijtʃik]
brasileira (f)	Brazylijka (ż)	[brazi'lijka]
brasileiro	brazylijski	[brazi'lijski]

Colômbia (f)	Kolumbia (ż)	[kɔ'lymbʰja]
colombiano (m)	Kolumbijczyk (m)	[kɔlym'bijtʃik]
colombiana (f)	Kolumbijka (ż)	[kɔlym'bijka]
colombiano	kolumbijski	[kɔlym'bijski]
Cuba (f)	Kuba (ż)	['kuba]

213

cubano (m)	Kubańczyk (m)	[ku'baɲʧik]
cubana (f)	Kubanka (ż)	[ku'baŋka]
cubano	kubański	[ku'baɲski]

Chile (m)	Chile (n)	['ʧile]
chileno (m)	Chilijczyk (m)	[ʧi'lijʧik]
chilena (f)	Chilijka (ż)	[ʧi'lijka]
chileno	chilijski	[ʧi'lijski]

Bolívia (f)	Boliwia (ż)	[bɔ'livʰja]
Venezuela (f)	Wenezuela (ż)	[vɛnɛzu'ɛʎa]
Paraguai (m)	Paragwaj (m)	[pa'ragvaj]
Peru (m)	Peru (n)	['pɛru]
Suriname (m)	Surinam (m)	[su'rinam]
Uruguai (m)	Urugwaj (m)	[u'rugvaj]
Equador (m)	Ekwador (m)	[ɛk'fadɔr]

Bahamas (f pl)	Wyspy (l.mn.) Bahama	['vɨspɨ ba'hama]
Haiti (m)	Haiti (n)	[ha'iti]
República (f) Dominicana	Dominikana (ż)	[dɔmini'kana]
Panamá (m)	Panama (ż)	[pa'nama]
Jamaica (f)	Jamajka (ż)	[ja'majka]

240. Africa

Egito (m)	Egipt (m)	['ɛgipt]
egípcio (m)	Egipcjanin (m)	[ɛgipʦʰ'janin]
egípcia (f)	Egipcjanka (ż)	[ɛgipʦʰ'jaŋka]
egípcio	egipski	[ɛ'gipski]

Marrocos	Maroko (n)	[ma'rɔkɔ]
marroquino (m)	Marokańczyk (m)	[marɔ'kaɲʧik]
marroquina (f)	Marokanka (ż)	[marɔ'kaŋka]
marroquino	marokański	[marɔ'kaɲski]

Tunísia (f)	Tunezja (ż)	[tu'nɛzʰja]
tunisino (m)	Tunezyjczyk (m)	[tunɛ'zijʧik]
tunisina (f)	Tunezyjka (ż)	[tunɛ'zijka]
tunisino	tunezyjski	[tunɛ'zijski]

Gana (f)	Ghana (ż)	['gana]
Zanzibar (m)	Zanzibar (m)	[zan'zibar]
Quénia (f)	Kenia (ż)	['kɛɲja]
Líbia (f)	Libia (ż)	['libʰja]
Madagáscar (m)	Madagaskar (m)	[mada'gaskar]

Namíbia (f)	Namibia (ż)	[na'mibʰja]
Senegal (m)	Senegal (m)	[sɛ'nɛgaʎ]
Tanzânia (f)	Tanzania (ż)	[tan'zaɲja]
África do Sul (f)	Afryka (ż) Południowa	['afrɨka pɔwud'nɜva]

africano (m)	Afrykanin (m)	[afri'kanin]
africana (f)	Afrykanka (ż)	[afri'kaŋka]
africano	afrykański	[afri'kaɲski]

241. Austrália. Oceania

Austrália (f)	Australia (ż)	[aust'raʎja]
australiano (m)	Australijczyk (m)	[austra'lijʧik]
australiana (f)	Australijka (ż)	[austra'lijka]
australiano	australijski	[austra'lijski]

Nova Zelândia (f)	Nowa Zelandia (ż)	['nɔva zɛ'ʎandʰja]
neozelandês (m)	Nowozelandczyk (m)	[nɔvɔzɛ'ʎanʧik]
neozelandesa (f)	Nowozelandka (ż)	[nɔvɔzɛ'ʎantka]
neozelandês	nowozelandzki	[nɔvɔzɛ'ʎantki]

| Tasmânia (f) | Tasmania (ż) | [tas'maɲja] |
| Polinésia Francesa (f) | Polinezja (ż) Francuska | [pɔli'nɛzʰja fran'ʦuska] |

242. Cidades

Amesterdão	Amsterdam (m)	[ams'tɛrdam]
Ancara	Ankara (ż)	[a'ŋkara]
Atenas	Ateny (l.mn.)	[a'tɛni]

Bagdade	Bagdad (m)	['bagdat]
Banguecoque	Bangkok (m)	['baŋkɔk]
Barcelona	Barcelona (ż)	[barʦɛ'lɔna]
Beirute	Bejrut (m)	['bɛjrut]
Berlim	Berlin (m)	['bɛrlin]

Bombaim	Bombaj (m)	['bɔmbaj]
Bona	Bonn (n)	[bɔn]
Bordéus	Bordeaux (n)	[bɔr'dɔ]
Bratislava	Bratysława (ż)	[bratis'wava]
Bruxelas	Bruksela (ż)	[bruk'sɛʎa]
Bucareste	Bukareszt (m)	[bu'karɛʃt]
Budapeste	Budapeszt (m)	[bu'dapɛʃt]

Cairo	Kair (m)	['kair]
Calcutá	Kalkuta (ż)	[kaʎ'kuta]
Chicago	Chicago (n)	[ʧi'kagɔ]
Cidade do México	Meksyk (m)	['mɛksik]
Copenhaga	Kopenhaga (ż)	[kɔpɛn'haga]

Dar es Salaam	Dar es Salam (m)	[dar ɛs 'saʎam]
Deli	Delhi (n)	['dɛli]
Dubai	Dubaj (n)	['dubaj]
Dublin, Dublim	Dublin (m)	['dublin]
Düsseldorf	Düsseldorf (m)	['dysɛʎdɔrf]
Estocolmo	Sztokholm (m)	['ʃtɔkhɔʎm]

Florença	Florencja (ż)	[flɔ'rɛnʦʰja]
Frankfurt	Frankfurt (m)	['fraŋkfurt]
Genebra	Genewa (ż)	[gɛ'nɛva]
Haia	Haga (ż)	['haga]
Hamburgo	Hamburg (m)	['hamburk]

| Hanói | Hanoi (n) | ['hanɔj] |
| Havana | Hawana (ż) | [ha'vana] |

Helsínquia	Helsinki (l.mn.)	[hɛʎ'siŋki]
Hiroshima	Hiroszima (ż)	[hirɔ'ʃima]
Hong Kong	Hongkong (m)	['hɔŋkɔŋk]
Istambul	Stambuł (m)	['stambuw]
Jerusalém	Jerozolima (ż)	[jerɔzɔ'lima]
Kiev	Kijów (m)	['kijuf]
Kuala Lumpur	Kuala Lumpur (n)	[ku'aʎa 'lympur]
Lisboa	Lizbona (ż)	[liz'bɔna]
Londres	Londyn (m)	['lɔndɨn]
Los Angeles	Los Angeles (n)	['lɔs 'andʒɛles]
Lion	Lyon (m)	['ljɔn]

Madrid	Madryt (m)	['madrɨt]
Marselha	Marsylia (ż)	[mar'sɨʎja]
Miami	Miami (n)	[ma'jami]
Montreal	Montreal (m)	[mɔnt'rɛaʎ]
Moscovo	Moskwa (ż)	['mɔskfa]
Munique	Monachium (n)	[mɔ'nahʰjum]

Nairóbi	Nairobi (n)	[naj'rɔbi]
Nápoles	Neapol (m)	[nɛ'apɔʎ]
Nice	Nicea (ż)	[ni'ʦɛa]
Nova York	Nowy Jork (m)	['nɔvɨ ɜrk]

Oslo	Oslo (n)	['ɔslɜ]
Ottawa	Ottawa (ż)	[ɔt'tava]
Paris	Paryż (m)	['pariʃ]
Pequim	Pekin (m)	['pɛkin]
Praga	Praga (ż)	['praga]

Rio de Janeiro	Rio de Janeiro (n)	['riɜ dɛ ʒa'nɛjrɔ]
Roma	Rzym (m)	[ʒim]
São Petersburgo	Sankt Petersburg (m)	[saŋkt pe'tɛrsburk]
Seul	Seul (m)	['sɛuʎ]
Singapura	Singapur (m)	[si'ŋapur]
Sydney	Sydney (n)	['sɨdni]

Taipé	Tajpej (m)	['tajpɛj]
Tóquio	Tokio (n)	['tɔkʰɜ]
Toronto	Toronto (n)	[tɔ'rɔntɔ]
Varsóvia	Warszawa (ż)	[var'ʃava]
Veneza	Wenecja (ż)	[vɛ'nɛʦʰja]
Viena	Wiedeń (m)	['vedɛɲ]

| Washington | Waszyngton (m) | ['vaʃiŋktɔn] |
| Xangai | Szanghaj (m) | ['ʃaŋkhaj] |

243. Política. Governo. Parte 1

| política (f) | polityka (ż) | [pɔ'litika] |
| político | polityczny | [pɔli'titʃnɨ] |

político (m)	polityk (m)	[pɔ'litik]
estado (m)	państwo (n)	['paɲstfɔ]
cidadão (m)	obywatel (m)	[ɔbi'vatɛʎ]
cidadania (f)	obywatelstwo (n)	[ɔbiva'tɛʎstfɔ]

| brasão (m) de armas | godło (n) państwowe | ['gɔdwɔ paɲst'vɔvɛ] |
| hino (m) nacional | hymn (m) państwowy | [himn paɲst'fɔvi] |

governo (m)	rząd (m)	[ʒɔ̃t]
Chefe (m) de Estado	szef (m) państwa	[ʃɛf 'paɲstfa]
parlamento (m)	parlament (m)	[par'ʎamɛnt]
partido (m)	partia (ż)	['partʰja]

| capitalismo (m) | kapitalizm (m) | [kapi'talizm] |
| capitalista | kapitalistyczny | [kapitalis'titʃni] |

| socialismo (m) | socjalizm (m) | [sɔtsʰ'jalizm] |
| socialista | socjalistyczny | [sɔtsʰjalis'titʃni] |

comunismo (m)	komunizm (m)	[kɔ'munizm]
comunista	komunistyczny	[kɔmunis'titʃni]
comunista (m)	komunista (m)	[kɔmu'nista]

democracia (f)	demokracja (ż)	[dɛmɔk'ratsʰja]
democrata (m)	demokrata (m)	[dɛmɔk'rata]
democrático	demokratyczny	[dɛmɔkra'titʃni]
Partido (m) Democrático	partia (ż) demokratyczna	['partʰja dɛmɔkra'titʃna]

| liberal (m) | liberał (m) | [li'bɛraw] |
| liberal | liberalny | [libɛ'raʎni] |

| conservador (m) | konserwatysta (m) | [kɔnsɛrva'tista] |
| conservador | konserwatywny | [kɔnsɛrva'tivni] |

república (f)	republika (ż)	[rɛ'publika]
republicano (m)	republikanin (m)	[rɛpubli'kanin]
Partido (m) Republicano	partia (ż) republikańska	['partʰja rɛpubli'kaɲska]

eleições (f pl)	wybory (l.mn.)	[vi'bɔri]
eleger (vt)	wybierać	[vi'beratʃ]
eleitor (m)	wyborca (m)	[vi'bɔrtsa]
campanha (f) eleitoral	kampania (ż) wyborcza	[kam'paɲja vi'bɔrtʃa]

votação (f)	głosowanie (n)	[gwɔsɔ'vane]
votar (vi)	głosować	[gwɔ'sɔvatʃ]
direito (m) de voto	prawo (n) wyborcze	['pravɔ vi'bɔrtʃɛ]

candidato (m)	kandydat (m)	[kan'didat]
candidatar-se (vi)	kandydować	[kandi'dɔvatʃ]
campanha (f)	kampania (ż)	[kam'paɲja]

| da oposição | opozycyjny | [ɔpɔzi'tsijni] |
| oposição (f) | opozycja (ż) | [ɔpɔ'zitsʰja] |

| visita (f) | wizyta (ż) | [vi'zita] |
| visita (f) oficial | wizyta (ż) oficjalna | [vi'zita ɔfitsʰ'jaʎna] |

internacional	międzynarodowy	[mɛ̃dzinarɔ'dɔvɨ]
negociações (f pl)	rozmowy (l.mn.)	[rɔz'mɔvɨ]
negociar (vi)	prowadzić rozmowy	[prɔ'vadʑiʧ rɔz'mɔvɨ]

244. Política. Governo. Parte 2

sociedade (f)	społeczeństwo (n)	[spɔwɛt'ʃɛɲstfɔ]
constituição (f)	konstytucja (ż)	[kɔnstɨ'tutsʰja]
poder (ir para o ~)	władza (ż)	['vwadza]
corrupção (f)	korupcja (ż)	[kɔ'ruptsʰja]

lei (f)	prawo (n)	['pravɔ]
legal	prawny	['pravnɨ]

justiça (f)	sprawiedliwość (ż)	[spraved'livɔʨ]
justo	sprawiedliwy	[spraved'livɨ]

comité (m)	komitet (m)	[kɔ'mitɛt]
projeto-lei (m)	projekt (m) ustawy	['prɔekt us'tavɨ]
orçamento (m)	budżet (m)	['budʒɛt]
política (f)	polityka (ż)	[pɔ'litɨka]
reforma (f)	reforma (ż)	[rɛ'fɔrma]
radical	radykalny	[radɨ'kaʎnɨ]

força (f)	siła (ż)	['ɕiwa]
poderoso	silny	['ɕiʎnɨ]
partidário (m)	zwolennik (m)	[zvɔ'leɲik]
influência (f)	wpływ (m)	[fpwɨf]

regime (m)	reżim (m)	['rɛʒim]
conflito (m)	konflikt (m)	['kɔnflikt]
conspiração (f)	spisek (m)	['spisɛk]
provocação (f)	prowokacja (ż)	[prɔvɔ'katsʰja]

derrubar (vt)	obalić	[ɔ'baliʧ]
derrube (m), queda (f)	obalenie (n)	[ɔba'lene]
revolução (f)	rewolucja (ż)	[rɛvɔ'lɨtsʰja]

golpe (m) de Estado	przewrót (m)	['pʃɛvrut]
golpe (m) militar	przewrót (m) wojskowy	['pʃɛvrut vɔjs'kɔvɨ]

crise (f)	kryzys (m)	['krizis]
recessão (f) económica	recesja (ż)	[rɛ'tsɛsʰja]
manifestante (m)	demonstrant (m)	[dɛ'mɔnstrant]
manifestação (f)	demonstracja (ż)	[dɛmɔnst'ratsʰja]
lei (f) marcial	stan (m) wojenny	[stan vɔ'eɲɨ]
base (f) militar	baza (ż) wojskowa	['baza vɔjs'kɔva]

estabilidade (f)	stabilność (ż)	[sta'biʎnɔʨ]
estável	stabilny	[sta'biʎnɨ]

exploração (f)	eksploatacja (ż)	[ɛksplɜa'tatsʰja]
explorar (vt)	eksploatować	[ɛksplɜa'tɔvaʧ]
racismo (m)	rasizm (m)	['raʨizm]

racista (m)	**rasista** (m)	[ra'ɕista]
fascismo (m)	**faszyzm** (m)	['faʃizm]
fascista (m)	**faszysta** (m)	[fa'ʃista]

245. Países. Diversos

estrangeiro (m)	**obcokrajowiec** (m)	[ɔptsɔkraɜveʦ]
estrangeiro	**zagraniczny**	[zagra'niʧni]
no estrangeiro	**za granicą**	[za gra'niʦɔ̃]
emigrante (m)	**emigrant** (m)	[ɛ'migrant]
emigração (f)	**emigracja** (ż)	[ɛmig'raʦʰja]
emigrar (vi)	**emigrować**	[ɛmig'rɔvaʧ]
Ocidente (m)	**Zachód** (m)	['zahut]
Oriente (m)	**Wschód** (m)	[fshut]
Extremo Oriente (m)	**Daleki Wschód** (m)	[da'leki fshut]
civilização (f)	**cywilizacja** (ż)	[ʦivili'zaʦʰja]
humanidade (f)	**ludzkość** (ż)	['lyʦkɔɕʧ]
mundo (m)	**świat** (m)	[ɕfʲat]
paz (f)	**pokój** (m)	['pɔkuj]
mundial	**światowy**	[ɕfʲa'tɔvi]
pátria (f)	**ojczyzna** (ż)	[ɔjt'ʃizna]
povo (m)	**naród** (m)	['narut]
população (f)	**ludność** (ż)	['lydnɔɕʧ]
gente (f)	**ludzie** (l.mn.)	['lydʑe]
nação (f)	**naród** (m)	['narut]
geração (f)	**pokolenie** (n)	[pɔkɔ'lene]
território (m)	**terytorium** (n)	[tɛri'tɔrʰjum]
região (f)	**region** (m)	['rɛgʰɜn]
estado (m)	**stan** (m)	[stan]
tradição (f)	**tradycja** (ż)	[tra'diʦʰja]
costume (m)	**obyczaj** (m)	[ɔ'biʧaj]
ecologia (f)	**ekologia** (ż)	[ɛkɔ'lɜgʰja]
índio (m)	**Indianin** (m)	[indʰʲjanin]
cigano (m)	**Cygan** (m)	['ʦigan]
cigana (f)	**Cyganka** (ż)	[ʦi'ganka]
cigano	**cygański**	[ʦi'gaɲski]
império (m)	**imperium** (n)	[im'pɛrʰjum]
colónia (f)	**kolonia** (ż)	[kɔ'lɜnja]
escravidão (f)	**niewolnictwo** (n)	[nevɔʎ'niʦtfɔ]
invasão (f)	**najazd** (m)	['najast]
fome (f)	**głód** (m)	[gwut]

246. Grupos religiosos mais importantes. Confissões

religião (f)	**religia** (ż)	[rɛ'ligʰja]
religioso	**religijny**	[rɛli'gijni]

crença (f)	wiara (ż)	['vʲara]
crer (vt)	wierzyć	['veʒiʧ]
crente (m)	wierzący (m)	[ve'ʒɔ̃ʦi]

| ateísmo (m) | ateizm (m) | [a'tɛizm] |
| ateu (m) | ateista (m) | [atɛ'ista] |

cristianismo (m)	chrześcijaństwo (n)	[hʃɛɕʧi'jaɲstfɔ]
cristão (m)	chrześcijanin (m)	[hʃɛɕʧi'janin]
cristão	chrześcijański	[hʃɛɕʧi'jaɲski]

catolicismo (m)	katolicyzm (m)	[katɔ'liʦizm]
católico (m)	katolik (m)	[ka'tɔlik]
católico	katolicki	[katɔ'liʦki]

protestantismo (m)	protestantyzm (m)	[prɔtɛs'tantizm]
Igreja (f) Protestante	kościół (m) protestancki	['kɔʃʧɔw prɔtɛs'tanʦki]
protestante (m)	protestant (m)	[prɔ'tɛstant]

ortodoxia (f)	prawosławie (n)	[pravɔs'wave]
Igreja (f) Ortodoxa	kościół (m) prawosławny	['kɔʃʧɔw pravɔs'wavni]
ortodoxo (m)	prawosławny (m)	[pravɔs'wavni]

presbiterianismo (m)	prezbiterianizm (m)	[prɛzbitɛrʰ'janizm]
Igreja (f) Presbiteriana	kościół (m) prezbiteriański	['kɔʃʧɔw prɛzbitɛ'rjaɲski]
presbiteriano (m)	prezbiterianin (m)	[prɛzbitɛrʰ'janin]

| Igreja (f) Luterana | kościół (m) luterański | ['kɔʃʧɔw lytɛ'raɲski] |
| luterano (m) | luteranin (m) | [lytɛ'ranin] |

| Igreja (f) Batista | baptyzm (m) | ['baptizm] |
| batista (m) | baptysta (m) | [bap'tista] |

| Igreja (f) Anglicana | Kościół Anglikański (m) | ['kɔʃʧɔw aɲli'kaɲski] |
| anglicano (m) | anglikanin (m) | [aɲli'kanin] |

| mormonismo (m) | religia (ż) mormonów | [rɛ'ligʰja mɔr'mɔnuf] |
| mórmon (m) | mormon (m) | ['mɔrmɔn] |

| Judaísmo (m) | judaizm (m) | [ju'daizm] |
| judeu (m) | żyd (m) | [ʒit] |

| budismo (m) | buddyzm (m) | ['buddizm] |
| budista (m) | buddysta (m) | [bud'dista] |

| hinduísmo (m) | hinduizm (m) | [hin'duizm] |
| hindu (m) | hinduista (m) | [hindu'ista] |

Islão (m)	islam (m)	['isʎam]
muçulmano (m)	muzułmanin (m)	[muzuw'manin]
muçulmano	muzułmański	[muzuw'maɲski]

Xiismo (m)	szyizm (m)	['ʃiizm]
xiita (m)	szyita (m)	['ʃiita]
sunismo (m)	sunnizm (m)	['suɲizm]
sunita (m)	sunnita (m)	[su'ɲita]

247. Religiões. Padres

padre (m)	ksiądz (m)	[kç̃ts]
Papa (m)	papież (m)	['papeʃ]
monge (m)	zakonnik (m)	[za'kɔɲik]
freira (f)	zakonnica (ż)	[zakɔ'ɲiʦa]
pastor (m)	pastor (m)	['pastɔr]
abade (m)	opat (m)	['ɔpat]
vigário (m)	wikariusz (m)	[vi'karjyʃ]
bispo (m)	biskup (m)	['biskup]
cardeal (m)	kardynał (m)	[kar'dɨnaw]
pregador (m)	kaznodzieja (m)	[kaznɔ'dʒeja]
sermão (m)	kazanie (n)	[ka'zane]
paroquianos (pl)	parafianie (l.mn.)	[para'fʲane]
crente (m)	wierzący (m)	[ve'ʒõts̆i]
ateu (m)	ateista (m)	[atɛ'ista]

248. Fé. Cristianismo. Islão

Adão	Adam (m)	['adam]
Eva	Ewa (ż)	['ɛva]
Deus (m)	Bóg (m)	[buk]
Senhor (m)	Pan (m)	[pan]
Todo Poderoso (m)	Wszechmogący (m)	[fʃɛhmɔ'gõts̆i]
pecado (m)	grzech (m)	[gʒɛh]
pecar (vi)	grzeszyć	['gʒɛʃiʧ]
pecador (m)	grzesznik (m)	['gʒɛʃnik]
pecadora (f)	grzesznica (ż)	[gʒɛʃ'niʦa]
inferno (m)	piekło (n)	['pekwɔ]
paraíso (m)	raj (m)	[raj]
Jesus	Jezus (m)	['ezus]
Jesus Cristo	Jezus Chrystus (m)	['ezus 'hristus]
Espírito (m) Santo	Duch Święty (m)	[duh 'çfenti]
Salvador (m)	Zbawiciel (m)	[zba'viʧeʎ]
Virgem Maria (f)	Matka Boska (ż)	['matka 'bɔska]
Diabo (m)	diabeł (m)	['dʲjabɛw]
diabólico	diabelski	[dʲja'bɛʎski]
Satanás (m)	szatan (m)	['ʃatan]
satânico	szatański	[ʃa'taɲski]
anjo (m)	anioł (m)	['anʒw]
anjo (m) da guarda	anioł stróż (m)	['anʒw struʃ]
angélico	anielski	[a'neʎski]

apóstolo (m)	apostoł (m)	[a'pɔstɔw]
arcanjo (m)	archanioł (m)	[ar'hanɜw]
anticristo (m)	antychryst (m)	[an'tihrist]

Igreja (f)	Kościół (m)	['kɔʃtʃɔw]
Bíblia (f)	Biblia (ż)	['bibʎja]
bíblico	biblijny	[bib'lijni]

Velho Testamento (m)	Stary Testament (m)	['stari tɛs'tamɛnt]
Novo Testamento (m)	Nowy Testament (m)	['nɔvɨ tɛs'tamɛnt]
Evangelho (m)	Ewangelia (ż)	[ɛva'ŋɛʎja]
Sagradas Escrituras (f pl)	Pismo (n) Święte	['pismɔ 'ɕfentɛ]
Céu (m)	Królestwo (n) Niebiańskie	[kru'lestfɔ ne'bʲaɲske]

mandamento (m)	przykazanie (n)	[pʃika'zane]
profeta (m)	prorok (m)	['prɔrɔk]
profecia (f)	proroctwo (n)	[prɔ'rɔtstfɔ]

Alá	Allach, Allah (m)	['allah]
Maomé	Mohammed (m)	[mɔ'hamɛt]
Corão, Alcorão (m)	Koran (m)	['kɔran]

mesquita (f)	meczet (m)	['mɛtʃɛt]
mulá (m)	mułła (m)	['muwwa]
oração (f)	modlitwa (ż)	[mɔd'litfa]
rezar, orar (vi)	modlić się	['mɔdlitʃ ɕɛ̃]

peregrinação (f)	pielgrzymka (ż)	[peʎg'ʒimka]
peregrino (m)	pielgrzym (m)	['peʎgʒim]
Meca (f)	Mekka (ż)	['mɛkka]

igreja (f)	kościół (m)	['kɔʃtʃɔw]
templo (m)	świątynia (ż)	[ɕfɔ̃'tiɲa]
catedral (f)	katedra (ż)	[ka'tɛdra]
gótico	gotycki	[gɔ'titski]
sinagoga (f)	synagoga (ż)	[sina'gɔga]
mesquita (f)	meczet (m)	['mɛtʃɛt]

capela (f)	kaplica (ż)	[kap'litsa]
abadia (f)	opactwo (n)	[ɔ'patstfɔ]
convento (m)	klasztor (m) żeński	['kʎaʃtɔr 'ʒɛɲski]
mosteiro (m)	klasztor (m) męski	['kʎaʃtɔr 'mɛnski]

sino (m)	dzwon (m)	[dzvɔn]
campanário (m)	dzwonnica (ż)	[dzvɔ'ɲitsa]
repicar (vi)	dzwonić	['dzvɔnitʃ]

cruz (f)	krzyż (m)	[kʃiʃ]
cúpula (f)	kopuła (ż)	[kɔ'puwa]
ícone (m)	ikona (ż)	[i'kɔna]

alma (f)	dusza (ż)	['duʃa]
destino (m)	los (m)	['lɜs]
mal (m)	zło (n)	[zwɔ]
bem (m)	dobro (n)	['dɔbrɔ]
vampiro (m)	wampir (m)	['vampir]

bruxa (f)	wiedźma (ż)	['vedʒima]
demónio (m)	demon (m)	['dɛmɔn]
espírito (m)	duch (m)	[duh]

| redenção (f) | odkupienie (n) | [ɔtku'pene] |
| redimir (vt) | odkupić | [ɔt'kupiʧ] |

missa (f)	msza (ż)	[mʃa]
celebrar a missa	odprawiać mszę	[ɔtp'raviaʧ mʒɛ̃]
confissão (f)	spowiedź (ż)	['spɔveʧ]
confessar-se (vr)	spowiadać się	[spɔ'viadaʧ ɕɛ̃]

santo (m)	święty (m)	['ɕfenti]
sagrado	święty	['ɕfenti]
água (f) benta	woda (ż) święcona	['vɔda ɕfɛ̃'ʦɔna]

ritual (m)	obrzęd (m)	['ɔbʒɛ̃t]
ritual	obrzędowy	[ɔbʒɛ̃'dɔvi]
sacrifício (m)	ofiara (ż)	[ɔ'fiara]

superstição (f)	przesąd (m)	['pʃɛsɔ̃t]
supersticioso	przesądny	[pʃɛ'sɔ̃dni]
vida (f) depois da morte	życie (n) pozagrobowe	['ʒiʧe pozagrɔ'bɔvɛ]
vida (f) eterna	życie (n) wieczne	['ʒiʧe 'veʧnɛ]

TEMAS DIVERSOS

249. Várias palavras úteis

ajuda (f)	pomoc (ż)	['pɔmɔʦ]
barreira (f)	przeszkoda (ż)	[pʃɛʃ'kɔda]
base (f)	baza (ż)	['baza]
categoria (f)	kategoria (ż)	[katɛ'gɔrʲja]
causa (f)	przyczyna (ż)	[pʃit'ʃina]
coincidência (f)	koincydencja (ż)	[kɔjnsi'dɛnsija]
coisa (f)	rzecz (ż)	[ʒɛʧ]
começo (m)	początek (m)	[pɔt'ʃɔ̃tɛk]
cómodo (ex. poltrona ~a)	wygodny	[vi'gɔdni]
comparação (f)	porównanie (n)	[pɔruv'nane]
compensação (f)	rekompensata (ż)	[rɛkɔmpɛn'sata]
crescimento (m)	wzrost (m)	[vzrɔst]
desenvolvimento (m)	rozwój (m)	['rɔzvuj]
diferença (f)	różnica (ż)	[ruʒ'niʦa]
efeito (m)	efekt (m)	['ɛfɛkt]
elemento (m)	element (m)	[ɛ'lɛmɛnt]
equilíbrio (m)	równowaga (ż)	[ruvnɔ'vaga]
erro (m)	błąd (m)	[bwɔ̃t]
esforço (m)	wysiłek (m)	[vi'ɕiwɛk]
estilo (m)	styl (m)	[stiʎ]
exemplo (m)	przykład (m)	['pʃikwat]
facto (m)	fakt (m)	[fakt]
fim (m)	zakończenie (n)	[zakɔɲt'ʃɛne]
forma (f)	kształt (m)	['kʃtawt]
frequente	częsty	['ʧɛnsti]
fundo (ex. ~ verde)	tło (n)	[twɔ]
género (tipo)	rodzaj (m)	['rɔdzaj]
grau (m)	stopień (m)	['stɔpeɲ]
ideal (m)	ideał (m)	[i'dɛaw]
labirinto (m)	labirynt (m)	[ʎa'birint]
modo (m)	sposób (m)	['spɔsup]
momento (m)	moment (m)	['mɔmɛnt]
objeto (m)	obiekt (m)	['ɔbʲekt]
obstáculo (m)	przeszkoda (ż)	[pʃɛʃ'kɔda]
original (m)	oryginał (m)	[ɔri'ginaw]
padrão	standardowy	[standar'dɔvi]
padrão (m)	standard (m)	['standart]
paragem (pausa)	przerwa (ż)	['pʃɛrva]
parte (f)	część (ż)	[ʧɛ̃ɕʧ]

partícula (f)	cząstka (ż)	['tʃɔ̃stka]
pausa (f)	pauza (ż)	['pauza]
posição (f)	stanowisko (n)	[stanɔ'viskɔ]
princípio (m)	zasada (ż)	[za'sada]

problema (m)	problem (m)	['prɔblem]
processo (m)	proces (m)	['prɔtsɛs]
progresso (m)	postęp (m)	['pɔstɛ̃p]
propriedade (f)	właściwość (ż)	[vwaɕ'tʃivɔɕtʃ]

reação (f)	reakcja (ż)	[rɛ'aktsʰja]
risco (m)	ryzyko (n)	['rizikɔ]
ritmo (m)	tempo (n)	['tɛmpɔ]
segredo (m)	tajemnica (ż)	[taem'nitsa]
série (f)	seria (ż)	['sɛrʰja]

sistema (m)	system (m)	['sistɛm]
situação (f)	sytuacja (ż)	[situ'atsʰja]
solução (f)	rozwiązanie (n)	[rɔzvɔ̃'zane]
tabela (f)	tablica (ż)	[tab'litsa]
termo (ex. ~ técnico)	termin (m)	['tɛrmin]

tipo (m)	typ (m)	[tip]
urgente	pilny	['piʎni]
urgentemente	pilnie	['piʎne]
utilidade (f)	korzyść (ż)	['kɔʒiɕtʃ]

variante (f)	wariant (m)	['varʰjant]
variedade (f)	wybór (m)	['vibur]
verdade (f)	prawda (ż)	['pravda]
vez (f)	kolej (ż)	['kɔlej]
zona (f)	strefa (ż)	['strɛfa]

250. Modificadores. Adjetivos. Parte 1

aberto	otwarty	[ɔt'farti]
afiado	ostry	['ɔstri]
agradável	przyjemny	[pʃi'emni]
agradecido	wdzięczny	['vdʒentʃni]
alegre	wesoły	[vɛ'sɔwi]

alto (ex. voz ~a)	głośny	['gwɔɕni]
amargo	gorzki	['gɔʃki]
amplo	przestronny	[pʃɛst'rɔɲi]
antigo	dawny	['davni]

apropriado	przydatny	[pʃi'datni]
arriscado	ryzykowny	[rizi'kɔvni]
artificial	sztuczny	['ʃtutʃni]
azedo	kwaśny	['kfaɕni]

baixo (voz ~a)	cichy	['tʃihi]
barato	tani	['tani]
belo	wspaniały	[fspa'ɲawi]

bom	dobry	['dɔbri]
bondoso	dobry	['dɔbri]
bonito	piękny	['peŋkni]
bronzeado	opalony	[ɔpa'lɔni]
burro, estúpido	głupi	['gwupi]
calmo	spokojny	[spɔ'kɔjni]

cansado	zmęczony	[zmɛ̃t'ʃɔni]
cansativo	męczący	[mɛ̃t'ʃɔ̃tɕi]
carinhoso	troskliwy	[trɔsk'livi]
caro	drogi	['drɔgi]
cego	ślepy	['ɕlepi]

central	centralny	[tsɛnt'raʎni]
cerrado (ex. nevoeiro ~)	gęsty	['gɛnsti]
cheio (ex. copo ~)	pełny	['pɛwni]
civil	obywatelski	[ɔbiva'tɛʎski]

clandestino	podziemny	[pɔ'dʑemni]
claro	jasny	['jasni]
claro (explicação ~a)	zrozumiały	[zrɔzu'mʲawi]
compatível	kompatybilny	[kɔmpati'biʎni]

comum, normal	zwykły	['zvikwi]
congelado	mrożony	[mrɔ'ʒɔni]
conjunto	wspólny	['fspuʎni]
considerável	znaczny	['znatʃni]
contente	zadowolony	[zadɔvɔ'lɔni]

contínuo	długotrwały	[dwugɔtr'fawi]
contrário (ex. o efeito ~)	przeciwny	[pʃɛ'tʃivni]
correto (resposta ~a)	prawidłowy	[pravid'wɔvi]
cru (não cozinhado)	surowy	[su'rɔvi]
curto	krótki	['krutki]

de curta duração	krótkotrwały	[krutkɔtr'fawi]
de sol, ensolarado	słoneczny	[swɔ'nɛtʃni]
de trás	tylny	['tiʎni]
denso (fumo, etc.)	gęsty	['gɛnsti]
desanuviado	bezchmurny	[bɛsh'murni]

descuidado	niedbały	[nied'bawi]
difícil	trudny	['trudni]
difícil, complexo	złożony	[zwɔ'ʒɔni]
direito	prawy	['pravi]

distante	daleki	[da'lɛki]
doce (açucarado)	słodki	['swɔtki]
doce (água)	słodki	['swɔtki]
doente	chory	['hɔri]

duro (material ~)	twardy	['tfardi]
educado	uprzejmy	[up'ʃɛjmi]
encantador	miły	['miwi]
enigmático	tajemniczy	[taem'nitʃi]
enorme	ogromny	[ɔg'rɔmni]

escuro (quarto ~)	ciemny	['ʧemni]
especial	specjalny	[spɛts^h'jaʎni]
esquerdo	lewy	['levi]
estrangeiro	zagraniczny	[zagra'niʧni]

estreito	wąski	['vɔ̃ski]
exato	dokładny	[dɔk'wadni]
excelente	świetny	['ɕfetni]
excessivo	nadmierny	[nad'merni]
externo	zewnętrzny	[zɛv'nɛnʧni]

fácil	łatwy	['watfi]
faminto	głodny	['gwɔdni]
fechado	zamknięty	[zamk'nenti]
feliz	szczęśliwy	[ʃʧɛɕ'livi]
fértil (terreno ~)	urodzajny	[urɔ'dzajni]

forte (pessoa ~)	silny	['ɕiʎni]
fraco (luz ~a)	przyćmiony	[pʃiʧ'mɜni]
frágil	kruchy	['kruhi]
fresco	chłodny	['hwɔdni]
fresco (pão ~)	świeży	['ɕfeʒi]

frio	zimny	['ʒimni]
gordo	tłusty	['twusti]
gostoso	smaczny	['smaʧni]
grande	duży	['duʒi]

gratuito, grátis	bezpłatny	[bɛsp'watni]
grosso (camada ~a)	gruby	['grubi]
hostil	wrogi	['vrɔgi]
húmido	wilgotny	[viʎ'gotni]

251. Modificadores. Adjetivos. Parte 2

igual	jednakowy	[edna'kɔvi]
imóvel	nieruchomy	[neru'homi]
importante	ważny	['vaʒni]
impossível	niemożliwy	[nemɔʒ'livi]
incompreensível	niezrozumiały	[nezrɔzu'mʲawi]

indigente	nędzny	['nɛndzni]
indispensável	niezbędny	[nez'bɛndni]
inexperiente	niedoświadczony	[nedɔɕfʲatt'ʃoni]
infantil	dziecięcy	[dʑe'ʧentsi]

ininterrupto	ciągły	[ʧɔ̃gwi]
insignificante	nieistotny	[neis'totni]
inteiro (completo)	cały	['tsawi]
inteligente	sprytny	['spritni]

interno	wewnętrzny	[vɛv'nɛnʧni]
jovem	młody	['mwɔdi]
largo (caminho ~)	szeroki	[ʃɛ'rɔki]

227

legal	**prawny**	['pravnɨ]
leve	**lekki**	['lekki]

limitado	**ograniczony**	[ɔgranit'ʃɔnɨ]
limpo	**czysty**	['ʧistɨ]
líquido	**płynny**	['pwɨɲɨ]
liso	**gładki**	['gwatki]
liso (superfície ~a)	**równy**	['ruvnɨ]

livre	**wolny**	['vɔʎnɨ]
longo (ex. cabelos ~s)	**długi**	['dwugi]
maduro (ex. fruto ~)	**dojrzały**	[dɔj'ʒawɨ]
magro	**szczupły**	['ʃʧupwɨ]
magro (pessoa)	**chudy**	['hudɨ]

mais próximo	**najbliższy**	[najb'liʃɨ]
mais recente	**miniony**	[mi'nɜnɨ]
mate, baço	**matowy**	[ma'tɔvɨ]
mau	**zły**	[zwɨ]
meticuloso	**staranny**	[sta'raɲɨ]

míope	**krótkowzroczny**	[krutkɔvz'rɔʧnɨ]
mole	**miękki**	['meŋki]
molhado	**mokry**	['mɔkrɨ]
moreno	**śniady**	['ɕɲadɨ]
morto	**martwy**	['martfɨ]

não difícil	**nietrudny**	[net'rudnɨ]
não é clara	**niejasny**	[ne'jasnɨ]
não muito grande	**nieduży**	[ne'duʒi]
natal (país ~)	**ojczysty**	[ɔjt'ʃistɨ]
necessário	**potrzebny**	[pɔt'ʃɛbnɨ]

negativo	**negatywny**	[nɛga'tivnɨ]
nervoso	**nerwowy**	[nɛr'vɔvɨ]
normal	**normalny**	[nɔr'maʎnɨ]
novo	**nowy**	['nɔvɨ]
o mais importante	**najważniejszy**	[najvaʒ'nejʃɨ]

obrigatório	**obowiązkowy**	[ɔbɔvʰɔ̃s'kɔvɨ]
original	**oryginalny**	[ɔrigi'naʎnɨ]
passado	**ubiegły**	[u'begwɨ]
pequeno	**mały**	['mawɨ]
perigoso	**niebezpieczny**	[nebɛs'peʧnɨ]

permanente	**stały**	['stawɨ]
perto	**pobliski**	[pɔb'liski]
pesado	**ciężki**	['ʧenʃki]
pessoal	**osobisty**	[ɔsɔ'bistɨ]
plano (ex. ecrã ~ a)	**płaski**	['pwaski]

pobre	**biedny**	['bednɨ]
pontual	**punktualny**	[puŋktu'aʎnɨ]
possível	**możliwy**	[mɔʒ'livɨ]
pouco fundo	**płytki**	['pwɨtki]
presente (ex. momento ~)	**obecny**	[ɔ'bɛtsnɨ]

prévio	poprzedni	[pɔp'ʃɛdni]
primeiro (principal)	podstawowy	[pɔtsta'vɔvi]
principal	główny	['gwuvni]
privado	prywatny	[pri'vatni]

provável	prawdopodobny	[pravdɔpɔ'dɔbni]
próximo	bliski	['bliski]
público	publiczny	[pub'litʃni]
quente (cálido)	gorący	[gɔ'rɔ̃tsi]

quente (morno)	ciepły	['tʃepwi]
rápido	szybki	['ʃipki]
raro	rzadki	['ʒatki]
remoto, longínquo	daleki	[da'lɛki]
reto	prosty	['prɔsti]

salgado	słony	['swɔni]
satisfeito	zadowolony	[zadɔvɔ'lɜni]
seco	suchy	['suhi]
seguinte	następny	[nas'tɛ̃pni]
seguro	bezpieczny	[bɛs'petʃni]

similar	podobny	[pɔ'dɔbni]
simples	łatwy	['watfi]
soberbo	doskonały	[dɔskɔ'nawi]
sólido	trwały	['trfawi]
sombrio	mroczny	['mrɔtʃni]

sujo	brudny	['brudni]
superior	najwyższy	[naj'viʃi]
suplementar	dodatkowy	[dɔdat'kɔvi]
terno, afetuoso	czuły	['tʃuwi]

tranquilo	spokojny	[spɔ'kɔjni]
transparente	przezroczysty	[pʃɛzrɔt'ʃisti]
triste (pessoa)	smutny	['smutni]
triste (um ar ~)	smutny	['smutni]
último	ostatni	[ɔs'tatni]

único	unikatowy	[unika'tɔvi]
usado	używany	[uʒi'vani]
vazio (meio ~)	pusty	['pusti]
velho	stary	['stari]
vizinho	sąsiedni	[sɔ̃'ɕedni]

229

500 VERBOS PRINCIPAIS

252. Verbos A-B

aborrecer-se (vr)	nudzić się	['nudʑitʃ ɕɛ̃]
abraçar (vt)	ściskać	['ɕtʃiskatʃ]
abrir (~ a janela)	otwierać	[ɔt'feratʃ]
acalmar (vt)	uspokajać	[uspɔ'kajatʃ]

acariciar (vt)	głaskać	['gwaskatʃ]
acenar (vt)	machać	['mahatʃ]
acender (~ uma fogueira)	zapalić	[za'palitʃ]
achar (vt)	sądzić	['sɔ̃ˡdʑitʃ]

acompanhar (vt)	towarzyszyć	[tɔva'ʒiʃitʃ]
aconselhar (vt)	radzić	['radʑitʃ]
acordar (despertar)	budzić	['budʑitʃ]
acrescentar (vt)	dodawać	[dɔ'davatʃ]

acusar (vt)	obwiniać	[ɔb'viɲatʃ]
adestrar (vt)	tresować	[trɛ'sɔvatʃ]
adivinhar (vt)	odgadnąć	[ɔd'gadnɔ̃tʃ]
admirar (vt)	zachwycać się	[zah'fitsatʃ ɕɛ̃]

advertir (vt)	ostrzegać	[ɔst'ʃɛgatʃ]
afirmar (vt)	twierdzić	['tferdʑitʃ]
afogar-se (pessoa)	tonąć	['tɔ̃ɔɲtʃ]
afugentar (vt)	przepędzić	[pʃɛ'pɛndʑitʃ]

agir (vi)	działać	['dʑˡawatʃ]
agitar, sacudir (objeto)	trząść	[tʃɔ̃ɕtʃ]
agradecer (vt)	dziękować	[dʑɛ̃'kɔvatʃ]
ajudar (vt)	pomagać	[pɔ'magatʃ]

alcançar (objetivos)	osiągać	[ɔɕɔ̃gatʃ]
alimentar (dar comida)	karmić	['karmitʃ]
almoçar (vi)	jeść obiad	[ectʃ 'ɔbˡat]
alugar (~ o barco, etc.)	wynajmować	[vinaj'mɔvatʃ]

alugar (~ um apartamento)	wynajmować	[vinaj'mɔvatʃ]
amar (pessoa)	kochać	['kɔhatʃ]
amarrar (vt)	związywać	[zviɔ̃'zivatʃ]
ameaçar (vt)	grozić	['grɔʑitʃ]

amputar (vt)	amputować	[ampu'tɔvatʃ]
anotar (escrever)	zanotować	[zanɔ'tɔvatʃ]
anular, cancelar (vt)	odwołać	[ɔd'vɔwatʃ]
apagar (com apagador, etc.)	zetrzeć	['zɛtʃɛtʃ]
apagar (um incêndio)	gasić	['gaɕitʃ]
apaixonar-se de ...	zakochać się	[za'kɔhatʃ ɕɛ̃]

aparecer (vi)	pojawiać się	[pɔ'javʲatʃ ɕɛ̃]
aplaudir (vi)	oklaskiwać	[ɔkʎas'kivatʃ]
apoiar (vt)	poprzeć	['pɔpʃɛtʃ]
apontar para ...	celować	[tsɛ'lɔvatʃ]

apresentar (alguém a alguém)	przedstawiać	[pʃɛts'tavʲatʃ]
apresentar (Gostaria de ~)	przedstawiać	[pʃɛts'tavʲatʃ]
apressar (vt)	naglić	['naglitʃ]
apressar-se (vr)	śpieszyć się	['ɕpeʃitʃ ɕɛ̃]

aproximar-se (vr)	zbliżać się	['zbliʒatʃ ɕɛ̃]
aquecer (vt)	ogrzewać	[ɔg'ʒɛvatʃ]
arrancar (vt)	oderwać	[ɔ'dɛrvatʃ]
arranhar (gato, etc.)	drapać	['drapatʃ]

arrepender-se (vr)	żałować	[ʒa'wɔvatʃ]
arriscar (vt)	ryzykować	[rizi'kɔvatʃ]
arrumar, limpar (vt)	sprzątać	['spʃɔ̃tatʃ]
aspirar a ...	dążyć	['dɔ̃ʒitʃ]
assinar (vt)	podpisywać	[pɔtpi'sivatʃ]

assistir (vt)	asystować	[asis'tɔvatʃ]
atacar (vt)	atakować	[ata'kɔvatʃ]
atar (vt)	przywiązywać	[pʃivɔ̃'zivatʃ]
atirar (vi)	strzelać	['stʃɛʎatʃ]

atracar (vi)	cumować	[tsu'mɔvatʃ]
aumentar (vi)	zwiększać się	['zveŋkʃatʃ ɕɛ̃]
aumentar (vt)	powiększać	[pɔ'veŋkʃatʃ]
avançar (sb. trabalhos, etc.)	postępować	[pɔstɛ̃'pɔvatʃ]

avistar (vt)	zobaczyć	[zɔ'batʃitʃ]
baixar (guindaste)	opuszczać	[ɔ'puʃtʃatʃ]
barbear-se (vr)	golić się	['gɔlitʃ ɕɛ̃]
basear-se em ...	bazować się	[ba'zɔvatʃ ɕɛ̃]

bastar (vi)	wystarczać	[vis'tartʃatʃ]
bater (espancar)	bić	[bitʃ]
bater (vi)	pukać	['pukatʃ]
bater-se (vr)	bić się	[bitʃ ɕɛ̃]

beber, tomar (vt)	pić	[pitʃ]
brilhar (vi)	świecić się	['ɕfetʃitʃ ɕɛ̃]
brincar, jogar (crianças)	bawić się	['bavitʃ ɕɛ̃]
buscar (vt)	szukać	['ʃukatʃ]

253. Verbos C-D

caçar (vi)	polować	[pɔ'lɔvatʃ]
calar-se (parar de falar)	zamilknąć	[za'miʎknɔ̃tʃ]
calcular (vt)	liczyć	['litʃitʃ]
carregar (o caminhão)	ładować	[wa'dɔvatʃ]
carregar (uma arma)	ładować	[wa'dɔvatʃ]

casar-se (vr)	żenić się	['ʒɛɲitʃ ɕɛ̃]
causar (vt)	wywołać	[vɨ'vɔwatʃ]
cavar (vt)	kopać	['kɔpatʃ]

ceder (não resistir)	ustępować	[ustɛ̃'pɔvatʃ]
cegar, ofuscar (vt)	oślepiać	[ɔɕ'lepʲatʃ]
censurar (vt)	wyrzucać	[vɨ'ʒutsatʃ]
cessar (vt)	przestawać	[pʃɛs'tavatʃ]

chamar (~ por socorro)	wołać	['vɔwatʃ]
chamar (dizer em voz alta o nome)	zawołać	[za'vɔwatʃ]
chegar (a algum lugar)	docierać	[dɔ'tʃeratʃ]
chegar (sb. comboio, etc.)	przybywać	[pʃɨ'bivatʃ]

cheirar (tem o cheiro)	pachnieć	['pahnetʃ]
cheirar (uma flor)	wąchać	['võhatʃ]
chorar (vi)	płakać	['pwakatʃ]
citar (vt)	cytować	[tsi'tɔvatʃ]

colher (flores)	zrywać	['zrivatʃ]
colocar (vt)	kłaść	[kwaɕtʃ]
combater (vi, vt)	walczyć	['vaʎtʃitʃ]
começar (vt)	rozpoczynać	[rɔspɔt'ʃinatʃ]

comer (vt)	jeść	[eɕtʃ]
comparar (vt)	porównywać	[pɔruv'nivatʃ]
compensar (vt)	rekompensować	[rɛkɔmpɛn'sɔvatʃ]
competir (vi)	konkurować	[kɔŋku'rɔvatʃ]

complicar (vt)	utrudnić	[ut'rudnitʃ]
compor (vt)	skomponować	[skɔmpɔ'nɔvatʃ]
comportar-se (vr)	zachowywać się	[zahɔ'vivatʃ ɕɛ̃]
comprar (vt)	kupować	[ku'pɔvatʃ]

compreender (vt)	rozumieć	[rɔ'zumetʃ]
comprometer (vt)	kompromitować	[kɔmprɔmi'tɔvatʃ]
concentrar-se (vr)	koncentrować się	[kɔntsɛnt'rɔvatʃ ɕɛ̃]
concordar (dizer "sim")	zgadzać się	['zgadzatʃ ɕɛ̃]

condecorar (dar medalha)	odznaczyć	[ɔdz'natʃitʃ]
conduzir (~ o carro)	prowadzić	[prɔ'vadʒitʃ]
confessar-se (criminoso)	przyznawać się	[pʃiz'navatʃ ɕɛ̃]
confiar (vt)	ufać	['ufatʃ]

confundir (equivocar-se)	mylić	['militʃ]
conhecer (vt)	znać	[znatʃ]
conhecer-se (vr)	poznawać się	[pɔz'navatʃ ɕɛ̃]
consertar (vt)	doprowadzać do porządku	[dɔprɔ'vadzatʃ dɔ pɔ'ʒõtku]

consultar …	konsultować się z …	[kɔnsuʎ'tɔvatʃ ɕɛ̃ z]
contagiar-se com …	zarazić się	[za'raʒitʃ ɕɛ̃]
contar (vt)	opowiadać	[ɔpɔ'vʲadatʃ]
contar com …	liczyć na …	['litʃitʃ na]
continuar (vt)	kontynuować	[kɔntinu'ɔvatʃ]
contratar (vt)	najmować	[naj'mɔvatʃ]

controlar (vt)	kontrolować	[kɔntrɔ'lɜvatʃ]
convencer (vt)	przekonywać	[pʃɛkɔ'nivatʃ]
convidar (vt)	zapraszać	[zap'raʃatʃ]

cooperar (vi)	współpracować	[fspuwpra'ʦɔvatʃ]
coordenar (vt)	koordynować	[kɔ:rdi'nɔvatʃ]
corar (vi)	czerwienić się	[ʧɛr'venitʃ ɕɛ̃]
correr (vi)	biec	[beʦ]
corrigir (vt)	poprawiać	[pɔp'raviatʃ]

cortar (com um machado)	odrąbać	[ɔd'rɔ̃batʃ]
cortar (vt)	odciąć	['ɔʧɔ̃tʃ]
cozinhar (vt)	gotować	[gɔ'tɔvatʃ]
crer (pensar)	wierzyć	['veʒitʃ]
criar (vt)	stworzyć	['stfɔʒitʃ]

cultivar (vt)	hodować	[hɔ'dɔvatʃ]
cuspir (vi)	pluć	[plytʃ]
custar (vt)	kosztować	[kɔʃ'tɔvatʃ]

dar banho, lavar (vt)	kąpać	['kɔ̃patʃ]
datar (vi)	datować się	[da'tɔvatʃ ɕɛ̃]
decidir (vt)	decydować	[dɛʦi'dɔvatʃ]
decorar (enfeitar)	ozdabiać	[ɔz'dabiatʃ]
dedicar (vt)	poświęcać	[pɔɕ'fentsatʃ]

defender (vt)	bronić	['brɔnitʃ]
defender-se (vr)	bronić się	['brɔnitʃ ɕɛ̃]
deixar (~ a mulher)	opuszczać	[ɔ'puʃʧatʃ]
deixar (esquecer)	zostawiać	[zɔs'taviatʃ]

deixar (permitir)	pozwalać	[pɔz'vaʎatʃ]
deixar cair (vt)	upuszczać	[u'puʃʧatʃ]
denominar (vt)	nazywać	[na'zivatʃ]
denunciar (vt)	denuncjować	[dɛnun'sjɔvatʃ]
depender de ... (vi)	zależeć od ...	[za'leʒɛtʃ ɔd]

derramar (vt)	rozlewać	[rɔz'levatʃ]
desaparecer (vi)	zniknąć	['zniknɔ̃tʃ]
desatar (vt)	odwiązywać	[ɔdvɔ̃'zivatʃ]
desatracar (vi)	odbijać	[ɔd'bijatʃ]

descansar (um pouco)	odpoczywać	[ɔtpɔt'ʃivatʃ]
descer (para baixo)	schodzić	['shɔʤitʃ]
descobrir (novas terras)	odkrywać	[ɔtk'rivatʃ]
descolar (avião)	startować	[star'tɔvatʃ]

desculpar (vt)	wybaczać	[vi'batʃatʃ]
desculpar-se (vr)	przepraszać	[pʃɛp'raʃatʃ]
desejar (vt)	pragnąć	['pragnɔ̃tʃ]
desempenhar (vt)	grać	[gratʃ]

desligar (vt)	gasić	['gaɕitʃ]
desprezar (vt)	pogardzać	[pɔ'gardzatʃ]
destruir (documentos, etc.)	niszczyć	['niʃʧitʃ]
dever (vi)	musieć	['muzɛtʃ]

devolver (vt)	odesłać	[ɔ'dɛswatʃ]
direcionar (vt)	kierować	[ke'rɔvatʃ]
dirigir (~ uma empresa)	kierować	[ke'rɔvatʃ]
dirigir-se	zwracać się	['zvratsatʃ ɕɛ̃]
(a um auditório, etc.)		
discutir (notícias, etc.)	omawiać	[ɔ'mavʲatʃ]

distribuir (folhetos, etc.)	rozpowszechniać	[rɔspɔf'ʃɛhɲatʃ]
distribuir (vt)	rozdać	['rɔzdatʃ]
divertir (vt)	bawić	['bavitʃ]
divertir-se (vr)	bawić się	['bavitʃ ɕɛ̃]

dividir (mat.)	dzielić	['dʒelitʃ]
dizer (vt)	powiedzieć	[pɔ'vedʒetʃ]
dobrar (vt)	podwajać	[pɔd'vajatʃ]
duvidar (vt)	wątpić	['vɔ̃tpitʃ]

254. Verbos E-J

elaborar (uma lista)	sporządzać	[spɔ'ʒɔ̃dzatʃ]
elevar-se acima de …	wznosić się	['vznɔɕitʃ ɕɛ̃]
eliminar (um obstáculo)	usuwać	[u'suvatʃ]
embrulhar (com papel)	zawijać	[za'vijatʃ]

emergir (submarino)	wynurzać się	[vɨ'nuʒatʃ ɕɛ̃]
emitir (vt)	roztaczać	[rɔs'tatʃatʃ]
empreender (vt)	podejmować	[pɔdɛj'mɔvatʃ]
empurrar (vt)	pchać	[phatʃ]

encabeçar (vt)	stać na czele	[statʃ na 'tʃɛle]
encher (~ a garrafa, etc.)	napełniać	[na'pɛwɲatʃ]
encontrar (achar)	znajdować	[znaj'dɔvatʃ]
enganar (vt)	oszukiwać	[ɔʃu'kivatʃ]

ensinar (vt)	szkolić	['ʃkɔlitʃ]
entrar (na sala, etc.)	wejść	[vɛjctʃ]
enviar (uma carta)	wysyłać	[vɨ'siwatʃ]
equipar (vt)	wyposażyć	[vɨpɔ'saʒitʃ]

errar (vi)	mylić się	['mɨlitʃ ɕɛ̃]
escolher (vt)	wybierać	[vɨ'beratʃ]
esconder (vt)	chować	['hɔvatʃ]
escrever (vt)	pisać	['pisatʃ]

escutar (vt)	słuchać	['swuhatʃ]
escutar atrás da porta	podsłuchiwać	[pɔtswu'hivatʃ]
esmagar (um inseto, etc.)	rozgnieść	['rɔzgnectʃ]
esperar (contar com)	oczekiwać	[ɔtʃɛ'kivatʃ]

esperar (o autocarro, etc.)	czekać	['tʃɛkatʃ]
esperar (ter esperança)	mieć nadzieję	[metʃ na'dʒeɛ̃]
espreitar (vi)	podglądać	[pɔdglɔ̃datʃ]
esquecer (vt)	zapominać	[zapɔ'minatʃ]
estar	leżeć	['leʒɛtʃ]

estar convencido	przekonywać się	[pʃɛkɔ'nivatʃ ɕɛ̃]
estar deitado	leżeć	['leʒɛtʃ]
estar perplexo	dziwić się	['dʑivitʃ ɕɛ̃]

estar sentado	siedzieć	['ɕedʑetʃ]
estremecer (vi)	wzdrygać się	['vzdrigatʃ ɕɛ̃]
estudar (vt)	studiować	[studʲ'ʒvatʃ]
evitar (vt)	unikać	[u'nikatʃ]

examinar (vt)	rozpatrzyć	[rɔs'patʃitʃ]
exigir (vt)	zażądać	[za'ʒɔ̃datʃ]
existir (vi)	istnieć	['istnetʃ]
explicar (vt)	objaśniać	[ɔbʲ'jaɕɲatʃ]

expressar (vt)	wyrazić	[vi'raʑitʃ]
expulsar (vt)	wykluczać	[vik'lytʃatʃ]
facilitar (vt)	ułatwić	[u'watfitʃ]
falar com ...	rozmawiać	[rɔz'mavʲatʃ]

faltar a ...	opuszczać	[ɔ'puʃtʃatʃ]
fascinar (vt)	czarować	[tʃa'rɔvatʃ]
fatigar (vt)	nużyć	['nuʒitʃ]
fazer (vt)	robić	['rɔbitʃ]

fazer lembrar	przypominać	[pʃipɔ'minatʃ]
fazer piadas	żartować	[ʒar'tɔvatʃ]
fazer uma tentativa	spróbować	[spru'bɔvatʃ]
fechar (vt)	zamykać	[za'mikatʃ]
felicitar (dar os parabéns)	gratulować	[gratu'lɔvatʃ]

ficar cansado	być zmęczonym	[bitʃ zmɛ̃'tʃɔnim]
ficar em silêncio	milczeć	['miʌtʃetʃ]
ficar pensativo	zamyślić się	[za'miɕlitʃ ɕɛ̃]
forçar (vt)	zmuszać	['zmuʃatʃ]
formar (vt)	tworzyć	['tfɔʒitʃ]

fotografar (vt)	robić zdjęcia	['rɔbitʃ 'zdʲɛ̃tʃa]
gabar-se (vr)	chwalić się	['hfalitʃ ɕɛ̃]
garantir (vt)	gwarantować	[gvaran'tɔvatʃ]
gostar (apreciar)	podobać się	[pɔ'dɔbatʃ ɕɛ̃]

gostar (vt)	lubić	['lybitʃ]
gritar (vi)	krzyczeć	['kʃitʃetʃ]
guardar (cartas, etc.)	przechowywać	[pʃɛhɔ'vivatʃ]
guardar (no armário, etc.)	chować	['hɔvatʃ]
guerrear (vt)	wojować	[vɔʒvatʃ]

herdar (vt)	dziedziczyć	[dʑe'dʑitʃitʃ]
iluminar (vt)	oświetlać	[ɔɕ'fetʌatʃ]
imaginar (vt)	wyobrażać sobie	[viɔb'raʒatʃ 'sɔbe]
imitar (vt)	naśladować	[naɕʌa'dɔvatʃ]

implorar (vt)	błagać	['bwagatʃ]
importar (vt)	importować	[impɔr'tɔvatʃ]
indicar (orientar)	pokazać	[pɔ'kazatʃ]
indignar-se (vr)	oburzać się	[ɔ'buʒatʃ ɕɛ̃]

infetar, contagiar (vt)	zarażać	[zaˈraʒatɕ]
influenciar (vt)	wpływać	[ˈfpwivatɕ]
informar (fazer saber)	informować	[inforˈmovatɕ]
informar (vt)	informować	[inforˈmovatɕ]

informar-se (~ sobre)	dowiadywać się	[doviaˈdivatɕ ɕɛ̃]
inscrever (na lista)	wpisywać	[fpiˈsivatɕ]
inserir (vt)	wstawiać	[ˈfstaviatɕ]
insinuar (vt)	czynić aluzje	[ˈtɕiniʨ aˈlyzʰe]

insistir (vi)	nalegać	[naˈlegatɕ]
inspirar (vt)	inspirować	[inspiˈrovatɕ]
instruir (vt)	instruować	[instruˈovatɕ]
insultar (vt)	znieważać	[zneˈvaʒatɕ]

interessar (vt)	interesować	[intɛrɛˈsovatɕ]
interessar-se (vr)	interesować się	[intɛrɛˈsovatɕ ɕɛ̃]
intervir (vi)	wtrącać się	[ˈftrɔ̃tsatɕ ɕɛ̃]
invejar (vt)	zazdrościć	[zazdˈrɔɕʨitɕ]

inventar (vt)	wynalazać	[vinaˈʎazatɕ]
ir (a pé)	iść	[iɕʨ]
ir (de carro, etc.)	jechać	[ˈehatɕ]
ir nadar	kąpać się	[ˈkɔ̃patɕ ɕɛ̃]

ir para a cama	kłaść się spać	[ˈkwaɕʨ ɕɛ̃ spatɕ]
irritar (vt)	denerwować	[dɛnɛrˈvovatɕ]
irritar-se (vr)	denerwować się	[dɛnɛrˈvovatɕ ɕɛ̃]
isolar (vt)	izolować	[izoˈlɔvatɕ]

jantar (vi)	jeść kolację	[eɕʨ kɔˈʎatsʰɛ̃]
jogar, atirar (vt)	rzucać	[ˈʒutsatɕ]
juntar, unir (vt)	łączyć	[ˈwɔ̃tɕitɕ]
juntar-se a ...	przyłączać się	[pʃiˈwɔ̃tɕatɕ ɕɛ̃]

255. Verbos L-P

lançar (novo projeto)	uruchamiać	[uruˈhamiatɕ]
lavar (vt)	myć	[mitɕ]
lavar a roupa	prać	[pratɕ]
lavar-se (vr)	myć się	[ˈmitɕ ɕɛ̃]

lembrar (vt)	pamiętać	[paˈmentatɕ]
ler (vt)	czytać	[ˈtɕitatɕ]
levantar-se (vr)	wstawać	[ˈfstavatɕ]
levar (ex. leva isso daqui)	zabierać	[zaˈberatɕ]

libertar (cidade, etc.)	wyzwalać	[vizˈvaʎatɕ]
ligar (o radio, etc.)	włączać	[ˈvwɔ̃tɕatɕ]
limitar (vt)	ograniczać	[ɔgraˈnitɕatɕ]
limpar (eliminar sujeira)	czyścić	[ˈtɕiɕʨitɕ]
limpar (vt)	oczyszczać	[ɔtˈʃiʃtɕatɕ]
lisonjear (vt)	schlebiać	[ˈshlebiatɕ]
livrar-se de ...	pozbywać się	[pɔzˈbivatɕ ɕɛ̃]

lutar (combater)	walczyć	['vaʌʧiʧ]
lutar (desp.)	walczyć	['vaʌʧiʧ]
marcar (com lápis, etc.)	zaznaczyć	[zaz'naʧiʧ]

matar (vt)	zabijać	[za'bijaʧ]
memorizar (vt)	zapamiętać	[zapa'mentaʧ]
mencionar (vt)	wspominać	[fspɔ'minaʧ]
mentir (vi)	kłamać	['kwamaʧ]

merecer (vt)	zasługiwać	[zaswu'givaʧ]
mergulhar (vi)	nurkować	[nur'kɔvaʧ]
misturar (combinar)	mieszać	['meʃaʧ]
morar (vt)	mieszkać	['meʃkaʧ]

mostrar (vt)	pokazywać	[pɔka'zivaʧ]
mover (arredar)	przesuwać	[pʃɛ'suvaʧ]
mudar (modificar)	zmienić	['zmeniʧ]
multiplicar (vt)	mnożyć	['mnɔʒiʧ]

nadar (vi)	pływać	['pwivaʧ]
negar (vt)	zaprzeczać	[zap'ʃɛʧaʧ]
negociar (vi)	prowadzić rozmowy	[prɔ'vadʑiʧ rɔz'mɔvi]
nomear (função)	mianować	[mʲa'nɔvaʧ]

obedecer (vt)	podporządkować się	[pɔtpɔʒɔd'kɔvaʧ ɕɛ̃]
objetar (vt)	sprzeciwiać się	[spʃɛ'ʨiviaʧ ɕɛ̃]
observar (vt)	obserwować	[ɔbsɛr'vɔvaʧ]
ofender (vt)	obrażać	[ɔb'raʒaʧ]

olhar (vt)	patrzeć	['paʧɛʧ]
omitir (vt)	pomijać	[pɔ'mijaʧ]
ordenar (mil.)	rozkazywać	[rɔska'zivaʧ]
organizar (evento, etc.)	urządzać	[u'ʒɔdzaʧ]

ousar (vt)	ośmielać się	[ɔɕ'meʌaʧ ɕɛ̃]
ouvir (vt)	słyszeć	['swiʃɛʧ]
pagar (vt)	płacić	['pwaʧiʧ]
parar (para descansar)	zatrzymywać się	[zaʧi'mivaʧ ɕɛ̃]
parecer-se (vr)	być podobnym	[biʧ pɔ'dɔbnim]

participar (vi)	uczestniczyć	[uʧɛst'niʧiʧ]
partir (~ para o estrangeiro)	wyjeżdżać	[vi'eʒdʒaʧ]
passar (vt)	przejeżdżać	[pʃɛ'eʒdʒaʧ]
passar a ferro	prasować	[pra'sɔvaʧ]

pecar (vi)	grzeszyć	['gʒɛɕiʧ]
pedir (comida)	zamawiać	[za'maviaʧ]
pedir (um favor, etc.)	prosić	['prɔɕiʧ]
pegar (tomar com a mão)	łowić	['wɔviʧ]

pegar (tomar)	brać	[braʧ]
pendurar (cortinas, etc.)	wieszać	['veʃaʧ]
penetrar (vt)	przenikać	[pʃɛ'nikaʧ]
pensar (vt)	myśleć	['miɕleʧ]
pentear-se (vr)	czesać się	['ʧɛsaʧ ɕɛ̃]
perceber (ver)	zauważać	[zau'vaʒaʧ]

perder (o guarda-chuva, etc.)	tracić	['tratɕiʨ]
perdoar (vt)	przebaczać	[pʃɛ'baʨaʨ]
permitir (vt)	zezwalać	[zɛz'vaʎaʨ]

pertencer a ...	należeć	[na'leʒɛʨ]
perturbar (vt)	przeszkadzać	[pʃɛʃ'kadzaʨ]
pesar (ter o peso)	ważyć	['vaʒiʨ]
pescar (vt)	wędkować	[vɛ̃t'kɔvaʨ]

planear (vt)	planować	[pʎa'nɔvaʨ]
poder (vi)	móc	[muʦ]
pôr (posicionar)	umieszczać	[u'meʃʨaʨ]
possuir (vt)	posiadać	[pɔ'ɕadaʨ]

predominar (vi, vt)	przeważać	[pʃɛ'vaʒaʨ]
preferir (vt)	woleć	['vɔleʨ]
preocupar (vt)	niepokoić	[nepɔ'kɔiʨ]
preocupar-se (vr)	martwić się	['martfiʨ ɕɛ̃]
preocupar-se (vr)	denerwować się	[dɛnɛr'vɔvaʨ ɕɛ̃]

preparar (vt)	przygotować	[pʃigɔ'tɔvaʨ]
preservar (ex. ~ a paz)	zachowywać	[zahɔ'vivaʨ]
prever (vt)	przewidzieć	[pʃɛ'vidʑeʨ]
privar (vt)	pozbawiać	[pɔz'bavʲaʨ]

proibir (vt)	zabraniać	[zab'raɲaʨ]
projetar, criar (vt)	projektować	[prɔek'tɔvaʨ]
prometer (vt)	obiecać	[ɔ'beʦaʨ]
pronunciar (vt)	wymawiać	[vi'mavʲaʨ]

propor (vt)	proponować	[prɔpɔ'nɔvaʨ]
proteger (a natureza)	ochraniać	[ɔh'raɲaʨ]
protestar (vi)	protestować	[prɔtɛs'tɔvaʨ]
provar (~ a teoria, etc.)	udowadniać	[udɔ'vadɲaʨ]

provocar (vt)	prowokować	[prɔvɔ'kɔvaʨ]
publicitar (vt)	reklamować	[rɛkʎa'mɔvaʨ]
punir, castigar (vt)	karać	['karaʨ]
puxar (vt)	ciągnąć	[ʨɔ̃gnɔɲʨ]

256. Verbos Q-Z

quebrar (vt)	psuć	[psuʨ]
queimar (vt)	palić	['paliʨ]
queixar-se (vr)	skarżyć się	['skarʒiʨ ɕɛ̃]
querer (desejar)	chcieć	[hʨeʨ]

rachar-se (vr)	pękać	['pɛŋkaʨ]
realizar (vt)	realizować	[rɛali'zɔvaʨ]
recomendar (vt)	polecać	[pɔ'leʦaʨ]
reconhecer (identificar)	poznawać	[pɔz'navaʨ]

reconhecer (o erro)	przyznawać się do winy	[pʃiz'navaʨ ɕɛ̃ dɔ vini]
recordar, lembrar (vt)	wspominać	[fspɔ'minaʨ]

| recuperar-se (vr) | wracać do zdrowia | ['vraĺsaʧ dɔ 'zdrɔvʲa] |
| recusar (vt) | odmawiać | [ɔd'mavʲaʧ] |

reduzir (vt)	zmniejszać	['zmnejʃaʧ]
refazer (vt)	przerabiać	[pʃɛ'rabʲaʧ]
reforçar (vt)	umacniać	[u'maĺsɲaʧ]
refrear (vt)	powstrzymywać	[pɔfstʃɨ'mɨvaʧ]

regar (plantas)	podlewać	[pɔd'levaʧ]
remover (~ uma mancha)	usuwać	[u'suvaʧ]
reparar (vt)	reperować	[rɛpɛ'rɔvaʧ]
repetir (dizer outra vez)	powtarzać	[pɔf'taʒaʧ]

reportar (vt)	referować	[rɛfɛ'rɔvaʧ]
repreender (vt)	besztać	['bɛʃtaʧ]
reservar (~ um quarto)	rezerwować	[rɛzɛr'vɔvaʧ]
resolver (o conflito)	załatwiać	[za'watvʲaʧ]
resolver (um problema)	rozwiązać	[rɔzvɔ̃zaʧ]

respirar (vi)	oddychać	[ɔd'dɨhaʧ]
responder (vt)	odpowiadać	[ɔtpɔ'vʲadaʧ]
rezar, orar (vi)	modlić się	['mɔdliʧ ɕɛ̃]
rir (vi)	śmiać się	['ɕmʲaʧ ɕɛ̃]

romper-se (corda, etc.)	rozerwać się	[rɔ'zɛrvaʧ ɕɛ̃]
roubar (vt)	kraść	[kraɕʧ]
saber (vt)	wiedzieć	['vedʒeʧ]
sair (~ de casa)	wyjść	[vɨjɕʧ]

sair (livro)	ukazać się	[u'kazaʧ ɕɛ̃]
salvar (vt)	ratować	[ra'tɔvaʧ]
satisfazer (vt)	zadowalać	[zadɔ'vaʎaʧ]
saudar (vt)	witać	['vitaʧ]
secar (vt)	suszyć	['suʃɨʧ]

seguir ...	podążać	[pɔ'dɔ̃ʒaʧ]
selecionar (vt)	wybrać	['vɨbraʧ]
semear (vt)	siać	[ɕaʧ]
sentar-se (vr)	usiąść	['uɕɔ̃ɕʧ]

sentenciar (vt)	skazywać	[ska'zɨvaʧ]
sentir (~ perigo)	odczuwać	[ɔtt'ʃuvaʧ]
ser diferente	różnić się	['ruʒniʧ ɕɛ̃]

ser indispensável	być potrzebnym	[bɨʧ pɔt'ʃɛbnɨm]
ser necessário	być potrzebnym	[bɨʧ pɔt'ʃɛbnɨm]
ser preservado	zachować się	[za'hɔvaʧ ɕɛ̃]
ser, estar	być	[bɨʧ]

servir (restaurant, etc.)	obsługiwać	[ɔbswu'givaʧ]
servir (roupa)	pasować	[pa'sɔvaʧ]
significar (palavra, etc.)	znaczyć	['znaʧɨʧ]
significar (vt)	znaczyć	['znaʧɨʧ]
simplificar (vt)	ułatwiać	[u'watfʲaʧ]
sobrestimar (vt)	przeceniać	[pʃɛ'ĺsɛɲaʧ]
sofrer (vt)	cierpieć	['ʧerpeʧ]

sonhar (vi)	śnić	[ɕɲiʨ]
sonhar (vt)	marzyć	['maʒiʨ]
soprar (vi)	dmuchać	['dmuhaʨ]

sorrir (vi)	uśmiechać się	[uɕ'mehaʨ ɕɛ̃]
subestimar (vt)	niedoceniać	[nedɔ'ʦɛɲaʨ]
sublinhar (vt)	podkreślić	[pɔtk'rɛɕliʨ]
sujar-se (vr)	pobrudzić się	[pɔb'rudʑiʨ ɕɛ̃]

supor (vt)	przypuszczać	[pʃi'puʃʧaʨ]
suportar (as dores)	znosić	['znɔɕiʨ]
surpreender (vt)	dziwić	['dʑiviʨ]
surpreender-se (vr)	dziwić się	['dʑiviʨ ɕɛ̃]
suspeitar (vt)	podejrzewać	[pɔdɛj'ʒɛvaʨ]

suspirar (vi)	westchnąć	['vɛsthnɔ̃ʨ]
tentar (vt)	próbować	[pru'bɔvaʨ]
ter (vt)	mieć	[mɛʨ]
ter medo	bać się	[baʨ ɕɛ̃]

terminar (vt)	kończyć	['kɔɲʧiʨ]
tirar (vt)	zdejmować	[zdɛj'mɔvaʨ]
tirar cópias	skopiować	[skɔ'pʲɔvaʨ]
tirar uma conclusão	robić konkluzję	['rɔbiʨ kɔŋk'lyzʰɛ̃]

tocar (com as mãos)	dotykać	[dɔ'tikaʨ]
tomar emprestado	pożyczać	[pɔ'ʒiʧaʨ]
tomar nota	zapisywać	[zapi'sivaʨ]
tomar o pequeno-almoço	jeść śniadanie	[eʨ ɕɲa'dane]

tornar-se (ex. ~ conhecido)	stawać się	['stavaʨ ɕɛ̃]
trabalhar (vi)	pracować	[pra'ʦɔvaʨ]
traduzir (vt)	tłumaczyć	[twu'maʧiʨ]
transformar (vt)	przekształcać	[pʃɛkʃ'tawʦaʨ]

tratar (a doença)	leczyć	['lɛʧiʨ]
trazer (vt)	przywozić	[pʃi'vɔʑiʨ]
treinar (pessoa)	trenować	[trɛ'nɔvaʨ]
treinar-se (vr)	ćwiczyć	['ʨfiʧiʨ]
tremer (de frio)	drżeć	[drʒɛʨ]

trocar (vt)	wymieniać się	[vi'mɛɲaʨ ɕɛ̃]
trocar, mudar (vt)	zmieniać	[zmɛɲaʨ]
usar (uma palavra, etc.)	użyć	['uʒiʨ]
utilizar (vt)	korzystać	[kɔ'ʒistaʨ]
vacinar (vt)	szczepić	['ʃʧɛpiʨ]

vender (vt)	sprzedawać	[spʃɛ'davaʨ]
verter (encher)	nalewać	[na'levaʨ]
vingar (vt)	mścić się	[mɕʨiʨ ɕɛ̃]
virar (ex. ~ à direita)	skręcać	['skrɛnʦaʨ]
virar (pedra, etc.)	przewrócić	[pʃɛv'ruʧiʨ]

virar as costas	odwracać się	[ɔdv'raʦaʨ ɕɛ̃]
viver (vi)	żyć	[ʒiʨ]
voar (vi)	latać	['ʎataʨ]

voltar (vi)	wracać	['vraɪsaʧ]
votar (vi)	głosować	[gwɔ'sɔvaʧ]
zangar (vt)	złościć	['zwɔɕʧiʧ]
zangar-se com …	złościć się	['zwɔɕʧiʧ ɕɛ̃]
zombar (vt)	naśmiewać się	[naɕ'mevaʧ ɕɛ̃]

www.ingramcontent.com/pod-product-compliance
Lightning Source LLC
Chambersburg PA
CBHW071333090426
42738CB00012B/2885